Rechtliche Aspekte
der Vermögensberatung

Schriftenreihe der Forschungsstelle für Finanzdienstleistungsrecht der Philipps-Universität Marburg

Herausgegeben von Gilbert Gornig

Band 1

PETER LANG
Frankfurt am Main · Berlin · Bern · Bruxelles · New York · Oxford · Wien

Gilbert Gornig (Hrsg.)

Rechtliche Aspekte der Vermögensberatung

PETER LANG
Europäischer Verlag der Wissenschaften

Bibliografische Information Der Deutschen Bibliothek
Die Deutsche Bibliothek verzeichnet diese Publikation in der Deutschen Nationalbibliografie; detaillierte bibliografische Daten sind im Internet über <http://dnb.ddb.de> abrufbar.

Abbildung auf dem Umschlag:
Siegel der Philipps-Universität Marburg.

Abdruck mit freundlicher Genehmigung des
Präsidiums der Philipps-Universität Marburg.

Gedruckt mit Unterstützung durch die
Deutsche Vermögensberatung AG und das
Deutsche Berufsbildungswerk Vermögensberatung e.V.

ISBN 3-631-51013-6

www.peterlang.de

Vorwort

Der vorliegende Band enthält die schriftlichen Fassungen der Referate, die anläßlich der Sommerakademie der Forschungsstelle für Finanzdienstleistungsrecht der Philipps-Universität Marburg im Juli 2002 in Marburg gehalten wurden.

Das Finanzdienstleistungsrecht ist durch seine umfassenden wirtschafts- und gesellschaftswissenschaftlichen Bezüge ein äußerst komplexes Rechtsgebiet mit einer Vielzahl völlig unterschiedlicher Schwerpunktmöglichkeiten. Der vorliegende Band kann somit auch nur einige ausgewählte Themen und Probleme dieser Materie herausstellen. Er kann und will jedoch keinen Anspruch darauf erheben, daß die ausgewählten Themen die wichtigsten Problembereiche des Finanzdienstleistungsrechts darstellen. Es handelt sich vielmehr um Rechtskomplexe, die von den Dozenten deswegen herausgegriffen wurden, weil sie in der Rechtspraxis von steter Relevanz für den Finanzdienstleistungssektor und damit von besonderem Interesse für die beteiligten Personenkreise sind.

Marburg, im Dezember 2002

Der Vorstand

Inhalt

Abkürzungsverzeichnis

A.A., a.A.	andere(r) Ansicht
ABl.	Amtsblatt
Abs.	Absatz
AbschlußBer	Abschlußbericht
AEG	Allgemeines Eisenbahngesetz
AG	Aktiengesellschaft
AMG	Arzneimittelgesetz
amtl.	amtlich
Anm.	Anmerkung
AnzV	Verordnung über die Anzeigen und die Vorlage von Unterlagen nach dem Gesetz über das Kreditwesen (Anzeigenverordnung)
AO	Abgabenordnung
AöR	Archiv des Öffentlichen Rechts (Zeitschrift)
ArbGG	Arbeitsgerichtsgesetz
Art.	Artikel
AS-Fonds	Altersvorsorge-Sondervermögen-Fonds
AtG	Atomgesetz
Aufl.	Auflage
AVG	Angestelltenversicherungsgesetz
Az.	Aktenzeichen
BaFin	Bundesanstalt für Finanzdienstleistungsaufsicht
BAG	Bundesarbeitsgericht
BAKred	Bundesaufsichtsamt für das Kreditwesen
BAV	Bundesaufsichtsamt für das Versicherungswesen
BAWe	Bundesaufsichtsamt für den Wertpapierhandel
BayVBl.	Bayerische Verwaltungsblätter (Zeitschrift)
BB	Der Betriebs-Berater (Zeitschrift)
BBodSchG	Bundesbodenschutzgesetz
Bd.	Band
Beil.	Beilage
Bek.	Bekanntmachung
Ber.	Bericht

Beschl.	Beschluß
BfA	Bundesanstalt für Arbeit
BFH	Bundesfinanzhof
BGB	Bürgerliches Gesetzbuch
BGBl.	Bundesgesetzblatt
BGH	Bundesgerichtshof
BGHZ	Entscheidungen des Bundesgerichtshofes in Zivilsachen (Amtliche Sammlung)
BImSchG	Bundesimmissionsschutzgesetz
BörsG	Börsengesetz
BR-Drs., BR-Drucks.	Bundesratsdrucksache
BSG	Bundessozialgericht
BSGE	Entscheidungen des Bundessozialgerichts (Amtliche Sammlung)
bspw.	beispielsweise
BT-Drs., BT-Drucks.	Bundestagsdrucksache
BUrlG	Bundesurlaubsgesetz
BVerfG	Bundesverfassungsgericht
BVerfGE	Entscheidungen des Bundesverfassungserichts (Amtliche Sammlung)
BVerwG	Bundesverwaltungsgericht
BVerwGE	Entscheidungen des Bundesverwaltungsgerichts (Amtliche Sammlung)
bzw.	beziehungsweise
ChemG	Chemikaliengesetz
d.h.	das heißt
DAngVers	Die Angestelltenversicherung (Zeitschrift)
DAZ	Deutsche Apotheker Zeitung
DB	Der Betrieb (Zeitschrift)
DBBV	Deutsches Berufsbildungswerk Vermögensberatung e. V.
ders.	derselbe
dieselb.	dieselbe(n)
DIHT	Deutscher Industrie- und Handelskammertag
Diss.	Dissertation
DÖV	Die Öffentliche Verwaltung (Zeitschrift)

Dr.	Doktor
DVAG	Deutsche Vermögensberatung AG
DVBl.	Deutsches Verwaltungsblatt (Zeitschrift)
DZWir	Deutsche Zeitschrift für Wirtschaftsrecht
EAG	Europäische Atomgemeinschaft
EG	Europäische Gemeinschaft
EG (bei Gesetzeszitierung) EGV	Vertrag zur Gründung der Europäischen Gemeinschaft (EG-Vertrag)
EGMR	Europäischer Gerichtshof für Menschenrechte
Einf.	Einführung
EMRK	Europäische Menschenrechtskonvention
endg.	endgültig
Entw.	Entwurf
EnWG	Energiewirtschaftsgesetz
Erg.	Ergebnis
etc.	et cetera
EU	Europäische Union
EU (bei Gesetzeszitierung) EUV	Vertrag über die Europäische Union (EU-Vertrag)
EuGH	Europäischer Gerichtshof
EuGRZ	Europäische Grundrechte-Zeitschrift
EuR	Europarecht (Zeitschrift)
Euratom	Europäische Atomgemeinschaft
EuZW	Europäische Zeitschrift für Wirtschaftsrecht
EWG	Europäische Wirtschaftsgemeinschaft
EWiR	Entscheidungen zum Wirtschaftsrecht (Zeitschrift)
EWR	Europäischer Wirtschaftsraum
f., ff.	folgende Seite(n)
FAZ	Frankfurter Allgemeine Zeitung
FFDLR	Forschungsstelle für Finanzdienstleistungsrecht der Philipps-Universität Marburg
FFV-Rl	EG-Richtlinie über den Fernabsatz von Finanzdienstleistungen an Verbraucher
FinDAG	Gesetz über die Bundesanstalt für Finanzdienstleistungsaufsicht (Finanzdienstleistungsaufsichtsgesetz)

FraktionsEntw	Fraktionsentwurf
FS, Fschr.	Festschrift
Fußn.	Fußnote
G	Gesetz
GastG	Gaststättengesetz
GATT	General Agreement on Tariffs and Trade
GbR	Gesellschaft bürgerlichen Rechts
gem.	gemäß
GemRundschr	Gemeinsames Rundschreiben
GenTG	Gentechnikgesetz
GerSiG	Gerätesicherheitsgesetz
GewArch	Gewerbearchiv (Zeitschrift)
GewO	Gewerbeordnung
GewStG	Gewerbesteuergesetz
GG	Grundgesetz
GK	Gemeinschaftskommentar
GmbH	Gesellschaft mit beschränkter Haftung
GüKG	Güterkraftverkehrsgesetz
GWB	Gesetz gegen Wettbewerbsbeschränkungen (Kartellgesetz)
HandwO	Handwerksordnung
Hdb	Handbuch
HGB	Handelsgesetzbuch
HRefG	Handelsrechtsreformgesetz
Hrsg.	Herausgeber
HStR	Handbuch des Staatsrechts
i.d.F.	in der Fassung
i.e.	im einzelnen
i.e.S.	im engeren Sinne
i.S.d.	im Sinne des
i.V.m.	in Verbindung mit
IHK	Industrie- und Handelskammer
IHKG	Gesetz zur vorläufigen Regelung des Rechts der Industrie- und Handelskammern
JA	Juristische Arbeitsblätter (Zeitschrift)

jew.	jeweils
JöR N.F.	Jahrbuch für öffentliches Recht Neue Folge
jur.	juristisch
Jura	Juristische Ausbildung (Zeitschrift)
JuS	Juristische Schulung (Zeitschrift)
JZ	Juristenzeitung (Zeitschrift)
KAGG	Gesetz über die Kapitalanlagegesellschaften
KassKomm	Kasseler Kommentar Sozialversicherungsrecht
KG	Kommanditgesellschaft
KOM, Komm.	Kommission
KostREuroUG	Gesetz zur Umstellung des Kostenrechts auf Euro
KrW-/AbfG	Kreislaufwirtschafts- und Abfallgesetz
KWG	Kreditwesengesetz
LG	Landgericht
li.Sp.	linke Spalte
Lit.	Literatur
lit.	littera (Buchstabe)
LL.M.	Master of Law bzw. Magister Legum
LMBG	Lebensmittel- und Bedarfsgegenstände-Gesetz
Lsbl.	Loseblattsammlung
LVA	Landesversicherungsanstalt
LVG	Luftverkehrsgesetz
m.E.	meines Erachtens
m.w.N., mwN	mit weiteren Nachweisen
m.z.N.	mit zahlreichen Nachweisen
MünchKommHGB	Münchener Kommentar zum Handelsgesetzbuch
Nachw.	Nachweise
NJW	Neue Juristische Wochenschrift (Zeitschrift)
Nr.	Nummer
NVwZ	Neue Zeitschrift für Verwaltungsrecht
NVwZ-RR	Neue Zeitschrift für Verwaltungsrecht - Rechtsprechungsreport (Zeitschrift)
NZA	Neue Zeitschrift für Arbeits- und Sozialrecht
Österr. VerfGH	Österreichischer Verfassungsgerichtshof
OVG	Oberverwaltungsgericht

passim (bei Quellenzitierung)	an verschiedenen Stellen des angegebenen Werkes zu finden
PBefG	Personenbeförderungsgesetz
PostG	Postgesetz
ProdSG	Produktsicherheitsgesetz
Prof.	Professor
PrOVG	Preußisches Oberverwaltungsgericht
re.Sp.	rechte Spalte
RegEntw.	Regierungsentwurf
Rn., Rdn., Rdnr.	Randnummer
Rs.	Rechtssache
S.	Satz, Seite
s.o.	siehe oben
s.u.	siehe unten
SGB IV	Sozialgesetzbuch – Viertes Buch – Gemeinsame Vorschriften für die Sozialversicherung
SGB VI	Sozialgesetzbuch – Sechstes Buch – Gesetzliche Rentenversicherung
Slg.	Sammlung (Amtliche Entscheidungssammlung)
sog.	sogenannte(n)
SozR	Sozialrecht (Entscheidungssammlung)
StabG	Stabilitätsgesetz
str.	streitig
TierSG	Tierseuchengesetz
TKG	Telekommunikationsgesetz
TVG	Tarifvertragsgesetz
Tz.	Teilziffer
u.a.	unter anderem
u.ä.	und ähnliches
u.s.w.	und so weiter
u.U.	unter Umständen
umstr.	umstritten
Urt.	Urteil
UWG	Gesetz gegen den unlauteren Wettbewerb
v.	vom

VAG	Versicherungsaufsichtsgesetz
VerwArch	Verwaltungsarchiv (Zeitschrift)
VG	Verwaltungsgericht
VGH	Verwaltungsgerichtshof
Vgl.	Vergleiche
VVDStRL	Veröffentlichungen der Vereinigung der Deutschen Staatsrechtslehrer
VwGO	Verwaltungsgerichtsordnung
WM	Wertpapier-Mitteilungen (Zeitschrift)
WphG	Wertpapierhandelsgesetz
WTO	World Trade Organisation
WuV	Wirtschaft und Verwaltung (Zeitschrift)
z. B.	zum Beispiel
ZBB	Zeitschrift für Bankrecht und Bankwirtschaft
ZGR	Zeitschrift für Unternehmens- und Wirtschaftsrecht
Ziff.	Ziffer

PROFESSOR DR. GILBERT GORNIG

Pflichtmitgliedschaft in der Industrie- und Handelskammer

Die Pflichtmitgliedschaft in der Industrie- und Handelskammer stößt insbesondere wegen der damit kraft Gesetzes verbundenen Zwangsbeitragspflicht, die vielen Mitgliedern nur schwer vermittelbar ist, immer wieder auf Kritik. Nachdem die Mehrheit der Kleingewerbetreibenden, das sind über 50 % der kammerzugehörigen Unternehmen, zu Beiträgen herangezogen worden war, formierte sich ein breiter Widerstand gegen die Pflichtmitgliedschaft.[1] Nach Inkrafttreten der Beitragsreform am 1. April 1994 kam es zu einer Fülle von Prozessen gegen die Zwangsmitgliedschaft in den Industrie- und Handelskammern und die Verpflichtung zur Zahlung von Beiträgen. Die Beitrittsverweigerer sahen für ihren Beitritt keine konkrete Gegenleistung. Die politische Kritik an der Pflichtmitgliedschaft in den Kammern wird mit juristischen Argumenten zu untermauern versucht. Es werden insbesondere Bedenken an der Vereinbarkeit mit den Grundrechten vorgetragen. Auch wird neuerdings die EG-Verträglichkeit der Pflichtmitgliedschaft bezweifelt. Die Kritik der Pflichtmitgliedschaft gipfelt in der Frage, ob das System der Industrie- und Handelskammern wirklich die beste Form sei, Gemeinschaftsaufgaben der Wirtschaft wahrzunehmen.[2] Man könne sich vorstellen, daß die Interessenvertretung der Wirtschaft besser durch die privaten Wirtschaftsverbände erfolge.[3]

---

1 Er führte sogar zur Gründung einer Bundesvereinigung der IHK-Verweigerer, vgl. Süddeutsche Zeitung vom 08.08.1996, S. 2.

2 Vgl. etwa „Zahlende Zwangsmitglieder", FAZ v. 12.11.1996, S. 10; „Kleingewerbe wird von IHK-Finanzierung befreit", FAZ v. 26.10.1996, S. 13; „IHK-Zwangsmitgliedschaft wackelt", Rheinischer Merkur v. 28.3.1997, S. 15. Vgl. ferner: BT-Drs. 13/9378; 13/9975; 13/10296; 13/10297.

3 Vgl. auch Basedow, Jürgen, Die Industrie- und Handelskammern. - Selbstverwaltung zwischen Staat und Verbandswesen, in: BB 1977, S. 366 ff. (372).

A. Kammersystem und Pflichtmitgliedschaft

I. Aufgabe

Industrie- und Handelskammern sind nach § 3 Abs. 1 des Gesetzes zur vorläufigen Regelung des Rechts der Industrie- und Handelskammern vom 18. Dezember 1956[4] Körperschaften des öffentlichen Rechts. Sie haben gemäß § 1 IHKG die Aufgabe, das Gesamtinteresse der ihnen zugehörenden Gewerbetreibenden ihres Bezirks wahrzunehmen, für die Förderung der gewerblichen Wirtschaft zu wirken und dabei wirtschaftliche Interessen einzelner Gewerbezweige oder Betriebe abwägend und ausgleichend zu berücksichtigen. Es obliegt ihnen insbesondere, durch Vorschläge, Gutachten und Berichte die Behörden zu unterstützen und zu beraten sowie auf die Einhaltung von Anstand und Sitte des ehrbaren Kaufmanns hinzuwirken.[5] Diese von den Kammern wahrzunehmenden Aufgaben sind öffentliche Aufgaben.

Die im Kammersystem zum Ausdruck kommende Selbstverwaltung der Wirtschaft ist Teil der öffentlichen Verwaltung, weil sie die Erfüllung öffentlicher und nicht privater Aufgaben zum Gegenstand hat. Es handelt sich um mittelbare Staatsverwaltung, da es sich zwar um öffentliche Verwaltung, aber durch rechtlich verselbständigte, aus der unmittelbaren Staatsorganisation herausgelöste Träger handelt, denen ein hohes Maß an Eigenverantwortung zukommt.

---

4 BGBl. 1956 I, S. 920, zuletzt geändert durch das Gesetz vom 23.07.1998 (BGBl. 1998 I, S. 1887).

5 Vgl. zu den Kammeraufgaben auch Basedow (Anm. 3), BB 1977, S. 371 ff.; Frotscher, Werner, Wirtschaftsverfassungs- und Wirtschaftsverwaltungsrecht, 3. Aufl. 1999, S. 259 ff.; Stober, Rolf, Wirtschaftliche Selbstverwaltung durch Handelskammern in Deutschland und Europa, in: DVBl. 1993, S. 333 ff.; VG Lüneburg, GewArch 1995, S. 473; Jahn, Ralf, Grundlagen wirtschaftlicher Selbstverwaltungskörperschaften am Beispiel der Industrie- und Handelskammer, JA, 1995, S. 972 ff.; Tettinger, Peter J., Kammerrecht. Das Recht der wirtschaftlichen und der freiberuflichen Selbstverwaltung, 1997, S. 103 ff.

II. Pflichtzugehörigkeit

1. Allgemein

Zur Industrie- und Handelskammer gehören gemäß § 2 Abs. 1 IHKG, soweit sie zur Gewerbesteuer veranlagt sind, als Pflichtzugehörige oder „Kammerangehörige“ natürliche Personen, Handelsgesellschaften, andere nicht rechtsfähige Personenmehrheiten und juristische Personen des privaten und des öffentlichen Rechts, die im Bezirk der Industrie- und Handelskammer entweder eine gewerbliche Niederlassung oder eine Betriebsstätte oder eine Verkaufsstelle unterhalten.

Ausgenommen von der Pflichtmitgliedschaft in den Industrie- und Handelskammern sind die Handwerksbetriebe. Sie besitzen ihre eigenen Selbstverwaltungseinrichtungen, die Handwerkskammern. Zusammen mit den in einer Reihe von Bundesländern eingerichteten Landwirtschaftskammern bilden sie die wirtschaftsständischen Kammern, die sich von den berufsständischen Kammern unterscheiden. Die freien Berufe, die charakteristischerweise Dienstleistungen höherer Art erbringen, eine besondere Vorbildung erfordern und von einer gewissen ideellen Motivation gekennzeichnet sind, die das bloße Gewinnstreben überlagert,[6] sind ebenfalls in Kammern zusammengefasst. Aufgrund Bundesrechts bestehen derartige Selbstverwaltungskammern für Rechtsanwälte, Patentanwälte, Steuerberater und Wirtschaftsprüfer. Landesrechtlich sind die Kammern für Ärzte, Zahnärzte, Tierärzte, Apotheker und Architekten geregelt. Alle Personen, die den betreffenden Beruf ausüben, sind Pflichtmitglieder der Kammern. Sie bilden direkt oder über Wahlen das Legislativorgan, das seinerseits weitere Organe bestimmt. § 2 Abs. 2 IHKG stellt jedoch klar, daß die gesetzliche IHK-Pflichtmitgliedschaft für natürliche Personen und Gesellschaften, die ausschließlich einen freien Beruf ausüben, dann gilt, wenn sie in das Handelsregister eingetragen sind. Nach der Verwaltungsrechtsprechung sind Freiberufler im Sinne des § 2 Abs. 2 IHKG ausschließlich solche, die das Steuerrecht als freiberuflich anerkennt. Wird bei einer natürlichen Person eine selb-

---

6 VG Würzburg vom 28.02.1996, W 10 K 95.958.

ständige Tätigkeit steuerlich als Gewerbe behandelt und sie zur Gewerbesteuer veranlagt, liegen die Voraussetzungen eines freien Berufes nicht vor. Der selbständig Tätige ist dann vielmehr gemäß § 2 Abs. 1 IHKG kammerzugehörig und damit auch beitragspflichtig.[7] Liegt die objektive Gewerbesteuerpflicht nach §§ 2, 3 GewStG vor, bedarf es selbst bei einer nicht im Handelsregister eingetragenen natürlichen Person keiner weiteren Nachprüfung, ob tatsächlich ein Gewerbe ausgeübt wird.[8]

Während die wirtschaftsständischen Kammern ganz überwiegend fördernd und leistend tätig sind, greift die Arbeit der freiberuflichen Kammern in die Freiheit der Mitglieder ein. Zwar fördern auch sie die Interessen der Kammermitglieder, etwa durch Versorgungseinrichtungen zur Alterssicherung. Vor allem regeln sie aber häufig bis ins kleinste Detail, wie eine standesgemäße Berufsausübung auszusehen hat.

2. *Doppelte Pflichtmitgliedschaft*

Eine doppelte Pflichtmitgliedschaft in verschiedenen Kammern ist möglich.[9] Diese Doppelzugehörigkeiten ergeben sich aus der Kombination mehrerer Tätigkeiten und werden rechtlich akzeptiert. Die Bestimmungen des § 2 Abs. 3 und des § 3 Abs. 4 IHKG verdeutlichen die Möglichkeit einer Doppelmitgliedschaft. § 3 Abs. 4 Satz 2 IHKG trägt einer Doppelmitgliedschaft durch eine Beitragsreduktion Rechnung.[10]

Besonders häufig ist der Fall, daß Unternehmen sowohl der Industrie- und Handelskammer als auch der Handwerkskammer angehö-

---

7 VG Arnsberg vom 29.03.1996, 13 K 1161/95, GewArch 1996, S. 415; VG Arnsberg vom 29.03.1996, 13 K 8289/94.

8 VG Arnsberg vom 21.11.1996, 13 K 5187/95; VG Koblenz vom 12.01.1998, 3 K 1706/97.KO.

9 Vgl. BVerwG, NJW 1978, S. 904 f. (905), zur Mitgliedschaft einer Steuerberatungsgesellschaft in Steuerberaterkammer und IHK bei über die Steuerberatung hinausreichendem Aufgabenfeld.

10 Vgl. auch VG Ansbach, GewArch 1988, S. 135, zur Mitgliedschaft eines Tierarztes in einer IHK.

ren: Natürliche und juristische Personen und Personengesellschaften, die in der Handwerksrolle oder in dem Verzeichnis der handwerksähnlichen Gewerbe eingetragen sind, gehören nämlich mit ihren nichthandwerklichen oder nichthandwerksähnlichen Betriebsteil gemäß § 2 Abs. 3 IHKG der Industrie- und Handelskammer an.[11]

Oftmals wird die Doppelmitgliedschaft in den einzelnen Kammergesetzen selbst zugelassen:[12] In §§ 8 Abs. 3, 28 Abs. 3 Nordrhein-Westfälisches Baukammerngesetz wird ausdrücklich die gleichzeitige Mitgliedschaft in der Architektenkammer und der Ingenieurkammer-Bau als zulässig bezeichnet.

Es ist auch möglich, daß Rechtsanwälte, Steuerberater und Wirtschaftsprüfer mehreren öffentlich-rechtlichen Körperschaften mit Pflichtzugehörigkeit angehören. Der Apotheker gehört, da Apotheken traditionell zu den Gewerbebetrieben zählen, der Industrie- und Handelskammer als Pflichtmitglied an, zugleich aber auch der Apothekerkammer als seiner Berufsorganisation.[13] Ebenso kann es vorkommen, daß ein Unternehmen der Landwirtschaftskammer und der Industrie- und Handelskammer angehört.

Personen, die mehrere gewerbliche Betriebsstätten oder Handwerksbetriebe in unterschiedlichen Kammerbezirken betreiben, sind jeweils in ihren Bezirken Pflichtmitglied.[14]

III. Beitragsrecht

Maßgeblich für die kritische Einstellung vieler Mitglieder zur Industrie- und Handelskammer ist der regelmäßig anfallende Beitrag, der manchen als zu hoch, manchen aber auch als ungerechtfertigt erscheint, weil ihrer Ansicht nach keine adäquate Gegenleistung erbracht werde. Viele Klagen richten sich daher auch gegen die Beitragserhebung. Das Beitragsrecht der Industrie- und Handelskammern ist im letzten Jahrzehnt auch aus diesem Grund durch die IHK-

---

11 Vgl. dazu BVerwG, NJW 1978, S. 389.

12 Vgl. § 2 Abs. 3 und § 3 Abs. 3 Satz 2 IHKG.

13 Vgl. hierzu VG Würzburg, GewArch 1995, S. 293.

14 BVerwG, DVBl. 1995, S. 39 ff.; OVG Koblenz, GewArch 1994, S. 415.

Gesetz-Novellen von 1992 und 1998 zweimal grundlegend reformiert worden.[15] Kernpunkt der ersten Reform von 1992 war eine gerechtere Verteilung der Beitragslast unter den Kammermitgliedern in der Gestalt, daß grundsätzlich alle Kammermitglieder wenigstens mit einem Grundbeitrag zur Kammerfinanzierung herangezogen werden.[16] Mit der Reform von 1998, in Kraft seit dem Januar 1999, wurde die zuvor getroffene Regelung des Gesetzgebers zu einem wesentlichen Teil wieder rückgängig gemacht, weil viele Kammermitglieder wieder von der Beitragspflicht befreit wurden.[17]

1. Voraussetzung Kammerzugehörigkeit

a. Sachliche Voraussetzungen

aa. Gewerbesteuerveranlagung

Die Beitragspflicht eines Unternehmens ist an die Kammerzugehörigkeit bei der jeweiligen Industrie- und Handelskammer geknüpft. Die Beitragspflicht ist also akzessorisch. Wer nicht gem. § 2 Abs. 1 IHKG Mitglied der jeweils örtlich zuständigen Industrie- und Handelskammer ist, kann auch nicht zum Beitrag herangezogen werden. Gemäß § 2 Abs. 1 IHKG gehören die in dieser Bestimmung genannten Gewerbetreibenden nur dann zur jeweils örtlich zuständigen Industrie- und Handelskammer, „sofern sie zur Gewerbesteuer veranlagt sind“. Die Kammerzugehörigkeit und folglich auch die Beitrags-

---

15 Gesetz zur vorläufigen Regelung des Rechts der Industrie- und Handelskammern vom 18.12.1956, BGBl. I, S. 920, geändert durch Gesetz vom 21.12.1992, BGBl. I, S. 2133, geändert durch Gesetz vom 23.11.1994, BGBl. I, S. 3475, zuletzt geändert durch Gesetz vom 23.07.1998, BGBl. I, S. 1887, berichtigt durch Gesetz vom 1.10.1998, BGBl. I, S. 3158.

16 Vgl. zum Änderungsgesetz vom Dezember 1992 ausführlich Jahn, Ralf, Zur Novellierung des Rechts der Industrie- und Handelskammer, in: GewArch 1993, S. 129 ff.

17 Dazu ausführlich Jahn, Ralf, Zur Reform des Rechts der Industrie- und Handelskammern ab 01.01.1999, in: GewArch 1998, S. 365 ff.; ders., Die Neuregelungen des IHK-Gesetzes zum 01.01.1999, in: NVwZ 1998, S. 1042; ders., Zur Beitragsbelastung der Unternehmen nach Änderung des IHK-Gesetzes, in: BB 1999, S. 7 ff.; ders., Der IHK-Beitrag der Unternehmen ab 1999, in: DB 1999, S. 253 ff.

pflicht knüpfen also an die gewerbesteuerlichen Vorschriften an, also an die Tatbestände in § 2 Abs. 1-3 GewStG. Nach dem Wegfall der Gewerbekapitalsteuer ist die IHK-Kammerzugehörigkeit nur noch an die Gewerbeertragsteuerpflicht geknüpft.

Unter Hinweis an die schon bislang einhellige Auffassung in Rechtsprechung und Schrifttum[18] hat die verwaltungsgerichtliche Rechtsprechung mehrfach unter Bezugnahme auf § 3 Abs. 3 S. 3 IHKG klargestellt, daß das Merkmal „zur Gewerbesteuer veranlagt“ in § 2 Abs. 1 IHKG nicht davon abhängt, ob der betroffene Gewerbetreibende auch tatsächlich Gewerbesteuer zahlen muß.[19] Die „Gewerbesteuerveranlagung“ in § 2 Abs. 1 IHKG bezeichnet somit nicht eine entsprechende Zahlungspflicht, sondern die objektive Veranlagung zur Gewerbesteuer dem Grunde nach, die sich aus §§ 2, 3 GewStG ergibt.[20] Kammerzugehörig ist deshalb auch ein Unternehmen, das wegen seines geringen Gewinns einen sog. Freistellungsbescheid (Gewerbesteuermeßbetrag 0) erhält[21] oder nur noch in sog. „Überwachungslisten“ geführt wird (Nichtfestsetzung eines Gewerbesteuermeßbetrages), weil abzusehen ist, daß die gewerbesteuerlichen Freigrenzen in den nächsten Jahren nicht überschritten werden.[22]

Eine GmbH allerdings unterliegt allein wegen ihrer Rechtsform der Gewerbesteuer (§ 2 Abs. 2 GewStG) und wird schon deshalb „zur Gewerbesteuer veranlagt“.[23] Sie soll nur dann nicht zum Kreis der IHK-

---

18 Vgl. dazu die Nachweise bei Jahn, Ralf, Das neue IHK-Beitragsrecht in der Anwendungspraxis, in: GewArch 1995, S. 457/461.

19 BVerwG vom 14.09.1998, 1 B 69.98, GewArch 1999, S. 36; ebenso die Vorinstanz VGH München vom 31.03.1998, GewArch 1999, S. 35; OVG Lüneburg, GewArch 1997, S. 153, vom 26.03.1999, 8 L 2600/98 und vom 28.05.1999, 8 L 4677/98; VGH Mannheim, GewArch 1999, S. 66; VG Arnsberg vom 28.08. 1998, 13 K 1280/98 und 1281/98, vom 11.09.1998, 13 K 1009/98; VG Düsseldorf vom 19.01.1999, 3 K 6883/98; VG Stade vom 25.08.1999, 6 A 588/98.

20 BVerwG vom 14.09.1998, 1 B 69.98, GewArch 1999, S. 36 mit Anmerkung Jahn; VGH Kassel vom 14.08.1997, 8 UZ 1979/97.

21 VG Hamburg vom 29.10.1998, 20 VG 944/97; VG Hannover vom 23.11.1998, 7 A 5995/98.

22 VGH München vom 31.03.1998, 22 B 96.3592, BayVBl. 1999, S. 50.

23 VG Karlsruhe vom 29.07.1998, 7 K 4717/97; VG Lüneburg vom 13.01.1999, 5 A 111/97 und 5 A 129/97.

Mitglieder gehören, wenn sie nach ihrem Unternehmensgegenstand ausschließlich nicht-gewerbliche Zwecke verfolgt; hierfür bedarf es aber einer ausdrücklichen Ausschlußklausel im Gesellschaftsvertrag.[24]

bb. Tatsächliche Ausübung eines Gewerbes

Trotz entsprechender Veranlagung zur Gewerbesteuer wird in der Veranlagungspraxis immer wieder der Einwand erhoben, daß keine Kammerzugehörigkeit nach § 2 Abs. 1 IHKG gegeben sei, wenn in Wirklichkeit kein Gewerbe ausgeübt werde. Damit stellt sich die Frage, ob die jeweilige Industrie- und Handelskammer verpflichtet ist, in jedem Fall zu prüfen, ob über die bloße Gewerbeanmeldung hinausgehend auch faktisch (noch) ein Gewerbe ausgeübt wird. Praxisrelevant wird diese Frage einmal dann, wenn ein Gewerbe erstmalig angemeldet worden ist, der Industrie- und Handelskammer also bei der erstmaligen Beitragsveranlagung naturgemäß noch keine gewerbesteuerbezogene Mitteilung der Finanzverwaltung vorliegen kann; Probleme ergeben sich aber auch, wenn eingewendet wird, daß der Gewerbebetrieb „ruhe“.

(1) Allgemein

Wenn eine natürliche Person oder nichtrechtsfähige Personenmehrheit gewerbetreibend ist, muß nach der Rechtsprechung nicht gesondert geprüft werden, ob tatsächlich ein Gewerbe im Sinne des Handels- und Gewerberechts betrieben wird, wenn eine gewerbliche Niederlassung im jeweiligen Kammerbezirk unterhalten wird. Auch in diesen Fällen folgt die Kammermitgliedschaft bereits aus der Veranlagung zur Gewerbesteuer, für die die objektive Gewerbesteuerpflicht nach §§ 2 und 3 GewStG maßgeblich ist. Liegt sie vor, kann ohne weitere Nachprüfung davon ausgegangen werden, daß der Betreffende

---

24 VG Sigmaringen vom 13.11.1997, 2 K 324/97;VG Wiesbaden vom 13.11.1998, 9 E 542/95; VGH Mannheim vom 17.03.1998, 14 S 655/98, GewArch 1999, S. 66.

auch ein „Gewerbe“ betreibt.[25] Eine beitragspflichtige Kammerzugehörigkeit besteht auch dann, wenn die gewerbliche Tätigkeit verhältnismäßig selten ausgeübt wird. Voraussetzung ist lediglich, daß die Tätigkeit auf Wiederholung angelegt ist.[26] Nicht bloße Vermögensverwaltung, sondern eine gewerbliche Tätigkeit mit der Folge der Gewerbesteuer- und IHK-Beitragspflicht liegt auch für ein Besitzunternehmen im Rahmen einer Betriebsaufspaltung vor, weil bei Vorliegen einer sachlichen und personellen Verflechtung zwischen Besitzunternehmen und Betriebsgesellschaft ersteres an der gewerblichen Tätigkeit der Gesellschaft teilnimmt; für die notwendige personelle Verflechtung genügt, daß die Personen, die das Besitzunternehmen tatsächlich beherrschen, in der Lage sind, ihren Willen auch in der Betriebsgesellschaft durchzusetzen.[27] Ein selbständiger Beratungsstellenleiter eines Lohnsteuerhilfevereins übt keine freiberufliche Tätigkeit, sondern ein Gewerbe aus, ist also gewerbesteuerpflichtig und IHK-beitragspflichtig.[28]

---

25 Vgl. hierzu VG Arnsberg vom 21.11.1996, 13 K 5187/95; VG Düsseldorf vom 02.06.1998, 3 K 218/98 (Bei finanzamtlicher Feststellung der Gewerbesteuerpflicht einer GbR kann ohne weiteres von der IHK-Zugehörigkeit ausgegangen werden). Zur „gewerblichen Tätigkeit“ siehe weiter VG Gelsenkirchen vom 19.02.1997, 7 K 7929/94 (Öffentlichrechtliche Bindungen des Taxengewerbes ändern nichts daran, daß ein Taxiunternehmer „gewerblich“ tätig ist; VG Stuttgart vom 02.04.1997, 16 K 3218/95 (Vermietung und Verpachtung von Grundbesitz und anderem Anlagevermögen kann gewerbliche Tätigkeit sein); VG Stade vom 25.08.1999, 3 K 1271/95 (Beitragspflicht einer Gärtnerei, die steuerlich als Gewerbebetrieb geführt wird, bereits bei einer steuerlichen Zukaufsgrenze von 30 Prozent).

26 VG Würzburg vom 24.01.1996 - W 10 K 95.745, GewArch 1996, S. 162 (zwei Einsätze im Jahr sind ausreichend); VG Düsseldorf vom 27.02.1996 - 3 K 8782/94 - (alle drei Monate für ca. vier Wochen Dauer).

27 VG Neustadt/Weinstraße vom 08.05.1998, 7 K 3379/96.NW; VG Stuttgart vom 02.04.1997, 16 K 3218/95. Dabei ist das Besitzunternehmen im Rahmen der Betriebsaufspaltung als Gewerbebetrieb i.S.d. § 2 Abs.1 GewStG von dem Zeitpunkt an zu behandeln, in dem die Voraussetzungen für die Betriebsaufsaufspaltung erstmals erfüllt sind, vgl. BFH vom 15.01.1998, IV R 8/97, BStBl. 1998 II, S. 478 ff.

28 FG Brandenburg vom 08.11.1995, 1 K 319/94, bestätigt durch BFH vom 05.11.1996, IV B 4/96 und BVerfG vom 09.05.1997, 1 BvR 23/97. Siehe auch VG Leipzig vom 26.08.1998, 6 K 1104/98: Ein Versicherungsvertreter übt keinen freien Beruf, sondern ein Gewerbe aus.

(2) GmbH

In der Rechtsprechung wurde hinsichtlich der Kammerzugehörigkeit einer GmbH gefordert, daß tatsächlich ein Gewerbe ausgeübt werden müsse, also zu prüfen sei, welchen Zweck das Unternehmen verfolge.[29] Eine GmbH ist aber bereits aufgrund ihrer Rechtsform kammerzugehörig.[30] So hat die Rechtsprechung aus der Tatsache, daß die GmbH gemäß § 2 Abs. 2 S. 1 GewStG kraft Gesetzes gewerbesteuerpflichtig ist, überwiegend abgeleitet, daß ohne weitere Prüfung des Vorliegens eines „Gewerbebetriebes" allein durch die auf der Rechtsform beruhende Gewerbesteuerpflicht die IHK-Pflichtmitgliedschaft der GmbH begründet wird.[31] Für die Frage, ob ein Unternehmen gewerblich oder nicht gewerblich tätig ist, kommt es also nicht auf das tatsächliche Tun, sondern auf den Inhalt der Handelsregistereintragung und die Formulierung des Unternehmensgegenstandes im Gesellschaftsvertrages an.[32] Die Entfaltung geschäftlicher Aktivitäten nach außen ist irrelevant. Aus diesem Grund ist auch ein sog. GmbH-Mantel, bei dem lediglich das Stammkapital der Gesellschafter verwaltet wird, kammerzugehörig und beitragspflichtig.[33] Infolgedessen ist eine im Handelsregister eingetragene Steuerberatungsgesellschaft jedenfalls dann beitragspflichtig, wenn sich nach dem Gegenstand des Unternehmens die Möglichkeit der Ausübung einer gewerblichen Tätigkeit ergibt, etwa eine wirtschaftsberatende, gutachterliche oder treuhänderische Tätigkeit.[34]

---

29 VG Lüneburg vom 19.03.1997, 5 A 55/95, vom 11.02.1998, 5 A 69/97; OVG Lüneburg vom 01.09.1997, 8 L 2286/97. Siehe zum Problem auch OVG Lüneburg vom 04.06.1998, 8 L 1836/98.

30 VG Düsseldorf vom 12.04.1994, 3 K 11928/93; OVG Münster vom 24.02.1997, 25 A 2531/94, GewArch 1997, S. 200.

31 So bereits VG Koblenz vom 12.12.1994 - 3 K 3875/94 -, GewArch 1996, S. 284; VG Koblenz vom 11.01.1996 - 3 K 2856/95 -, GewArch 1996, S. 283; VG Köln vom 12.09.1996 - 1 K 8291/93 -.

32 BVerwG vom 14.09.1998, GewArch 1999, S. 36; VG Lüneburg vom 11.02.1998, 5 A 69/97; VG Minden vom 20.01.1999, 4 K 2004/98.

33 VG Minden vom 20.01.1999, 4 K 2004/98.

34 VG Neustadt/Weinstraße vom 20.03.1998, 7 K 2933/96.NW; OVG Lüneburg vom 01.09.1998, 8 L 2286/97 und vom 26.03.1999, 8 L 2600/98; VGH Mannheim vom 17.06.1998, 14 S 38/98, GewArch 1999, S. 66; a. A: OVG Münster vom 24.02.1997, 25 A 2531/94, GewArch 1997, S. 200: Danach ist eine

Für die „ruhende“ GmbH hat die Rechtsprechung entschieden, daß es für die Kammerzugehörigkeit und Beitragspflicht nicht darauf ankommt, ob aktuell Gewerbetätigkeit ausgeübt wird. Erlaubt der Unternehmensgegenstand eine gewerbliche Betätigung, ist ohne Rücksicht darauf, ob davon tatsächlich Gebrauch gemacht wird, eine „gewerbliche Betätigung“ gegeben.[35] Nach dieser Rechtsprechung wird sowohl die GmbH in Liquidation als auch die „ruhende GmbH“ als kammerzugehörig und beitragspflichtig angesehen.

Auch für das Ende der Kammermitgliedschaft ist die faktische gewerbliche Betätigung unerheblich. Die objektive Gewerbesteuerpflicht und damit die Kammermitgliedschaft endet nicht bereits mit der tatsächlichen Beendigung der gewerblichen Betätigung, sondern erst mit der Löschung einer kammerzugehörigen Gesellschaft im Handelsregister bzw. mit dem Ende der Liquidationsphase. Ein Auflösungsbeschluß der Gesellschafter reicht hierfür nicht, es kommt vielmehr auf die vollständige Einstellung werbender Tätigkeit an.[36]

Eine GmbH ist also ab dem Zeitpunkt der Eintragung im Handelsregister – als Gründungsgesellschaft unter Umständen sogar noch vor diesem Zeitpunkt – bis zur Einstellung jeglicher Tätigkeit, also auch in der Liquidationsphase nach § 2 Abs. 2 GewStG, gewerbesteuerpflichtig und damit kammerzugehörig. Eine Prüfungspflicht der Industrie- und Handelskammer, ob tatsächlich ein Gewerbe im Sinne der handels- oder gewerberechtlichen Vorschriften ausgeübt wird, entfällt daher jedenfalls dann, wenn es sich bei dem Gewerbetreibenden um eine juristische Person handelt, die bereits kraft Gesetzes

---

SteuerberatungsGmbH auch bei ausschließlich steuerberatender Tätigkeit IHK-zugehörig. Ebenso OVG Hamburg vom 03.02.1999, OVG Bf V 69/96 (Pflichtmitgliedschaft einer Wirtschaftsprüfungsgesellschaft auch bei ausschließlich freiberuflicher Tätigkeit);VG Koblenz vom 12.01.1998, 3 K 1706/97 KO; OVG Koblenz vom 19.02.1999, 11 A 10565/98 (beratende Ingenieure GmbH); VG Arnsberg vom 15.12.1997, 13 K 3737/96 (Ingenieur ist kraft Rechtsform IHK-zugehörig).

35 VG Düsseldorf vom 27.01.1998, 3 K 2744/97; VG Karlsruhe vom 29.07.1998, 7 K 4717/97; VG Lüneburg vom 13.01.1999, 5 A 111/97 und 5 A 129/97. Zur Frage, ob in solchen Fällen ein Anspruch auf Beitragserlaß besteht, siehe unten V. 10.

36 VG Neustadt/Weinstraße vom 20.03.1998, 7 K 2933/96.NW.

gewerbesteuerpflichtig (§ 2 Abs. 2, 3 GewStG) und damit kammerzugehörig ist.[37]

cc. *Scheinselbständige*

Auch sog. „Scheinselbständige" sind kammerzugehörig und beitragspflichtig. Nach Ansicht der Rechtsprechung[38] ist es nicht Aufgabe einer Industrie- und Handelskammer, die schwierigen Abgrenzungsprobleme zwischen selbständiger Tätigkeit und abhängiger Beschäftigung aufzuklären. Der „Scheinselbständige" muß sich vielmehr an seiner Erklärung in der Gewerbeanzeige, er betreibe ein Gewerbe, festhalten lassen, bis er diesen Tatbestand durch Gewerbeabmeldung bzw. Umqualifizierung seiner Einkünfte durch das Finanzamt beseitigt hat; bis dahin kann die Industrie- und Handelskammer von der objektiven Gewerbesteuerpflicht und damit von der Kammerzugehörigkeit ausgehen.[39]

b. *Räumliche Voraussetzungen der Kammermitgliedschaft*

Neben der Gewerbesteuerveranlagung und den personalen Voraussetzungen (§ 2 Abs. 1 1. Halbsatz; Abs. 2 und 3 IHKG) erfordert die Kammerzugehörigkeit, daß der Gewerbetreibende im jeweiligen IHK-Bezirk eine gewerbliche Niederlassung, Betriebsstätte oder Verkaufsstelle unterhält. Das IHK-Gesetz enthält selbst keine Definition dieser Begriffe.

---

37 Allerdings vertritt das OVG Lüneburg (vom 26.03.1999, 8 L 2600/98, vom 28.05.1999, 8 L 4677/98) die Ansicht, daß bei gänzlichem rechtlichen Ausschluß gewerblicher Betätigung (in der GmbH-Satzung) die Kammerzugehörigkeit entfällt. Diese Ansicht widerspricht allerdings der Mehrheitsmeinung in der Rechtsprechung.

38 VG Ansbach vom 26.03.1998, AN 4 K 96.00825, GewArch 1998, S. 251 ff.; VG Hannover vom 23.11.1998, 7 A 5995/98.

39 Siehe in diesem Zusammenhang auch die vom BFH (vom 14.06.1985, VI R 150-152/82 sowie vom 18.01.1991 (VI R 122/87) entwickelten Kriterien zur Abgrenzung der Gewerbesteuerpflicht von der Lohnsteuerpflicht.

Für den Betriebsstättenbegriff in § 2 Abs. 1 IHKG gilt derjenige nach § 12 AO.[40] Die in den Zerlegungsbescheiden der Finanzverwaltung enthaltene Entscheidung über das Vorliegen einer Betriebsstätte bindet die Industrie- und Handelskammer nach Ansicht des Bundesverwaltungsgerichts nicht;[41] sie hat vielmehr das Vorliegen einer Betriebsstätte selbständig zu prüfen, auch wenn ein Gewerbesteuerbescheid vorliegt. Betriebsstätte i.S.d. § 12 AO ist jede feste Geschäftseinrichtung oder Anlage, die der Tätigkeit eines Unternehmens dient. Dazu gehören zunächst bauliche oder sonstige Zusammenfassungen körperlicher Gegenstände und unternehmerisch nutzbarer Mittel, aber auch Gegenstände, die für sich betrachtet keinen wirtschaftlichen Organismus darstellen, wenn sie dem Unternehmen dienen. Ein vor einem Warenhaus aufgestellter Kinderreitautomat kann deshalb die Voraussetzungen einer Betriebsstätte erfüllen und damit zur IHK-Beitragspflicht führen.[42] Auch der Sitz der Geschäftsleitung begründet die Betriebsstätteneigenschaft, wobei es unschädlich ist, wenn sich an diesem Sitz zugleich die Privatwohnung des Unternehmers befindet; es genügt, daß die Betriebsstätte in einem Raum unterhalten werden kann, der für die gewerbliche Tätigkeit ausreicht und über den der Gewerbetreibende ausreichende Verfügungsgewalt hat.[43] Bei ständig wechselnden Tätigkeitsorten kann bereits die Wohnung, unter deren Anschrift das Gewerbe angemeldet ist, Betriebsstätte sein, wenn dort ein fester Bezugspunkt ist.[44] Soweit die Vermietung von Grundstücken gewerblichen Charakter hat, kann auch ein vermietetes Grundstück die Voraussetzungen einer

---

40 BVerwG vom 27.10.1998, 1 C 19.97, GewArch 1999, S. 73 („Kinderreitautomat").

41 BVerwG vom 27.10.1998, 1 C 19.97, GewArch 1999, S. 73 („Kinderreitautomat"). A. A. noch OVG Münster vom 24.02.1997 - 25 A 4720/94 -.

42 BVerwG vom 27.10.1998, 1 C 19.97, GewArch 1999, S. 73 („Kinderreitautomat").

43 VG Hannover vom 23.11.1998, 7 A 5995/98; VG Minden vom 20.01.1999, 4 K 2004/98.

44 VG Düsseldorf vom 19.01.1999, 3 K 6883/98 (Betriebsstätte eines Versteigerers); VG Münster vom 28.06.1999, 3 K 1271/95 (Wohnung von Kundendienstmonteuren, für die das Unternehmen einen Mietanteil und Telefon zahlt).

„Betriebsstätte" erfüllen.[45] Diese weite Auslegung des Begriffs der Betriebsstätte verdeutlicht, daß ein Vorgehen gegen eine Beitragszahlung mit dem Hinweis, es liege keine Betriebsstätte vor, nicht erfolgversprechend ist.

2. *Beitragsfreistellung von Kleingewerbetreibenden*

Ein wesentlicher Punkt des IHKGÄndGesetzes von 1998 war die Beitragsfreistellung von Kleingewerbetreibenden mit geringen Gewerbeerträgen/Gewinnen bzw. Umsätzen ab 1. Januar 1999 (§ 3 Abs. 3 S. 3 und 4 IHKG).[46] Der Gesetzgeber rückte damit von seinem früheren Anliegen ab[47], nach dem durch generelle Beitragspflicht aller Kammermitglieder die Beitragslast gerechter verteilt werden sollte. Eine völlige Beitragsfreistellung einzelner IHK-Mitglieder konnte bis dahin - abgesehen von den im Gesetz ausdrücklich geregelten Fällen (z. B. § 3 Abs. 4 S. 2 IHKG) - nur im Wege des Billigkeitserlasses erfolgen.[48]

Nach der neuen seit 1. Januar 1999 geltenden Beitragsfreistellung von Kammerzugehörigen werden nur Gewerbetreibende mit geringem Ertrag/Gewinn (das sind grundsätzlich DM 10.000/Jahr, vgl. § 3 Abs. 3 S. 3 IHKG 1998) freigestellt, die nicht im Handelsregister eingetragen sind. Die Beitragsbefreiung nach § 3 Abs. 3 S. 3 und 4 IHKG kommt also nicht für Kleingewerbetreibende (e. K.) in Betracht, die sich seit Inkrafttreten des Handelsrechtsreformgesetzes (HRefG) am

---

45 VG Düsseldorf vom 02.06.1998, 3 K 218/98.

46 Siehe zur IHK-Beitragsreform 1998 ausführlich Jahn (Anm. 17), GewArch 1998, S. 365 ff.; ders. (Anm. 14), NVwZ 1998, S. 1042 ff.; ders. (Anm. 17), BB 1999, S. 7 ff.; ders. (Anm. 17), DB 1999, S. 253 ff. Vgl. auch OVG Münster vom 22.03.1999, 4 A 2669/96.

47 Beitragsreform durch Gesetz vom 21.12.1992, BGBl. I, S. 2133.

48 Die frühere Erlaßempfehlung des DIHT aus dem Jahre 1996, bei sog. Kleinstgewerbetreibenden, deren Gewinn im Veranlagungsjahr 3.000 DM und deren Umsatz im Veranlagungsjahr 32.500 DM nicht überschreitet, den Beitrag auf Antrag zu erlassen, ist von der Rechtsprechung als rechtmäßig bestätigt worden, wenn sie vorbehaltlich einer Einzelfallprüfung angewendet wird; vgl. VG München vom 11.04.2000, M 16 K 98.1342.

1. Juli 1998[49] mit konstitutiver Wirkung ins Handelsregister haben eintragen lassen. Das Gesetz knüpft nämlich nach seinem eindeutigen Wortlaut in § 3 Abs. 3 S. 3 IHKG 1998 nur an die formale Handelsregistereintragung an.

Vor dem Hintergrund des Art. 3 Abs. 1 GG wurde bislang nicht beanstandet, daß nur Kleingewerbetreibende begünstigt werden, nicht aber Kapitalgesellschaften mit entsprechend niedrigen Gewinnen bzw. Umsätzen. Die Rechtsprechung hat sich – soweit ersichtlich – mit § 3 Abs. 3 S. 3 und 4 IHKG 1998 noch nicht befassen müssen. Der Grund dafür mag darin liegen, daß die Vorschrift nicht belastet, sondern den davon betroffenen Adressaten begünstigt.

3. *Kriterien der Beitragsbemessung*

a. *Gestaltungsermessen*

Nach § 3 Abs. 3 S. 1 IHKG setzt sich der IHK-Beitrag aus einem Grundbeitrag und einer Umlage zusammen. Bei der Ausgestaltung ihrer Beiträge ist hierbei der Industrie- und Handelskammer ein weites Gestaltungsermessen eingeräumt, wobei das Äquivalenzprinzip und der Gleichheitssatz zu beachten sind.[50] Die Beachtung des Äquivalenzprinzips verlangt nicht, bei der Beitragsgestaltung jeder Besonderheit Rechnung zu tragen, insbesondere die individuelle Ertragssituation des Unternehmens zu berücksichtigen;[51] vielmehr läßt das Äquivalenzprinzip aus Gründen der Praktikabilität nach dem Grundsatz der Typengerechtigkeit auch Pauschalierungen zu.[52]

Die Höhe der Grundbeiträge und der Hebesatz bei der Umlage werden von jeder einzelnen Industrie- und Handelskammer für ihren Zuständigkeitsbereich im jährlichen Haushaltsplan festgesetzt. Aus dem Regionalprinzip und der beschränkten räumlichen Zuständigkeit der jeweiligen Industrie- und Handelskammer folgt, daß eine Kam-

---

49 Handelsrechtsreformgesetz (HRefG) vom 22.06.1998, BGBl. I, S. 1474.

50 BVerwG, GewArch 1998, S. 410; GewArch 1999, S. 193 m.w.N.

51 VG Leipzig vom 08.11.1996, 4 K 1288/96.

52 OVG Magdeburg vom 12.02.1997, A 1 S 133/96; OVG Münster vom 29.04.1998, 4 A 2384/97, GewArch 1998, S. 413.

merbeitragserhebung in bestimmter Höhe nicht deshalb gegen den Gleichheitssatz in Art. 3 Abs. 1 GG verstößt, weil andere Industrie- und Handelskammern in anderen Kammerbezirken geringere Beiträge erheben.[53]

b. *Kriterien bei der Grundbeitragsstaffelung*

Der Grundbeitrag ist eine unteilbare Jahresabgabe, also unabhängig davon zu entrichten, ob die Kammerzugehörigkeit des Beitragspflichtigen ohne Unterbrechung während des gesamten Beitragsjahres bestanden hat.[54] Die Unteilbarkeit des Grundbeitrages beruht auf seiner Rechtsnatur als abstrakte, nicht zeitbezogene Gegenleistung für den Vorteil, den das Mitglied aus der Kammerzugehörigkeit ziehen kann. Bei der Beitragsumlage ist eine vorübergehende Unterbrechung der gewerblichen Tätigkeit irrelevant, weil es sich bei der Gewerbesteuer, an die das IHK-Beitragsrecht anknüpft, um eine Jahressteuer handelt, bei der Umlage also keine Belastung anfällt, die nicht auch bei Verteilung der gewerbesteuerpflichtigen Tätigkeit auf das ganze Jahr anfallen würde.

Gemäß § 3 Abs. 3 S. 2 IHKG kann der Grundbeitrag nach der Leistungskraft der Kammermitglieder gestaffelt werden. Wie sich aber aus der Kannbestimmung ergibt, besteht kein diesbezüglicher Zwang, der Grundbeitrag darf also neben der stets von der Leistungskraft abhängigen Umlage auch einheitlich erhoben werden.[55] Die degressive Staffelung des Grundbeitrages in der Haushaltssatzung verstößt weder gegen das Äquivalenzprinzip noch gegen den Gleichheitssatz.[56]

---

53 VG Wiesbaden vom 13.11.1998, 9 E 542/98.

54 VG Lüneburg vom 12.12.1994 - 5 A 30/94 -, GewArch 1995, S. 473, bestätigt durch OVG Lüneburg vom 20.5.1996, - 8 L 647/95 -, GewArch 1996, S. 413, bestätigt durch BVerwG vom 24.09.1996 - 1 B 165.96 -, GewArch 1997, S. 22; VG Gießen vom 11.08.1998, 8 E 1867/96 (3), bestätigt durch VGH Kassel vom 08.01.1999, 6 UZ 3544/98. Bei einer gewerblichen Tätigkeit von unter drei Monaten sehen die Industrie- und Handelskammern nach ihren Beitragsordnungen allerdings von einer Grundbeitragserhebung ab.

55 VG Hannover vom 26.01.1995 - 7 A 2280/94 -, GewArch 1995, S. 158; VG Arnsberg vom 28.10.1996 - 13 K 2871/95 -.

56 OVG Münster vom 05.02.1999, 4 A 1168/96, GewArch 1999, S. 205.

Die Frage, ob das Kammermitglied einen Gewinn erwirtschaftet, ist für die Beitragserhebung irrelevant, weil Härten im Einzelfall dadurch begegnet werden kann, daß der Kammerbeitrag auf Antrag nach Maßgabe der IHK-Beitragsordnungen gestundet, erlassen oder niedergeschlagen werden kann. Deshalb wird die Beitragspflicht auch nicht in Frage gestellt, wenn das Mitglied im Veranlagungsjahr keinen Gewinn, sondern einen Verlust erzielt hat.[57]

c. *Umlage*

Bemessungsgrundlage für die Umlage ist gemäß § 3 Abs. 3 S. 5 IHKG der Gewerbeertrag nach § 7 GewStG[58], andernfalls der nach dem Einkommensteuer- oder Körperschaftssteuergesetz ermittelte Gewinn aus dem Gewerbebetrieb.

Bei natürlichen Personen und bei Personengesellschaften ist die Bemessungsgrundlage um einen Freibetrag in Höhe von 30.000 DM zu kürzen.[59] Dieser - erhöhte - Freibetrag kommt erst ab dem Veranlagungszeitraum 1999 zur Anwendung.[60] Ab 2002 wurde der Freibetrag

---

57 § 3 Abs. 3 IHKG (in der bis 31.12.1998 geltenden Fassung) stand nach dem Willen des Gesetzgebers einer Regelung entgegen, die bestimmte Mitglieder der Industrie- und Handelskammer vollständig vom Beitrag befreite. Vgl. VG Darmstadt vom 19.08.1997, 3 E 528/97; VG Karlsruhe vom 21.04.1998, 1 K 2075/96; VG Arnsberg vom 28.08.1998, 13 K 1280/98 und 1281/98, vom 11.09.1998, 13 K 1009/98; VG Düsseldorf vom 10.11.1998, 3 K 6147/98.

58 Gewerbeertrag ist vereinfacht der nach den Vorschriften des Einkommensteuergesetzes oder des Körperschaftsteuergesetzes zu ermittelnde Gewinn aus dem Gewerbebetrieb.

59 Der § 3 Abs. 3 S. 4 IHKG in der bis 31. Dezember 1998 geltenden Fassung sah vor, daß bei natürlichen Personen und bei Personengesellschaften für die Bemessungsgrundlage der Umlage ein Freibetrag von DM 15.000 gewährt wurde. Daß der Freibetrag nicht in Höhe des gewerbesteuerlichen Freibetrags von DM 48.000 (§ 11 Abs. 1 S. 3 Nr. 1 GewStG) gewährt wurde, ist von der Rechtsprechung nicht beanstandet worden. VG Neustadt/Weinstraße vom 07.03.1997, 7 K 1392/96.NW; VG Leipzig vom 26.08.1998, 6 K 1104/98: Danach ist auch ein Umlagehebesatz von 0,8 Prozent rechtlich unbedenklich.

60 Dies ist auch die Erklärung dafür, daß auf einem Beitragsbescheid, mit dem zugleich alte Beitragsjahre abgerechnet und Vorauszahlungen für das aktuelle Veranlagungsjahr erhoben werden, unterschiedliche Umlagefreibeträge berücksichtigt werden, je nachdem, ob ein Beitragsjahr bis einschließlich

im Zuge der Euro-Umstellung auf 15.340 Euro umgestellt.[61] Mit der Verdoppelung des Freibetrages soll eine annähernd gleiche Behandlung von Körperschaften und Personengesellschaften bzw. natürlichen Personen erreicht werden, denen beispielsweise bei der Erfassung der Bemessungsgrundlage nicht die Möglichkeit gegeben ist, ein Geschäftsführergehalt in Abzug zu bringen.[62] Der Freibetrag wird – wie schon der Freibetrag nach § 3 Abs. 3 S. 4 IHKG 1992 - aber nur für die Beitragsumlage gewährt, gilt also nicht für den Grundbeitrag. Es ist also für Grundbeitrags- und Umlageberechnung von zwei unterschiedlichen Bemessungsgrundlagen auszugehen.[63]

d. Vereinbarkeit mit der Verfassung

Die Berücksichtigung unterschiedlich hoher Umlagefreibeträge begründet keinen Verstoß gegen den Gleichheitssatz und das Willkürverbot (Art. 3 Abs. 1 GG), da angesichts der unterschiedlichen Größe und Leistungskraft der Gewerbebetriebe der Gesetzgeber berechtigt war, die Freibeträge pauschalierend in der jeweiligen Höhe festzusetzen.[64]

Unterschiedliche Beitragshöhen in den verschiedenen Kammerbezirken verstoßen ebenfalls nicht gegen den Gleichheitssatz (Art. 3 Abs. 1 GG), da es sich hierbei um keine Frage der Verfassungsmäßigkeit des IHK-Gesetzes handelt, sondern um dessen Ausgestaltung durch Bei-

---

1998 oder ein Beitragsjahr ab 1999 betroffen ist Vgl. VG Düsseldorf, Urteil vom 30.05.2000, 3 K 449/00.

61 Art. 6 des Neunten Euro-Einführungsgesetzes vom 10.11.2001, BGBl. 2001 I, S. 2992. Bereits der Referentenentwurf eines Artikelgesetzes zur Umstellung des Kostenrechts auf Euro (KostREuroUG) enthielt unter anderem auch eine entsprechende Änderung des § 3 Abs. 3 S. 6 IHKG.

62 Vgl. BT-Drs. 13/9378, S. 5.

63 Zur unterschiedlichen Berechnung von Grundbeitrag und Umlage in diesen Fällen siehe die Beispiele bei Jahn (Anm. 17), DB 1999, S. 253 ff. (255).

64 Vgl. VG Köln, Urteil vom 16.06.2000, 1 K 7932/96 (zur Freibetragsregelung in § 3 Abs. 3 S. 4 IHKG 1992); VG Würzburg, Urteil vom 12.07.2000, W 6 K 99.1246.

tragsordnung und Haushaltssatzung der jeweiligen Industrie- und Handelskammer nach deren jeweiligem Finanzbedarf.[65]

Nach der Rechtsprechung[66] wirft die Höhe des Umlagefreibetrages insoweit keine verfassungsrechtlichen Zweifel auf, als diese das steuerliche Existenzminimum nicht berücksichtigt. Eine Gleichstellung mit den Regelungen des Steuerrechts beabsichtigt die „Sozialklausel" des § 3 Abs. 3 S. 6 IHKG ersichtlich nicht, da es sich beim IHK-Beitrag um eine rein auf den Gewerbebetrieb bezogene Abgabe handelt, während das steuerliche Existenzminimum ausschließlich auf die Besteuerung von Privatpersonen aus der Sicht des Einkommensteuerrechts abzielt.

Nicht zu beanstanden ist ferner, daß das Gesetz in § 3 Abs. 3 IHKG bei der Umlagebemessung an den Gewerbesteuermeßbetrag/Ertrag nach dem Gewerbesteuergesetz anknüpft.[67]

4. *Keine Gegenleistung*

Die Rechtswidrigkeit von IHK-Beitragsbescheiden wird immer wieder damit begründet, man nehme die Leistungen der Industrie- und Handelskammer nicht in Anspruch und nutze auch deren Einrichtungen nicht. In Anknüpfung an die frühere Rechtsprechung[68] hat die verwaltungsgerichtliche Judikatur bestätigt, daß die Beitragspflicht unabhängig von einer konkreten Gegenleistung der Industrie- und Handelskammer und unabhängig davon besteht, ob die Begünstigten die bereitgestellten Einrichtungen der Industrie- und Handelskammer tatsächlich nutzen. Nach dem die Höhe der Beitragspflicht begrenzenden Äquivalenzprinzip ist es also nicht erforderlich, daß der Beitrag einen unmittelbaren Vorteil ausgleicht, der sich bei den einzelnen Kammerzugehörigen meßbar niederschlägt.[69] Dies gilt schon deshalb, weil die Kammern in erster Linie die Gesamtbelange ihrer

---

65 OVG Münster vom 22.03.1999, 4 A 2669/96.

66 VG Würzburg, Urteil vom 12.07.2000, W 6 K 99.1246.

67 VG Arnsberg vom 27.11.1996, 13 K 3461/95, vom 17.11.1997, 13 K 1912/96.

68 Vgl. die Nachweise bei Jahn (Anm. 18), GewArch 1995, S. 457 ff.

69 VG Köln, vom 06.04.2001, 1 L 504/01.

Mitglieder zu wahren haben und sich diese Tätigkeit regelmäßig nur mittelbar bei den einzelnen Mitgliedern auswirken kann.[70] Der beitragsrechtliche Vorteil braucht mithin nur abstrakt und mittelbar zu sein. Für die Wahrung des Äquivalenzgrundsatzes genügt somit der allgemeine Nutzen, der sich für die Kammermitglieder aus der Wahrung der Kammeraufgaben durch die Industrie- und Handelskammer ergibt.[71]

Da die Industrie- und Handelskammer ihren Finanzbedarf autonom im Rahmen ihres Regelungsermessens ermittelt, hat das einzelne Kammermitglied im Beitragsrechtsstreit keinen Anspruch auf Vorlage einer Kostenkalkulation, die der Beitragserhebung zugrunde liegt.[72] Bei der Beschlußfassung der Vollversammlung über den Kammerhaushalt ist weder die Beschlußfähigkeit ausdrücklich im Protokoll festzuhalten noch eine namentliche Abstimmung über die Haushaltssatzung erforderlich.[73]

---

70 Vgl. BVerwG, Urteil vom 26.06.1990 - 1C45.87 - NVwZ 1990, S. 1167.

71 VG Leipzig vom 08.11.1996, 4 K 1288/96, vom 16.06.1997, 6 K 774/96; vom 09.07.1997, 6 K 1340/96; VG Potsdam vom 10.01.1997, 7 K 1740/94; VG Bayreuth vom 15.01.1997, B 1 K 96.701; VG Düsseldorf vom 17.12.1996, 3 K 3108/96, 3 K 5985/96, 3 K 6013/96, 3 K 7770/96, 3 K 4403/96, 3 K 9346/96, vom 31.03.1998, 3 K 2745/97; VG Gelsenkirchen vom 12.02.1997, 7 K 3887/95, vom 19.02.1997, 7 K 7929/94 und vom 15.04.1997, 7 K 2382/96; VG Neustadt/Weinstraße vom 07.03.1997, 7 K 1392/96.NW; VG Minden vom 19.03.1997, 4 K 3327/96; VG Schleswig vom 17.04.1997, 12 A 220/95; VG Darmstadt vom 19.08.1997, 3 E 528/97(1); VG Karlsruhe vom 26.08.1997, 11 K 1643/97; VG Freiburg vom 30.10.1997, 5 K 2749/96; VG Arnsberg vom 17.11.1997, 13 K 1529/96, vom 09.02.1998, 13 K 4355/96, vom 28.08.1998, 13 K 1280/98 und 1281/98, vom 11.09.1998, 13 K 1009/98; VG Hamburg vom 24.11.1997, 21 VG 6931/96; VG Frankfurt/M. vom 10.02.1998, 6 E 854/98 (2) und 6 E 63/97 (2); VG Lüneburg vom 11.02.1998, 5 A 110/96; VG Wiesbaden vom 13.11.1998, 9 E 542/95; VG München vom 24.03.1998, M 16 K 97.1064 und m 16 K 97.6832; OVG Koblenz vom 22.01.1997, 11 A 12624/96.OVG.

72 VG Schleswig vom 17.04.1997, 12 A 220/97.

73 VG Arnsberg vom 26.01.1998, 13 K 2769/96.

5. *Kein Beitragsverweigerungsrecht*

Die (nachrangige) Beitragserhebung durch die Industrie- und Handelskammern darf nur erfolgen zur Finanzierung der Kosten der Errichtung und Tätigkeit der Industrie- und Handelskammer (§ 3 Abs. 2 S. 1 IHKG). Demzufolge wird häufig von Gewerbetreibenden die Beitragspflicht mit dem Hinweis bestritten, die Industrie- und Handelskammer überschreite im Einzelfall die ihr zugewiesenen gesetzlichen Aufgaben. Für die Beitragspflicht ist dies allerdings ohne Bedeutung. Nach der Rechtsprechung ist es irrelevant, ob die konkrete Betätigung der Kammern sich im Rahmen ihrer gesetzlichen Aufgaben bewegt. Beanstandungen dieser Art können zwar von den Kammermitgliedern mit Feststellungs- oder Unterlassungsklagen gesondert geltend gemacht werden, lassen jedoch die aus der Kammerzugehörigkeit folgende Beitragszahlungspflicht unberührt.[74]

6. *Beitragserlaß*

Erlaßanträge spielen in der Veranlagungspraxis der Industrie- und Handelskammern eine erhebliche Rolle. Hierbei stellen die Kammerzugehörigen nicht die Rechtmäßigkeit des Beitragsbescheides als solchen in Frage, sondern beantragen unter Hinweis auf die fehlende wirtschaftliche Leistungskraft den nachträglichen Erlaß des (entstandenen) Beitrags. Entsprechend der im Abgabenrecht allgemein üblichen Praxis sehen deshalb, der Muster-Beitragsordnung des DIHT entsprechend, die Beitragsordnungen der Industrie- und Handelskammern einheitlich vor, daß Beiträge auf Antrag im Falle einer unbilligen Härte ganz oder teilweise erlassen werden können.

In der Veranlagungspraxis wird von Kammerzugehörigen in diesem Zusammenhang häufig übersehen, daß ein Beitragserlaß niemals von Amts wegen, sondern nur auf entsprechenden Antrag bei der Industrie- und Handelskammer in Betracht kommen kann. Infolgedessen

---

74 VG Düsseldorf vom 03.12.1996, 3 K 4788/96 und 3 K 130/96; VG Schleswig vom 17.04.1997, 12 A 220/95; VG Stuttgart vom 09.03.1999, 14 K 5350/97; BVerwG vom 21.07.1998, 1 C 32.97, GewArch 1998, S. 410 und vom 17.12. 1998, 1 C 7.98, GewArch 1999, S. 193.

kommen auch auf Beitragserlaß gerichtete Anträge im verwaltungsgerichtlichen Verfahren erst dann in Betracht, wenn ein entsprechender Erlaßantrag von der jeweiligen Industrie- und Handelskammer rechtsmittelfähig abgelehnt worden ist.[75] Als Tatbestandsvoraussetzung des Beitragserlasses knüpfen die IHK-Beitragsordnungen einheitlich an den unbestimmten Rechtsbegriff der „unbilligen Härte“ an, an deren Vorliegen ein strenger Maßstab anzulegen ist.[76] Hierbei ist in Anlehnung an § 227 AO zwischen persönlichen und sachlichen Billigkeitsgründen zu differenzieren. Nach der Rechtsprechung darf ein Erlaß nur gewährt werden, wenn und soweit dies dazu dient, einem atypischen Sachverhalt Rechnung zu tragen, der aufgrund bestimmter tatsächlicher Umstände vom Regelbild deutlich abweicht.[77] Der Kammerzugehörige hat hierbei die Erlaßvoraussetzungen substantiiert vorzutragen und in geeigneter Weise (z. B. durch Vorlage von Steuerbescheiden) glaubhaft zu machen. Die Überlegungen zur Steuerfreiheit des Existenzminimums spielen im IHK-Beitragsrecht und damit für den Beitragserlaß keine Rolle;[78] der Kammerzugehörige muß vielmehr darlegen und nachweisen, daß durch die Erhebung des IHK-Beitrages die Existenz des Betriebes konkret gefährdet ist.

Die Rechtsprechung hat in einer Reihe von Entscheidungen den Begriff der „unbilligen Härte“ in bezug auf die konkrete Höhe des Kammerjahresbeitrages konkretisiert. Der IHK-Jahresbeitrag ist hiernach nur dann wegen „unbilliger Härte“ rechtswidrig, wenn die Belastung durch die Beitragszahlung dazu führt, daß der Betrieb des Mitgliedes nicht weiter aufrechterhalten werden kann. Nur in diesem Fall hat der Beitrag „erdrosselnde Wirkung“. Diese Erdrosselungs-

---

75 VG Darmstadt vom 10.03.1995, 3 E 1191/94 (1), GewArch 1995, S. 483; VG Berlin vom 12.10.1998, VG 35 A 486.98: Danach ist bei einer auf Beitragserlaß gerichteten Verpflichtungsklage (§ 42 Abs. 1 2.Tb. VwGO) die vorherige Durchführung des (grundsätzlich erforderlichen) Widerspruchsverfahrens verzichtbar, wenn sich die beklagte IHK auf die Klage sachlich eingelassen hat, deren Abweisung beantragt und nicht erkennbar ist, daß in einem Widerspruchsverfahren noch eine andere Sachentscheidung zu erwarten wäre.

76 Siehe dazu VG Leipzig vom 09.07.1997, 6 K 1645/96; VG Karlsruhe vom 26.08.1997, 1 I K 1643/97; VG Gelsenkirchen vom 29.10.1997, 7 K 2090/97

77 VG Köln vom 12.09.1996, 1 K 8291/93.

78 VG München vom 24.03.1998, M 16 K 97.1064 und M 16 K 97.6832.

wirkung wurde in allen bisher von den Verwaltungsgerichten entschiedenen Fällen verneint.[79] Für einen Beitragserlaß irrelevant ist, daß der Kammerzugehörige seine gewerbliche Tätigkeit vorübergehend eingestellt hat;[80] deshalb ist auch das Ruhen einer GmbH kein ausreichender Erlaßgrund.[81] Ein Erlaßantrag kommt im übrigen stets nur nach erfolgtem Beitragsbescheid in Betracht; einem im gerichtlichen Verfahren gestellten Antrag, künftig den IHK-Beitrag zu erlassen, fehlt deshalb regelmäßig das erforderliche Rechtsschutzbedürfnis.[82]

Vom Beitragerlaß als Billigkeitsmaßnahme und Einzelfallentscheidung deutlich zu unterscheiden ist die gesetzliche Beitragsfreistellung von Kleingewerbetreibenden unterhalb bestimmter Ertragsgrenzen, die durch IHKG-Änderungsgesetz von 1998 mit Wirkung ab dem Veranlagungszeitraum 1998 eingeführt worden ist.[83] Verfahrensrechtlich sind Beitragsbescheid und Antrag auf Beitragserlaß ebenfalls strikt zu trennen; ein Erlaßantrag kann deshalb nicht in einen Widerspruch gegen den (vorausgegangenen) Beitragsbescheid umgedeutet werden.[84]

---

[79] VG Frankfurt vom 16.12.1994, 6 E 20817/94, GewArch 1995, S. 295 (Jahresbeitrag von 100 DM für Kleingewerbetreibende); VG Darmstadt vom 10.03.1995, 3 E 1191/94, GewArch 1995, S. 483 (Jahresbeitrag von 400 DM für Handelsgesellschaft); VG Hannover vom 17.04.1996, 5 A 1795/95 (Jahresbeitrag von 70 DM für Kleinstgewerbetreibende); VG Neustadt/Weinstraße vom 24.05.1996, 7 K 3257/95, GewArch 1997, S. 23 (Jahresbeitrag von 1.103,01 DM für Handelsgesellschaft mit Gewerbeertrag von 140.752 DM); bestätigt durch OVG Rheinland-Pfalz vom 22.01.1997, 11 A 12624/96; VG Darmstadt vom 19.08.1997, 3 E 528/97 (1) (Keine Bedenken gegen einen jährlichen Grundbeitrag von 400 DM für Vollkaufleute); VG Berlin vom 12.10.1998, VG 35 A 486.98 (Keine Erdrosselungswirkung eines Jahresbeitrages von 250 DM für ein im Handelsregister eingetragenes Unternehmen); VG Kassel vom 17.09.1998, 4 E 1180/96 (2) (keine unbillige Härte bei jährlichem Grundbeitrag von 200 DM für GmbH); VG Lüneburg vom 13.01.1999, 5 A 129/97 (keine unbillige Härte bei Grundbeitrag von 390 DM für GmbH).

[80] VG Berlin vom 12.10.1998, VG 35 A 486.98.

[81] VG Lüneburg vom 13.01.1999, 5 A 129/97.

[82] VG Kassel vom 17.09.1998, 4 E 1180/96 (2).

[83] Vgl. dazu etwa Jahn (Anm. 17), DB 1999, S. 253/254.

[84] VG Bayreuth vom 15.01.1997, B 1 K 96.701.

B. Vereinbarkeit der Pflichtmitgliedschaft mit Verfassungs- und Europarecht

I. Vereinbarkeit der Pflichtmitgliedschaft mit den Grundrechten

1. Vereinbarkeit mit der Berufsfreiheit des Art. 12 GG

a. Schutzbereich

Nach Friauf[85] ist die Pflichtmitgliedschaft „eindeutig und ausschließlich berufsbezogen", da im Fall der gesetzlich angeordneten Mitgliedschaft in einer Industrie- und Handelskammer von vornherein jedweder auch nur entfernte Bezug zur privaten Sphäre oder zum allgemeinen staatsbürgerlichen Status der in Pflicht Genommenen fehle. Vor Beginn und nach Beendigung der gewerblichen Tätigkeit habe der Betroffene mit der Industrie- und Handelskammer nichts bzw. nichts mehr zu tun. Friauf bezieht sich dabei auf die Rechtsprechung des Bundesverfassungsgerichts.[86]

Allein das Fehlen des privaten Bezugs hat allerdings noch nicht eine Berührung des Schutzbereichs des Art. 12 GG zur Folge. Auch die der Pflichtmitgliedschaft im übrigen nicht zwingend folgende Beitragspflicht bedeutet keinen Eingriff in das Grundrecht der Berufsfreiheit: Nach der Rechtsprechung des Bundesverfassungsgerichts ist bei Auferlegung von Abgaben die Berufsfreiheit nämlich nur dann betroffen, wenn sie in einem engen Zusammenhang mit der Ausübung eines Berufs stehe und objektiv eine berufsregelnde Tendenz deutlich erkennen lasse.[87] Das Bundesverfassungsgericht verneint eine solche objektiv berufsregelnde Tendenz bei wirtschaftspolitisch motivierten Abgaben, die lediglich formal an die Ausübung eines bestimmten Be-

---

85 Friauf, Karl Heinrich, Zur verfassungsrechtlichen Problematik der Pflichtmitgliedschaft bei den Industrie- und Handelskammern. Rechtsgutachten 1997, S. 73.

86 BVerfGE 13, S. 181 ff. (186); ferner: BVerfGE 16, S. 147 ff. (162); 42, S. 374 ff. (384); 47, S. 1 ff. (21); 81, S. 108 ff. (121).

87 BVerfGE 13, S. 181 ff. (186); 16, S. 147 ff. (162); 26, S. 1 ff. (12); 37, S. 1 ff. (17); 37, S. 121 ff. (131); 42, S. 374 ff. (384); 47, S. 1 ff. (21); 81, S. 108 ff. (121).

rufes anknüpfen und die weder nach der Intention des Gesetzgebers noch aufgrund ihrer objektiven Wirkung eine berufsspezifische Wirkung entfalten.[88] Zweck der Beitragserhebung für die Industrie- und Handelskammer ist es nicht, die Berufswahl oder die Berufsausübung zu beeinträchtigen: Mit der Erhebung des Beitrags will man nicht die Wahl eines bestimmten Berufes fördern oder davon abhalten. Auch bezweckt die Erhebung nicht, bei der Berufsausübung ein bestimmtes Verhalten oder Unterlassen herbeizuführen. Vielmehr sollen durch den Beitrag die Verwaltungstätigkeiten der Industrie- und Handelskammern finanziert werden. Auch ein finaler Eingriff in die Berufsfreiheit ist zu verneinen, da weder die Wahl noch die Ausübung des Berufs durch einen solchen Beitrag in irgendeiner Weise beeinträchtigt werden.

b. Ergebnis

Ein Eingriff in das Grundrecht der Berufswahlfreiheit bzw. Berufsausübungsfreiheit ist nicht ersichtlich.[89] Auch das Bundesverfassungsgericht geht davon aus, daß Art. 12 Abs. 1 GG durch die Unterwerfung unter die Pflichtmitgliedschaft „nicht berührt" wird.[90]

2. Vereinbarkeit mit der Vereinigungsfreiheit des Art. 9 Abs. 1 GG

a. Negative Vereinigungsfreiheit

aa. Garantie der negativen Vereinigungsfreiheit in Art. 9 Abs. 1 GG

Vom Wortlaut her richtet sich Art. 9 Abs. 1 GG gegen staatliche Maßnahmen, durch die es Deutschen untersagt oder erschwert ist, Vereinigungen zu „gründen". Diese Freiheit, Vereinigungen zu gründen, schließt alle Verhaltensweisen ein, die für die Gründung und das

---

88 BVerfGE 37, S. 1 ff. (17); ferner: 37, S. 38 ff. (57); 37, S. 121 ff. (131).

89 Vgl. auch Gornig, Gilbert, Pflichtmitgliedschaft in der Industrie- und Handelskammer. Verfassungsrechtliche und europarechtliche Aspekte, in: Wirtschaft und Verwaltung, 1998, S. 158 f. A. A.: Friauf (Anm. 85), Rechtsgutachten, S. 73 ff.

90 BVerfGE 10, S. 354 ff. (362 f.); 13, S. 181 ff. (184 ff.); 15, S. 235 ff. (239).

sich daran anschließende Wirken in der Vereinigung von Belang sind. Darunter fällt auch das Recht, Mitglieder zu werben. Auch wenn der Wortlaut die negative Vereinigungsfreiheit nicht ausdrücklich erwähnt, kann mit der teleologischen, systematischen und historischen Auslegungsmethode die negative Vereinigungsfreiheit nachgewiesen werden.

Art. 9 Abs. 1 GG umfaßt das Recht der Gründung einer Vereinigung. Von einer solchen Freiheit der Gründung kann aber nur gesprochen werden, wenn auch die Freiheit besteht, eine solche Vereinigung nicht zu gründen oder in ihr nicht mitzuwirken.[91] Die negative Vereinigungsfreiheit ist daher eine mit der Gründungsfreiheit verbundene Komponente des Grundrechtsschutzes.[92] Sollte man die negative Vereinigungsfreiheit weder begrifflich noch sachlich als notwendiges Korrelat zur Gewährleistung der positiven Vereinigungsfreiheit qualifizieren, so ist doch im Rahmen der gebotenen weiten Auslegung des Schutzbereichs der Grundrechte die negative Vereinigungsfreiheit als zusätzlicher Aspekt von der Gewährleistung des Art. 9 Abs. 1 GG umfaßt. Es wird die negative Vereinigungsfreiheit auch damit begründet, daß es dem Staat ohne den Schutz derselben möglich wäre, durch die zwangsweise Gründung von und die zwangsweise Mitgliedschaft in Vereinigungen die positive Vereinigungsfreiheit leerlaufen zu lassen.[93] Ferner wird vorgetragen, daß aufgrund der staatlichen Zwangsgründungen das Interesse an der freien Gründung von Vereinigungen mit gleichen Zielsetzungen wegfalle, deren Betätigung würde behindert, wenn nicht gar unmöglich gemacht werden. Dieses Argument greift jedoch nur, wenn der Staat zugleich die Ausschließlichkeit der Mitgliedschaft in der von ihm gegründeten Vereinigung

---

91 Vgl. hierzu Etzrodt, Wolf, Der Grundrechtsschutz der negativen Vereinigungsfreiheit, 1980, S. 97 f.

92 Erichsen, Hans-Uwe, Allgemeine Handlungsfreiheit, in: Isensee, Josef / Kirchhof, Paul, Handbuch des Staatsrechts der Bundesrepublik Deutschland, Bd. VI, 1989, § 152 Rdnr. 68 f.

93 Bauer, Hartmut, in: Dreier, Ralf, Grundgesetz-Kommentar, 1996, Art. 9 Rdnr. 41 m.w.N.

anordnen würde[94] oder wenn es zu einer systematischen Verdrängung privater Marktteilnehmer käme.[95]

Gegen die negative Vereinigungsfreiheit spricht nicht, daß die Schrankenbestimmung des Art. 9 Abs. 2 GG nur sachliche Bezüge zur positiven Vereinigungsfreiheit erkennen lässt. Es ist nämlich nicht zulässig,[96] den Schutzbereich eines Grundrechts unter Verweis auf seine Schranken auszulegen.[97] Die Tatsache, daß sich die Schranke des Art. 9 Abs. 2 GG nur auf die positive Vereinigungsfreiheit bezieht, hat deshalb lediglich zur Folge, daß die negative Vereinigungsfreiheit nur durch immanente Schranken eingeschränkt werden kann. Die ausdrücklich garantierte positive Vereinigungsfreiheit steht also unter Gesetzesvorbehalt, die im Wege der Auslegung garantierte negative Vereinigungsfreiheit unter Verfassungsvorbehalt.[98]

Die historische Auslegung und damit die Entstehungsgeschichte kommt bei der Auslegung eines Grundrechts im Verhältnis zu den übrigen Auslegungsmethoden nach einer vom Bundesverfassungsgericht gebrauchten Formel nur insoweit zur Anwendung, als sie die Richtigkeit einer nach den anderen Grundsätzen gefundenen Auslegung bestätigt oder verbleibende Zweifel behebt.[99] Aber auch die Geschichte der Entstehung des Art. 9 Abs. 1 GG spricht für die negative Vereinigungsfreiheit. Art. 9 Abs. 1 GG ist jedenfalls eine Antwort auf die Praxis im Nationalsozialismus, Bürger zum Beitritt zu staatli-

---

94 Vgl. Kluth, Winfried, Zur verfassungsrechtlichen Problematik der Pflichtmitgliedschaft in Industrie- und Handelskammern. Rechtsgutachten, 1998, S. 27.

95 BVerwG, NJW 1995, S. 2938 f.

96 Vgl. BVerfGE 32, S. 54 ff. (72); Isensee, Josef, Das Grundrecht als Abwehrrecht und als staatliche Schutzpflicht, in: Isensee, Josef / Kirchhof, Paul (Hrsg.), Handbuch des Staatsrechts der Bundesrepublik Deutschland, Bd. V, 1992, § 111 Rdnr. 45.

97 Wenn Kluth (Anm. 94), Rechtsgutachten, S. 30, meint, dies schließe aber nicht aus, aus der thematischen Gestaltung der Schranken Rückschlüsse auf den Schutzbereich abzuleiten, dann bestimmt er gerade den Schutzbereich mit Hilfe der Schranken.

98 Kluth (Anm. 94), Rechtsgutachten, S. 31.

99 BVerfGE 1, S. 299 ff. (312).

chen und parastaatlichen Vereinigungen zu drängen,[100] auch wenn dies bei den Beratungen im Parlamentarischen Rat nicht deutlich zum Ausdruck kommt.

Es gibt also keinen zwingenden Grund, in Art. 9 Abs. 1 GG nicht auch die negative Vereinigungsfreiheit verankert zu sehen. Die Garantie der negativen Vereinigungsfreiheit in Art. 9 Abs. 1 GG wird auch in Literatur und Rechtsprechung[101] mit dem Hinweis auf die allgemeine Grundrechtsdogmatik[102], wonach Freiheitsgrundrechte neben der positiven auch die negative Komponente der Verhaltensfreiheit umfassen,[103] überwiegend bejaht.

bb. Negative Vereinigungsfreiheit und Mitgliedschaft in öffentlich-rechtlichen Körperschaften

Ausgangspunkt der Diskussion, ob sich die negative Vereinigungsfreiheit auch auf die Mitgliedschaft in öffentlich-rechtlichen Körperschaften bezieht, ist der Begriff der Vereinigung. Vereinigung ist der Oberbegriff für Vereine und Gesellschaften, wie sich aus Art. 9 Abs. 2 GG schließen läßt, der anstelle von Vereinen und Gesellschaften - wie Art. 9 Abs. 1 GG - von Vereinigungen spricht. Schon der Wortlaut

---

[100] Vgl. Hellermann, Johannes, Die sogenannte negative Seite der Freiheitsrechte, 1993, S. 44.

[101] BVerfGE 10, S. 89 ff. (102); 38, S. 281 ff. (298); 50, S. 290 ff. (354); vgl. auch BGH, NJW 1995, S. 2981 ff. (2982 f.) bezüglich der Mitgliedschaft von Genossenschaften in einem Prüfungsverband; ferner Pieroth, Bodo / Schlinck, Bernhard, Grundrechte. Staatsrecht II, 12. Aufl. 1996, Rdnr. 227; Rinken, Alfred, in: Alternativkommentar zum Grundgesetz, 2. Aufl. 1989, Art. 9 Rdnr. 57; Merten, Detlef, Vereinsfreiheit, in: Isensee, Josef / Kirchhof, Paul (Hrsg.), Handbuch des Staatsrechts der Bundesrepublik Deutschland, Bd. VI, 1989, § 144 Rdnr. 55 f. Schließlich Etzrodt (Anm. 91), S. 90 ff.; a. A. Friauf, Karl Heinrich, Die negative Vereinigungsfreiheit als Grundrecht, in: Pleyer, Klemens / Schultz, Dietrich / Schwinge, Erich (Hrsg.), Festschrift für Rudolf Reinhardt zum 70. Geburtstag 1972, S. 389 ff.; Hellermann (Anm. 100), S. 84 ff. und 187 ff.

[102] Vgl. Merten, Detlef, Handlungsgrundrechte als Verhaltensgaranten – zugleich ein Beitrag zur Funktion der Grundrechte, in: VerwArch, Bd. 73 (1982), S. 103 ff.; Alexy, Robert, Theorie der Grundrechte, 2. Aufl. 1994, S. 197 ff., 203.

[103] Vgl. hierzu Hellermann (Anm. 100), S. 45 ff.

legt unter Berücksichtigung des allgemeinen Sprachgebrauchs mit der Verwendung der Begriffe Verein, Gesellschaft und Vereinigung nahe, daß diese Norm lediglich für privatrechtliche Vereinigungen verwendet werden solle. Für staatliche Vereinigungen gibt es die Oberbegriffe Organisation und Verband, ferner Körperschaft, Anstalt und Stiftung.

Im Rahmen der systematischen Auslegung der positiven Vereinigungsfreiheit kommt man zunächst zum Ergebnis, daß sich Art. 9 Abs. 1 GG lediglich auf privatrechtliche Zusammenschlüsse bezieht, da in Art. 9 Abs. 2 GG Vereinigungen, deren Zweck oder deren Tätigkeit den Strafgesetzen zuwiderlaufen, oder die sich gegen die verfassungsmäßige Ordnung oder gegen den Gedanken der Völkerverständigung richten, verboten sind. Während die Gründung von Vereinigungen durch Private dem freien Zusammenschluß des einzelnen mit anderen zur Verfolgung beliebiger selbst gewählter Zwecke dient,[104] darf die staatliche Vereinigung nur zur Verfolgung legitimer öffentlicher Zwecke erfolgen, das heißt, der Zweck muß dem staatlichen Kompetenzbereich zuzuweisen sein. Ferner obliegt es bei staatlichen Vereinigungen dem Staat, wer an der Wahrnehmung staatlicher Aufgaben beteiligt wird, während bei privaten Vereinigungen der Bürger über die Mitgliedschaft im Verein entscheidet. Der Unterschied zwischen privater und staatlicher Vereinigung läßt die Schlußfolgerung zu, daß jedenfalls die in Art. 9 Abs. 1 GG garantierte positive Vereinigungsfreiheit nur die privaten Zusammenschlüsse, nicht aber die Gründung staatlicher Vereinigungen umfaßt. Eine positive Vereinigungsfreiheit zu öffentlich-rechtlichen Verbänden ist nicht denkbar. Über den öffentlich-rechtlichen Status eines Verbandes kann nur der Staat selbst als Inhaber der öffentlichen Gewalt verfügen und nicht der Bürger. Dem Bürger steht es also auch nicht zu, sich aus eigener Freiheit zu öffentlich-rechtlichen Vereinigungen zusammenzuschließen. Die Gründung einer öffentlich-rechtlichen Körperschaft ist also ein staatlicher Organisationsakt und unterliegt nicht der privaten Disposition.[105] Der Regelungsbereich des Art. 9 Abs. 1 GG ist nicht

---

[104] Bauer (Anm. 93), in: Dreier, Art. 9 Rdnr. 17.

[105] Vgl. Oberndorfer, Peter, Die wirtschaftliche und berufliche Selbstverwaltung durch Kammern in der Bundesrepublik Deutschland, 1987, S. 64 f.

betroffen, wenn ein Zwangsverband nicht die Grundrechtsausübung der Bürger, sondern die Erledigung einer vom Staat zulässigerweise als staatliche Verwaltungsaufgabe angesehenen Angelegenheit organisiert.[106]

Der Entstehungsgeschichte kommt im Verhältnis zu den übrigen Auslegungsmethoden im vorliegenden Zusammenhang kein eigenständiges Gewicht zu, da eine klare, eindeutige Stellungnahme zur Frage, ob Art. 9 Abs. 1 GG auch auf die Zwangsmitgliedschaft anwendbar ist, fehlt.[107] Der Parlamentarische Rat hatte zwar ursprünglich in Art. 9 Abs. 3 S. 3 GG einen allgemeinen Beitrittszwang ausgeschlossen, dafür aber eine Ausnahme für öffentlich-rechtliche Berufsverbände vorgesehen, um eine Pflichtmitgliedschaft in Kammern zu ermöglichen. Weil das Verbot des Beitrittszwangs gestrichen wurde, entfiel auch die Ausnahmeklausel. Es ist aber erkennbar, daß der Verfassungsgeber die Pflichtmitgliedschaft in den berufsständischen öffentlich-rechtlichen Körperschaften weder im Hinblick auf die Vereinigungsfreiheit noch im Hinblick auf die Koalitionsfreiheit in Frage stellen wollte.[108]

Insgesamt kann der Umkehrschluß gezogen werden, daß auch die negative Vereinigungsfreiheit nicht die Nichtheranziehung zu staatlichen Vereinigungen umfasse:[109] Die Ableitung der negativen Vereinigungsfreiheit aus Art. 9 Abs. 1 GG kann nicht weiter reichen als der Gehalt der positiven Vereinigungsfreiheit. Wo die Verbandsbildung privatrechtlicher Autonomie entzogen und dem Bereich staatlicher Organisationsgewalt zugewiesen ist, kann auf das Grundrecht der Vereinigungsfreiheit nicht zurückgegriffen werden.

---

106 Erichsen (Anm. 92), in: Isensee/Kirchhof, Bd. VI, § 152 Rdnr. 68 ff., 72.

107 Höfling, Wolfram, in: Sachs, Michael (Hrsg.), Grundgesetz-Kommentar, 1996, Art. 9 Rdnr. 22, möchte den Ausführungen des Abgeordneten Zinn bei den Beratungen des Parlamentarischen Rates (JöR N. F. Bd. 1, S. 117 f.) entnehmen, daß die negative Vereinigungsfreiheit sich auch gegen einen öffentlich-rechtlichen Verbandszwang richte.

108 JöR N.F., Bd. 1, S. 123 f.

109 Zuletzt: BVerfG, NVwZ 2002, S. 335 f. (336). Vgl. Huber, Ernst Rudolf, Wirtschaftsverwaltungsrecht, Bd. I, 1951, S. 198; Merten (Anm. 101), in: Isensee/Kirchhof, Bd. VI, § 144 Rdnr. 59; Erichsen (Anm. 92), in: Isensee/Kirchhof, Bd. VI, § 152 Rdnr. 69.

Nach anderer Ansicht[110] überzeugt dieses formal-logische Argument, die negative Vereinigungsfreiheit schütze nicht vor Pflichtmitgliedschaft in der Industrie- und Handelskammer, weil die positive Vereinigungsfreiheit nicht das Recht erfasse, öffentlich-rechtliche Körperschaften zu errichten, nicht, weil das Fehlen einer positiven Gründungsmacht nicht das Schutzbedürfnis gegenüber der Inpflichtnahme durch eine staatliche Vereinigung entfallen lasse.[111] Es könne ein Zwang auch dort ausgeübt werden, wo es an der Befähigung zum eigenen positiven Tun fehlt. Ferner könnte ansonsten der Gesetzgeber durch den Zwang zum öffentlich-rechtlichen Zusammenschluß den Grenzen der Vereinigungsfreiheit aus Art. 9 Abs. 1 GG entgehen.

Die höchstrichterliche Rechtsprechung vertritt die Ansicht, daß Art. 9 GG den einzelnen nicht vor einer gesetzlich angeordneten Eingliederung in eine öffentlich-rechtliche Körperschaft oder Anstalt schütze.[112] In der Entscheidung vom 29. Juli 1959 über das Gesetz über die Gründung des „Großen Erftverbands", eines Wasser- und Bodenverbandes,[113] hat das Bundesverfassungsgericht die Frage nach den verfassungsrechtlichen Schranken einer Zwangsmitgliedschaft in einem öffentlich-rechtlichen Verband aufgegriffen. Es stellte fest, daß die Antwort sich nicht aus Art. 9 GG herleiten lasse, da diese Bestimmung lediglich die Freiheit garantiere, privatrechtliche Vereinigungen zu gründen, ihnen beizutreten oder fernzubleiben, so daß als verfassungsrechtlicher Maßstab nur die in Art. 2 Abs. 1 GG gewährleistete allgemeine Handlungsfreiheit in Betracht komme. In seinem am 19. Dezember 1962 verkündeten Urteil hatte das Bundesverfas-

---

110 Bethge, Herbert, Grundrechtsprobleme einer Zwangsmitgliedschaft in Verbänden des öffentlichen Rechts, JA 1979, S. 281 (284 f.); Jäkel, Rainer, Voraussetzungen und Grenzen der Zwangsmitgliedschaft in öffentlich-rechtlichen Körperschaften, DVBl. 1983, S. 1133 (1134 ff.); Höfling (Anm. 107), in: Sachs, Art. 9 Rdnr. 22; Bauer (Anm. 93), in: Dreier, Art. 9 Rdnr. 42.

111 Friauf (Anm. 101), in: Festschrift für Reinhardt, S. 389 ff. (394 ff.); Bethge (Anm. 110), JA 1979, S. 281 ff. (284 f.); Bauer (Anm. 93), in: Dreier, Art. 9 Rdnr. 42; Höfling (Anm. 107), in: Sachs, Art. 9 Rdnr. 22.

112 BVerfGE 10, S. 89 ff. (102); 10, S. 354 ff. (362 f.); 15, S. 235 ff. (239); 38, S. 281 ff. (298).

113 BVerfGE 10, S. 89 ff.

sungsgericht konkret zur Verfassungsmäßigkeit der Pflichtmitgliedschaft in den Industrie- und Handelskammern Stellung zu nehmen.[114] Die Verfassungsbeschwerde wurde von einer Kommanditgesellschaft erhoben, die die Verletzung ihrer Grundrechte damit zu begründen versuchte, daß keine ausreichenden Gründe zur Einführung einer Pflichtmitgliedschaft vorlägen. Das Bundesverfassungsgericht bestätigte seine bisherige Rechtsprechung, insbesondere die Ansicht, daß durch die Mitgliedschaftspflicht Art. 9 Abs. 1 GG nicht in seinem Schutzbereich betroffen sei. In dem zwölf Jahre später ergangenen Urteil zu den Arbeitnehmerkammern in Bremen und im Saarland[115] widmete sich das Gericht der Frage, welche Schutzwirkungen Art. 9 Abs. 1 GG für konkurrierende private Verbände entfalte und bestätigte die Aussage, daß Art. 9 Abs. 1 GG den einzelnen nicht vor Pflichtmitgliedschaften in öffentlich-rechtlichen Verbänden schütze. In dieser Entscheidung heißt es, daß dem einzelnen in Art. 9 Abs. 1 GG die Freiheit garantiert sei, sich aus privater Initiative mit anderen zu Vereinigungen irgendwelcher Art zusammenzufinden, sie zu gründen, aber auch ihnen fernzubleiben und aus ihnen wieder auszutreten. Es sei jedoch etwas anderes, wenn der Staat sich aus Gründen des Gemeinwohls entschließe, durch Gesetz eine Körperschaft des Öffentlichen Rechts als Personenverband zu errichten, der zur sachgemäßen Erfüllung ihrer Aufgaben ein bestimmter Kreis von Bürgern angehören müsse. Zuletzt hat die Zweite Kammer des Ersten Senats mit Beschluß vom 7. Dezember 2001 die Pflichtmitgliedschaft in der Industrie- und Handelskammer bestätigt.[116] Die Rechtsprechung des Bundesverwaltungsgerichts[117] hat die Entscheidungen des Bundesverfassungsgerichts in ständiger Rechtsprechung umgesetzt. Dieser Rechtsprechung haben sich die Oberverwaltungsgerichte und Verwaltungsgerichte angeschlossen.[118]

---

114 BVerfGE 15, S. 235 ff.

115 BVerfGE 38, S. 281 ff.

116 BVerfG, NVwZ 2002, S. 335 f.

117 Vgl. etwa BVerwGE 32, S. 309 ff.; 34, S. 69 ff.; 39, S. 100 ff. und 110 ff.; 42, S. 210 ff.; 59, S. 231 ff.; 59, S. 242 ff.; 64, S. 115 ff.; 64, S. 298 ff.; BVerwG, NVwZ-RR 2002, S. 187 f.

118 Vgl. z. B. OVG Koblenz, GewArch 1997, S. 196 ff.; OVG Münster, GewArch 1997, S. 200 ff.; OVG Lüneburg, Az.: 8 L 2286/97, S. 7; VG Lüneburg, Az.: 5 A

Vertritt man diese Ansicht, kann es allerdings trotzdem zu einer Beeinträchtigung des Art. 9 Abs. 1 GG kommen und zwar dann, wenn die staatliche Aufgabenübernahme in der Form des Zwangsverbandes die Handlungs- und Durchsetzungsfähigkeit privater Korporationen beeinträchtigt. Dies könnte bei einer teilweisen Überschneidung der Aufgabenbereiche der Fall sein. In diesem Fall läge eine mittelbare Beeinträchtigung vor allem der Bestands- und Betätigungsgarantie des Art. 9 Abs. 1 GG vor.[119]

a. *Verfassungsmäßigkeit des Eingriffs*

Schließt man sich der - oben nicht vertretenen - Auffassung an, daß die Pflichtmitgliedschaft in der Industrie- und Handelskammer von Art. 9 Abs. 1 GG erfaßt werde und einen Eingriff in die negative Vereinigungsfreiheit bedeute, stellt sich die Frage nach der Verfassungsmäßigkeit des Eingriffs.

Nach Auffassung des Bundesverfassungsgerichts ist die Freiheit des Art. 9 Abs. 1 GG nur nach Art. 9 Abs. 2 GG einschränkbar.[120] Die in Art. 9 Abs. 2 GG definierte Schranke bezieht sich auf das Verbot von Vereinigungen, deren Zwecke oder deren Tätigkeit den Strafgesetzen zuwiderlaufen oder sich gegen die verfassungsmäßige Ordnung oder gegen den Gedanken der Völkerverständigung richten. Dieses Verbot wird aber bei der negativen Vereinigungsfreiheit im Zusammenhang mit der Pflichtmitgliedschaft bei den Industrie- und Handelskammern nicht berührt. Da das Grundrecht des Art. 9 GG für die negative Vereinigungsfreiheit keinen Eingriff vorgesehen hat, muß ein solcher jedenfalls die Ausnahme bleiben. Es kommt somit allein der

---

63/96, S. 5; VG Darmstadt, GewArch 1997, S. 475 (476); VG München, GewArch 1997, S. 195 f.; VG Würzburg, GewArch 1996, S. 161; VG Karlsruhe, Az.: 1 K 1119/96, S. 6; VG Lüneburg, GewArch 1995, S. 473.

[119] Vgl. Brohm, Winfried, Strukturen der Wirtschaftsverwaltung. Organisationsformen und Gestaltungsmöglichkeiten im Wirtschaftsverwaltungsrecht, 1969, S. 278; Mronz, Dieter, Körperschaften und Zwangsmitgliedschaft. Die staatsorganisations- und grundrechtliche Problematik der Zwangsverbände, aufgezeigt am Beispiel von Arbeitnehmerkammern, 1973, S. 222 f.; Jäkel (Anm. 110), DVBl. 1983, S. 1133 ff. (1135); Erichsen (Anm. 92), in: Isensee/Kirchhof, Bd. VI, § 152 Rdnr. 73.

[120] BVerfGE 38, S. 281 ff. (298).

Rückgriff auf die immanenten Grundrechtsschranken in Betracht.[121] Das Bundesverfassungsgericht[122] hat in der Radikalen-Entscheidung dem Art. 9 Abs. 1 GG über den Art. 9 Abs. 2 GG hinaus weitergehende immanente Schranken zugewiesen, die im Ergebnis auf den Gemeinschaftsvorbehalt des Art. 2 Abs. 1 GG hinauslaufen. Es bestehen daher keine Bedenken, die vom Bundesverfassungsgericht ausschließlich im Rahmen der Art. 2 Abs. 1 GG entwickelten Prinzipien auch für die Schranken des Art. 9 Abs. 1 GG nutzbar zu machen.[123] Es geht dabei insbesondere um die Abwägung zwischen der Vereinigungsfreiheit auf der einen Seite und Grundrechten Dritter sowie anderer mit Verfassungsrang ausgestatteter Rechtswerte auf der anderen Seite. Die Legitimität der Industrie- und Handelskammern allein vermag dabei die Pflichtmitgliedschaft nicht zu rechtfertigen. Die Pflichtmitgliedschaft kann auch nicht damit gerechtfertigt werden, daß ein andernfalls bestehender verfassungswidriger Zustand behoben wird.[124] Sie könnte aber dem Schutz eines anderen mit Verfassungsrang ausgestatteten Rechtsguts dienen. Aber auch wenn man in den Gesetzgebungs- und Verwaltungskompetenzen des Grundgesetzes eine Positivierung von Verfassungswerten erblickte,[125] führt das in diesem Fall nicht weiter, da die Industrie- und Handelskammern dort nicht erwähnt sind. Ein mit Verfassungsrang ausgestatteter Rechtswert, der eine Pflichtmitgliedschaft rechtfertigt,[126] ist aber in der vom Sozialstaatsprinzip gedeckten Gemeinwohlrelevanz der öffentlichen Aufgaben der Industrie- und Handelskammern zu sehen

121 Vgl. auch Merten (Anm. 101), in: Isensee/Kirchhof, Bd. VI, § 144 Rdnr. 62.

122 Vgl. BVerfGE 39, S. 334 ff. (367); vgl. auch BVerfGE 30, S. 227 ff. (243).

123 Dazu vgl. unten B.I.3.b.

124 So auch Friauf (Anm. 85), Rechtsgutachten, S. 66.

125 So sieht das Bundesverfassungsgericht in der Zuständigkeitsvorschrift des Art. 74 Nr. 11 a GG (Kernenergie) die „grundsätzliche Anerkennung des darin behandelten Gegenstandes durch die Verfassung selbst" und wertet sie als Positivierung eines Verfassungsguts; vgl. BVerfGE 52, S. 30 (56); vgl. hierzu Pieroth, Bodo, Materiale Rechtsfolgen grundgesetzlicher Kompetenz- und Organisationsnormen, in: AöR Bd. 114 (1989), S. 422 ff.

126 Unklar insoweit Stober, Rolf, Anmerkungen zum Entwurf eines IHK-Gesetzes, in: GewArch 1996, S. 184 (186), der jedenfalls einen Verstoß gegen die Grundrechte verneint, ohne zwischen den Schranken des Art. 9 GG und denen des Art. 2 Abs. 1 GG zu differenzieren.

sowie in der Demokratisierung legitimer sonst vom Staat zu erfüllenden Aufgaben, die nur bei Mitgliedschaft aller in einem Kammerbezirk beheimateten Gewerbebetrieben effektiv und demokratisch legitimiert ausgeführt werden können.[127] Um das Sozialstaatsprinzip zu verwirklichen, bedarf es einer funktionstüchtigen Organisation der Wirtschaftsverwaltung, die einen Beitrag zum angemessenen Ausgleich unterschiedlicher Interessen leisten kann. Die wirtschaftliche Selbstverwaltung dient wegen ihrer Ausgleichs- und Abwägungspflicht diesem Ziel und damit dem Sozialstaat.[128] Die Bedeutung der Industrie- und Handelskammern für die Allgemeinheit zeigt sich des weiteren insbesondere in der Grundversorgung der Wirtschaft im Bezirk mit bestimmten Einrichtungen und Leistungen. Sie ist insoweit durchaus mit den Gemeinden zu vergleichen, die ebenfalls einen Daseinsvorsorgeauftrag haben. Unsere rechtsstaatliche und soziale Demokratie ist schließlich die Basis von Solidarität in der Gesellschaft.[129] Da Grundrechte einen zentralen Bestandteil dieser Ordnung darstellen und auch Impulse von dieser Ordnung empfangen, müssen sie Beschränkungen zugunsten dieser Solidarität hinnehmen. Jede grundrechtliche Freiheit ist damit sozialgebunden, zumindest insofern als sie das menschliche Miteinander zur Voraussetzung und zum Gegenstand hat.[130] Die Grundrechte verkörpern Grundregeln, die zu einem nicht beliebigen, sondern durch Orientierung am Zielwert Solidarität qualifizierten Umgang mit anderen auffordern. Ein Beispiel für die Umsetzung dieser Solidarität sind gerade die Pflichtmitgliedschaften in berufsständischen Organisationen. Bei freiwilliger Mitgliedschaft würde die gesellschaftliche Selbstregulie-

---

[127] Bereits das Preußische OVG hat die Kammern als Hilfsorgane als der Staatsregierung angesehen, PrOVG 19, S. 26 ff. (68).

[128] Stober (Anm. 5), DVBl. 1993, S. 333 ff. (334).

[129] Hierzu vgl. Volkmann, Uwe, Solidarität - Programm und Prinzip der Verfassung, 1998, passim.

[130] Vgl. auch BVerfGE 39, S. 334 ff. (367). Dort stellt das Bundesverfassungsgericht fest, daß dem Art. 9 Abs. 1 GG eine immanente Schranke innewohnt: „Der Einzelne muß sich diejenigen Schranken seiner Handlungsfreiheit gefallen lassen, die der Gesetzgeber zur Pflege und Förderung des sozialen Zusammenlebens in den Grenzen des bei dem gegebenen Sachverhalt allgemein Zumutbaren zieht, vorausgesetzt, daß dabei die Eigenständigkeit der Person gewahrt bleibt“ (BVerfGE 4, S. 7 ff. [16]).

rung weder in demokratischer noch in finanzwirtschaftlicher Hinsicht die notwendige Solidarität erreichen.[131] Überhaupt würde dem Gesetzgeber die Heranziehung gesellschaftlicher Kräfte zur Erfüllung von staatlichen Aufgaben unmöglich gemacht werden. Da der Staat heute auch für die wirtschaftliche und konjunkturelle Entwicklung verantwortlich gemacht wird, ist es für die Staatsorgane wichtig, über die Industrie- und Handelskammern ihre wirtschaftspolitischen Maßnahmen zu propagieren und Unterstützung zu fordern. Es entspricht schließlich der freiheitlichen Intention des Art. 12 GG, daß Berufsregelungen in erster Linie von den Berufsangehörigen selbst erlassen werden, und nicht von staatsunmittelbaren Organen.[132]

c. *Resümee*

Art. 9 garantiert die negative Vereinigungsfreiheit. Diese ist aber nach Ansicht der höchstrichterlichen Rechtsprechung und zahlreicher Autoren nicht auf öffentlich-rechtliche Körperschaften anwendbar. Es greift also Art. 2 Abs. 1 GG als Auffanggrundrecht ein.[133]

Es wird aber im Schrifttum im Gegensatz dazu auch die Anwendbarkeit der negativen Vereinigungsfreiheit auf öffentlich-rechtliche Körperschaften bejaht. Für diese Ansicht spricht, daß Zwang auch dort ausgeübt werden kann, wo es an einer Befähigung zum eigenen positiven Tun fehlt. Die Pflichtmitgliedschaft in den Industrie- und Handelskammern greift nach dieser Ansicht in den Schutzbereich des Art. 9 Abs. 1 GG ein. In diesem Fall stünde die negative Vereinigungsfreiheit des Art. 9 Abs. 1 GG unter Verfassungsvorbehalt. Gleichwohl hat diese Auffassung nicht die Verfassungswidrigkeit des deutschen Kammerrechts zur Folge, da eine verfassungsrechtliche Rechtfertigung für einen solchen Eingriff sich in der rechtsstaatlichen und sozialen Demokratie findet, die auch eine Basis für Solidarität in der Gesellschaft darstellt.

---

131 Stober (Anm. 126), GewArch 1996, S. 184 (186).

132 Vgl. Hendler, Reinhard, Das Prinzip der Selbstverwaltung, in: Isensee, Josef/ Kirchhof, Paul (Hrsg.), Handbuch des Staatsrechts der Bundesrepublik Deutschland, Bd. IV, 1990, § 106 Rdnr. 53.

133 Vgl. unten B.I.3.

3. Vereinbarkeit der Pflichtmitgliedschaft mit der allgemeinen Handlungsfreiheit des Art. 2 Abs. 1 GG

a. Eingriff in den Schutzbereich

aa. Allgemein

Prüfungsmaßstab für die Zulässigkeit einer Pflichtmitgliedschaft in der Industrie- und Handelskammer ist nach ständiger Rechtsprechung des Bundesverfassungsgerichts und einem Teil des Schrifttums nicht etwa Art. 9 Abs. 1 oder Art. 12 Abs. 1 GG,[134] sondern konsequenterweise das Grundrecht der allgemeinen Handlungsfreiheit.[135] Da der Gesetzgeber die Organisation der Kammern auf das Prinzip der Pflichtzugehörigkeit aller Arbeitnehmer gegründet hat und sich damit der Gewerbetreibende nicht gegen eine Mitgliedschaft entscheiden kann, ist jedenfalls Art. 2 Abs. 1 GG berührt. Auch nach Ansicht des Bundesverwaltungsgerichts ist die Reichweite des Abwehrrechts des Art. 2 Abs. 1 GG unter anderem darauf angelegt, den einzelnen vor Mitgliedschaft in einem unnötigen Verband zu bewahren.[136]

bb. Unterwerfung unter eine besondere autonome Verbandsgewalt als Eingriff

Diskutiert wird aber, ob die gesetzliche Unterwerfung unter eine besondere autonome Verbandsgewalt überhaupt einen Eingriff in die grundrechtlich geschützte individuelle Freiheitssphäre darstelle. Es

---

[134] Vgl. hierzu BVerfGE 15, S. 235 ff. (239); 32, S. 54 ff. (63 f.); Tettinger, Peter J., in: Sachs, Michael (Hrsg.), Grundgesetz, Kommentar 1996, Art. 12 Rdnr. 74.

[135] Im Beschluß des Bundesverfassungsgerichts vom 15. Juni 1988 hat der Senat im Zusammenhang mit der Verfassungsbeschwerde des Mitglieds einer gesetzlichen Krankenkasse bekräftigt, daß die Frage der verfassungsrechtlichen Schranken einer Zwangsmitgliedschaft in einem öffentlich-rechtlichen Verband ebenso am Maßstab des Art. 2 Abs. 1 GG geprüft werde wie Abwehrrechte des einzelnen Mitglieds gegen solche Eingriffe des Verbandes, die sich nicht im Wirkungskreis legitimer öffentlicher Aufgaben hielten; BVerfGE 78, S. 320 ff. (329 ff.).

[136] BVerwGE 59, S. 231 ff. (238).

wird dabei auf das Bundesverfassungsgericht verwiesen, das hinsichtlich der Arbeitnehmerkammern zugestanden hatte, daß „die dem Einzelnen aus der Zwangszugehörigkeit zur Kammer entstehende Belastung geringfügig“ sei, da die Mitgliedschaft weder Pflichten zu aktiver mitgliedschaftlicher Betätigung noch die Befugnis zu Berufsausübungsregelungen oder eine Disziplinargewalt des Verbandes zur Folge habe. Sie erschöpfe sich in der formalen Mitgliedschaft und der Beitragszahlung.[137] Es wird vertreten, daß – anders als Beitragserhebungen oder Disziplinarmaßnahmen, die jeweils einzelne Eingriffe der Zwangskörperschaft in die Grundrechte der betroffenen Mitglieder darstellten -, die zwangsweise Begründung der formalen Mitgliedschaft in dem Zwangsverband kein Grundrechtseingriff sei.[138] Mit der Zuweisung der Mitgliedschaft in staatliche Vereinigungen würden in erster Linie staatsbürgerliche Rechte zugewiesen, es erfolge also eine Erweiterung des Rechtskreises und damit ein Akt innerhalb der staatlichen Sphäre, die grundrechtlichem Schutz prinzipiell entzogen sei.[139] Das dadurch begründete Zwangsmitgliedschaftsverhältnis unterscheide sich also im Hinblick auf die Gewährleistung der grundrechtlich geschützten Freiheit des Bürgers gegenüber hoheitlichen Eingriffen nicht entscheidend vom allgemeinen Staat-Bürger-Verhältnis.[140] Wenn also die Zwangsmitgliedschaft in öffentlich-rechtliche Körperschaften ebensowenig wie die Zugehörigkeit zu Bund, Land oder Gemeinde ein Grundrechtseingriff sei, entfalle der gegen ihre Begründung gerichtete grundrechtliche Abwehranspruch. Es sei damit die Errichtung öffentlich-rechtlicher Körperschaften mit Zwangsmitgliedschaft und die Erledigung öffentlicher bzw. staatlicher Aufgaben kein grundrechtliches, sondern ein staatsorganisationsrechtliches Problem. Der Hinweis auf die mit der Zwangsmitgliedschaft verbundenen einzelnen Belastungen vermöge den belastenden Charakter der Zwangsmitgliedschaft als solcher

---

137 BVerfGE 38, S. 281 ff. (310).

138 Hellermann (Anm. 100), S. 188.

139 So Kluth (Anm. 94), S. 42.

140 Vgl. hierzu Meßerschmidt, Klaus, Rechtsschutz gegenüber Zwangsverbänden. Öffentlich-rechtliche Mitgliederklagen im Wandel der höchstrichterlichen Rechtsprechung, in: VerwArch Bd. 81 (1990), S. 55 ff. (82).

ebensowenig zu begründen, wie im Staat-Bürger-Verhältnis die allgemeine Unterwerfung unter die Staatsgewalt als Grundrechtseingriff zu werten sei. Grundrechtsrelevant sei in erster Linie der Akt der Aufgabenverstaatlichung, während die Entscheidung für die funktionale Selbstverwaltung als Modus der verwaltungsorganisatorischen Wahrnehmung grundsätzlich in das organisatorische Ermessen des Gesetzgebers gestellt werde.[141]

Die Mitgliedschaft in der Industrie- und Handelskammer kann aber entgegen dieser Ansicht nicht der Mitgliedschaft in Gemeinden, Landkreisen, Bezirken und Bundesländern gleichgestellt werden. Die Existenz von Bund, Ländern und Gemeinden und die Zugehörigkeit der Bürger wird nämlich vom Grundgesetz bereits vorausgesetzt,[142] während die öffentlich-rechtlichen Zwangsverbände einer besonderen Errichtung und Aufgabenumschreibung bedürfen. Ein Eingriff ist jedenfalls darin zu sehen, daß sich der Gewerbetreibende einem Verband anschließen muß, auch wenn er es nicht will. Darin liegt prinzipiell ein empfindlicher Eingriff in das Grundrecht der individuellen Freiheit des Verhaltens im Wirtschafts- und Arbeitsleben. Die Tatsache, daß auf der Ebene der Kammer dem Wirtschaftsbürger demokratische Mitwirkungsrechte bei der Kammerverwaltung eingeräumt werden, mildert lediglich den durch die Pflichtmitgliedschaft der Wirtschaftsbürger erfolgenden Eingriff.

b. Verfassungmäßigkeit des Eingriffs

aa. Legitime öffentliche Aufgabe

Nach der Rechtsprechung dürfen öffentlich-rechtliche Verbände nur gegründet werden, um legitime öffentliche Aufgaben wahrzunehmen. Es sei aber Sache des gesetzgeberischen Ermessens zu entscheiden, welche Aufgaben der Staat nicht durch seine Behörden, sondern

---

141 Hellermann (Anm. 100), S. 194 f.; Kluth (Anm. 94), S. 23; ders., Die Mitgliederklagen in sog. Zwangskörperschaften – BVerfG – Beschl. v. 15. 6. 1988 – 1 BvR 1301/86, in: Jura 1989, S. 408 ff. (412).

142 Pietzcker, Jost, Kammerrecht in Bewegung?, in: NJW 1987, S. 305 ff. (306); ders., Kein allgemeinpolitisches Mandat von Berufskammern – BVerwGE 64, S. 298, in: JuS 1985, S. 27 ff. (28).

durch eigens gegründete öffentlich-rechtliche Anstalten oder Körperschaften erfüllen solle.[143] Bei den Aufgaben der Industrie- und Handelskammern handelt es sich unzweifelhaft um legitime öffentliche Aufgaben. In der Entscheidung des Bundesverfassungsgerichts zu den Arbeitnehmerkammern in Bremen und im Saarland wird der Begriff der legitimen öffentlichen Aufgabe präzisiert: „Damit sind Aufgaben gemeint, an deren Erfüllung ein gesteigertes Interesse der Gemeinschaft besteht, die aber so geartet sind, daß sie weder im Wege privater Initiative wirksam wahrgenommen werden können, noch zu den im engeren Sinne staatlichen Aufgaben zählen, die der Staat durch seine Behörden wahrnehmen muß".[144] Das Bundesverfassungsgericht hat als zwei unterscheidbare Aufgabenkomplexe die „Vertretung der gewerblichen Wirtschaft" und die „Wahrnehmung von Verwaltungsaufgaben auf wirtschaftlichem Gebiet" benannt und beide als legitime öffentliche Aufgabe eingeordnet.[145] Während Fachverbände primär die Interessen ihrer Wirtschaftszweige vertreten, ist es den Industrie- und Handelskammern gesetzlich zur Pflicht gemacht, stets das gesamte Interesse der gewerblichen Wirtschaft im Auge zu behalten und die wirtschaftlichen Interessen einzelner Gewerbezweige oder –betriebe lediglich abwägend und ausgleichend zu berücksichtigen. Es ist ihnen die gesetzliche Verantwortung dafür auferlegt worden, daß sie im Rahmen ihrer Aufgabe, die gewerbliche Wirtschaft im Ganzen zu fördern, das höchstmögliche Maß an Objektivität walten lassen. Gerade daran bestehe ein Höchstmaß an öffentlichem Interesse.[146]

Die Tatsache, daß die Kammern – berücksichtigt man ihren Tätigkeitsbereich - legitime öffentliche Aufgaben wahrnehmen, rechtfertigt die gesetzlich angeordnete Pflichtmitgliedschaft jedoch nicht.

---

143 BVerfGE 10, S. 89 ff. (102); vgl. auch Credé, H.-H., Die Vereinbarkeit der Zwangszugehörigkeit zu den Kammern mit den Grund- und Menschenrechten, Diss. jur. Köln 1962, S. 89 ff.

144 BVerfGE 38, S. 281 ff. (299). Vgl. auch BVerfG, NVwZ 2001, S. 335 (336).

145 BVerfGE 15, S. 235 (241).

146 BVerfGE 15, S. 235 ff. (241).

aa. Verhältnismäßigkeitsgrundsatz

Das Gesetz, das einen öffentlich-rechtlichen Verband mit Pflichtmitgliedschaft schafft, muß zur „verfassungsmäßigen Ordnung" gehören, also in formeller – was hier unstreitig gegeben ist - und in materieller Hinsicht voll mit dem Grundgesetz im Einklang stehen.[147] Dazu gehört, daß es dem Erfordernis der Rechtsstaatlichkeit genügt, das den Grundsatz der Verhältnismäßigkeit des staatlichen Eingriffs beinhaltet. Das Gesetz, das den Eingriff vornimmt, ist also nur dann Bestandteil der verfassungsmäßigen Ordnung, wenn sich der Eingriff als verhältnismäßig erweist.[148] Dies hat zur Folge, daß der Gesetzgeber im Hinblick auf den aus Art. 9 Abs. 1 GG folgenden Vorrang der freien Verbandsbildung und die grundgesetzliche Freiheitsvermutung des Art. 2 Abs. 1 GG die Notwendigkeit der Errichtung öffentlich-rechtlicher Körperschaften mit Pflichtmitgliedschaft sorgfältig prüfen muß.[149]

(1) Geeignetheit

Die Vertretung der Gesamtinteressen der gewerblichen Wirtschaft und die Beratung der Staatsorgane werden am zweckmäßigsten einem Selbstverwaltungsorgan der Wirtschaft mit Pflichtmitgliedschaft anvertraut. Die teilweise Übertragung hoheitlicher Befugnisse rechtfertigt sich aus dem besonderen Sachverstand eines Selbstverwaltungsträgers. Zur wirksamen Aufgabenerfüllung ist auch eine pflichtige Mitgliedschaft aller Angehörigen der erfaßten Berufszweige sinnvoll, da bei einer freiwilligen Mitgliedschaft die Repräsentanz in der Kammer vom Zufall abhinge, was die Qualität ihrer Arbeit schmälern würde. Nach Ansicht des Bundesverfassungsgerichts[150] ist aus der Sicht des Gesetzgebers die Erfüllung von Wirtschaftsverwaltungsaufgaben durch die Kammern sachnäher und wegen der Beteiligung der Betroffenen durch selbstgewählte Organe auch „freiheitssichernder als durch staatliche Behörden". Die Interessenvertretung

---

[147] BVerfGE 6, S. 32 ff. (36 ff.).
[148] BVerfGE 38, S. 281 ff. (301 f.).
[149] BVerfGE 38,S. 281 ff.(298).
[150] BVerfG, NVwZ 2002, S. 335 (337).

durch private Verbände ist aus dieser Sicht nicht im gleichem Maße am Gesamtinteresse und am Gemeinwohl orientiert. Eine Aufteilung der Aufgaben auf private Verbände und Behörden würde damit gerade die vom Gesetzgeber mit einer Selbstverwaltungsorganisation zulässigerweise verfolgten Ziele verfehlen und wäre daher nicht gleich geeignet.

(2) Erforderlichkeit

Das Gebot der Erforderlichkeit ist verletzt, wenn das Ziel der staatlichen Maßnahme durch ein anderes im gleicher Weise geeignetes Mittel erreicht werden kann, mit dem das Grundrecht aber weniger fühlbar eingeschränkt wird.[151] Im Urteil zu den Arbeitnehmerkammern in Bremen und im Saarland[152] heißt es, dem einzelnen erwachse aus Art. 2 Abs. 1 GG das Recht, nicht durch Zwangsmitgliedschaft von „unnötigen" Körperschaften in Anspruch genommen zu werden.[153] Vom Beschwerdeführer wurde in diesem Verfahren vorgetragen, daß die nach dem Gesetz zugewiesenen Aufgaben ebenso gut durch die Gewerkschaften erfüllt werden könnten und tatsächlich seit langem erfüllt würden. Das Bundesverfassungsgericht erkannte diesen Einwand grundsätzlich an, als es zum Ausdruck brachte, daß bei echter Konkurrenz der solchen Körperschaften zugedachten Aufgaben mit solchen, die von frei gegründeten Vereinigungen ebenso gut erfüllt werden können, der in der Pflichtmitgliedschaft liegende Eingriff in die Freiheit des Einzelnen sich als übermäßig, weil nicht unbedingt erforderlich, und deshalb verfassungswidrig erweisen kann.[154]

Private Verbände wären mangels Gemeinwohlbindung und freiwilliger Mitgliedschaft allerdings nicht annähernd in der Lage, die Aufgaben wahrzunehmen, die die Industrie- und Handelskammer mit Hilfe der Pflichtmitgliedschaft zu erfüllen befähigt ist. Ein allenfalls

---

151 BVerfGE 38, S. 281 ff. (302); 68, S. 193 ff. (218 f.), 77, S. 84 ff. (109); 81, S. 70 ff. (90 f.).

152 BVerfGE 38, S. 281 ff.

153 Vgl. BVerfGE 38, S. 281 ff. (298).

154 BVerfGE 38, S. 281 ff. (303).

angenähertes Angebot könnten die Verbände dann sicherstellen, wenn sie vom Staat durch Beleihung in die Verantwortung genommen würden. Bei fehlender Inpflichtnahme und fehlender staatlicher Kontrolle würden private Wirtschaftsverbände lediglich darauf bedacht sein, Nachteile und Kosten für die Mitglieder abzuwehren und Vorteile für sie zu erringen. Sie wären reine Interessenvertretungen mit dem Ziel, die Interessen insbesondere auch gegenüber anderen Verbänden gleicher Art durchzusetzen. Verfassungs- und verwaltungspolitische oder sozialpolitische Zielsetzungen[155] würden dann aber nicht mehr vertreten werden. In freien Verbänden würden die großen bzw. finanzstarken Unternehmen dominieren, da durch sie der Verband die nötige Bedeutung und die finanziellen Mittel erhalten würde. Ein Kammersystem mit einer Pflichtmitgliedschaft hingegen gewährleistet eine innerverbandliche Demokratie mit der Folge, daß bei einem Interessenkonflikt sich nicht automatisch das mächtigere Unternehmen durchsetzt. Klein- und Mittelbetriebe verfügen somit in einer öffentlich-rechtlichen Kammer über eine vergleichsweise starke Position. Die Industrie- und Handelskammern erfüllen also im Bereich der Interessenvertretung eine im öffentlichen Interesse liegende Aufgabe, die von freien gesellschaftlichen Vereinigungen in dieser Art und Weise nicht erfüllt werden kann und an der ein spezifisches Interesse des wirtschaftspolitisch agierenden Staates besteht.[156]

Von Bedeutung ist ferner, ob die Pflichtmitgliedschaft aller Gewerbetreibender bei den Kammern zur sachgemäßen Erfüllung ihrer Aufgaben erforderlich ist.[157] Wegen des Gemeinwohlauftrags der Industrie- und Handelskammer und der vielfältigen Wirtschaftsverwaltungsaufgaben ist ein alle Branchen und Betriebsgrößen umfassender Mitgliederbestand vonnöten, der vollständig die Betriebe eines Bezirks erfaßt. Für die wirtschaftliche Selbstverwaltung bedarf es der Mitwirkung aller Unternehmen, gerade auch der mittleren und der

---

155 Vgl. hierzu Stober, Rolf, Die Industrie- und Handelskammer als Mittler zwischen Staat und Wirtschaft, 1992, S. 75 ff.

156 Frentzel, Gerhard / Jäkel, Ernst / Junge, Werner, Industrie- und Handelskammergesetz. Kommentar, 5. Aufl. 1991, S. 25 ff.

157 BVerfGE 38, S. 281 ff. (310); BVerfG, NVwZ 2002, S. 335 (337).

kleineren, damit die Kammern ihre Aufgaben umfassend erfüllen können. Nur so ist sichergestellt, daß auch wirklich die Interessen aller Betriebe vertreten werden. Ohne eine solche Pflichtbeteiligung der Betroffenen kann nicht sichergestellt werden, daß die Kammer ihrem Auftrag sachgerecht und umfassend nachkommen kann. Dabei hat das Mitglied immer zu beachten, daß die Pflichtmitgliedschaft in einer Kammer weniger belastend ist, als eine staatliche Wirtschaftsverwaltung.[158] Die Beteiligung aller Gewerbetreibenden eines Bezirks an der Durchführung der wirtschaftlichen Selbstverwaltung ist ferner deswegen unerläßlich, weil die Industrie- und Handelskammer Staatsgewalt ausübt und die Entscheidungen der Organe deswegen demokratisch legitimiert sein müssen.[159]

Bei einem Wegfall der Pflichtmitgliedschaft könnten die Kammern ihre Aufgabe nicht mehr effektiv erfüllen, da die Mitglieder durch die Drohung mit dem Austritt die Arbeit in der Industrie- und Handelskammer beeinflussen könnten.[160] Dies könnte zur Folge haben, daß sich die staatliche Verwaltung noch weiter ausdehnen würde. Durch das Wegfallen der Pflichtmitgliedschaft würde zwar insoweit weniger Reglementierung stattfinden, sie würde aber ersetzt werden durch weitergehende Reglementierung im Rahmen einer staatsunmittelbaren Verwaltung.[161]

Für EG-Ausländer stellt sich die Erforderlichkeit der öffentlich-rechtlichen Zwangsmitgliedschaften in einer Industrie- und Handelskammer nicht anders dar. Der Gewerbetreibende aus dem EU-Ausland kann sich grundsätzlich, trotz der Zwangsmitgliedschaft in der Industrie- und Handelskammer, unbeschränkt in Deutschland niederlassen. Seine Niederlassung in Deutschland wird also nicht verboten, sondern wie bei einem deutschen Gewerbetreibenden nur an eine beeinträchtigende Bedingung geknüpft. Als Mitglied der Industrie- und Handelskammer nimmt er aber auch an deren Vorzügen teil.

---

158 Vgl. Stober (Anm. 155), S. 104.

159 Vgl. auch Oebbecke, Janbernd, Demokratische Legitimation nicht-kommunaler Selbstverwaltung, in: VerwArch, Bd. 81 (1990), S. 349 ff. (357 ff.).

160 Stober (Anm. 155), S. 70.

161 Vgl. Hendler, Reinhard, Selbstverwaltung als Ordnungsprinzip, 1984, S. 337.

(3) Mittel-Zweck-Relation

Schließlich muß das Maß der den Einzelnen durch seine Pflichtmitgliedschaft treffenden Belastung noch in einem vernünftigen Verhältnis zu den ihm und der Allgemeinheit erwachsenden Vorteilen stehen.[162] Dies ist zu bejahen, da die Beeinträchtigung des Gewerbetreibenden nur gering ist. Teilweise wird sogar wegen der Geringfügigkeit des Eingriffs die Grundrechtsrelevanz der Pflichtmitgliedschaft verneint.[163] Zu berücksichtigen ist ferner, daß die Pflichtmitgliedschaft auch eine freiheitssichernde Funktion hat, weil sie auch dort, wo das Allgemeininteresse einen gesetzlichen Zwang verlangt, die unmittelbare Staatsverwaltung vermeidet und auf die Mitwirkung der Betroffenen setzt. Der freiheitlichen Intention des Art. 12 Abs. 1 GG entspricht es eher, wenn Berufsregelungen durch die Berufsangehörigen selbst vorgenommen werden, als durch staatsunmittelbare Organe.[164] Es dient den wirtschaftlichen Freiheitsrechten, wenn die Gewerbetreibenden eines Bezirks die Schwerpunkte der Kammerarbeit selbst bestimmen und ihre gebündelten wirtschaftspolitischen Vorstellungen gegenüber dem Staat vorbringen können. Die Pflichtmitgliedschaft eröffnet also den Kammerzugehörigen die Chance zur Beteiligung und Mitwirkung an staatlichen Entscheidungsprozessen, läßt dabei aber zum anderen die Möglichkeit offen, sich nicht aktiv zu beteiligen.[165] Die Pflichtmitgliedschaft liegt damit im Interesse einer Wirtschaftsform, die darauf abzielt, den Unternehmen größtmögliche wirtschaftliche Freiheit zu garantieren, aber auch die soziale Komponente angemessen zu berücksichtigen. Die Pflichtmitgliedschaft verfolgt damit keine Schwächung der individuellen Unternehmerfreiheiten, behält allerdings die ökonomischen Interessen des Gemeinwesens im Auge.

---

[162] BVerfGE 38, S. 281 ff. (301 f.).

[163] Vgl. oben B.I.3.a.bb.

[164] Vgl. Hendler (Anm. 161), S. 329 ff. m.w.N.; ders. (Anm. 132), in: Isensee/Kirchhof, Bd. IV, § 106 Rdnr. 53.

[165] BVerfG, NVwZ 2002, S. 335 ff. (337).

4. Ergebnis

Es ist also verfassungsrechtlich sowohl unter dem Blickwinkel des Art. 9 Abs. 1 GG als auch des Art. 2 Abs. 1 GG unbedenklich, daß der Staat die Aufgabe, das Gesamtinteresse der gewerblichen Wirtschaft wahrzunehmen, mit Hilfe von Kammern zu bewerkstelligen sucht, denen die Gewerbetreibenden unter bestimmten Voraussetzungen als Pflichtmitglieder angehören. Ob das Bundesverfassungsgericht, bei dem insgesamt 23 Verfahren zur Pflichtmitgliedschaft in öffentlich-rechtlichen Kammern anhängig sind,[166] diesen Entscheidungen widersprechen würde, ist mit Rücksicht auf den engen verfassungsrechtlichen Prüfungsmaßstab, bei dem Überlegungen der Zweckmäßigkeit einer gesetzlichen Regelung keine Rolle spielen, eher unwahrscheinlich. Jedenfalls hat das Bundesverfassungsgericht in jüngeren Entscheidungen[167] die Voraussetzungen einer beitragsfinanzierten Pflichtzugehörigkeit in einer öffentlich-rechtlichen Körperschaft nochmals herausgearbeitet und hierbei unverändert auf die Grundsätze der Entscheidung zur IHK-Pflichtmitgliedschaft aus dem Jahr 1962[168] zurückgegriffen.

II. Vereinbarkeit mit dem Demokratiegebot

Die Rechtsprechung hat ferner festgestellt, daß die gesetzliche Pflichtmitgliedschaft nicht das Demokratiegebot des Art. 20 Abs. 2 GG tangiere, weil die Wahlbeteiligung zu den Vertretungsorganen des Industrie- und Handelskammern nur zwischen 10 und 20 %

---

166 Dies sind insbesondere die Verfahren 1 BvR 2053/97; 1 BvR 2574/97; 1 BvR 1806/98; 1 BvR 636/99; 1 BvR 637/99; 1 BvR 2094/99; 1 BvR 1649/99; 1 BvR 2101/99; 1 BvR 2116/99; 1 BvR 2117/99; 1 BvR 2118/99; 1 BvR 2119/99; 1 BvR 2120/99; 1 BvR 2121/99; 1 BvR 2122/99; 1 BvR 477/00; 1 BvR 663/00; 1 BvR 784/00; 1 BvR 1009/00; 1 BvR 1187/00; 1 BvR 2022/00. Eine weiteres Verfahren betrifft die Fortbildungstätigkeit der Industrie- und Handelskammern: BVerfG 1 BvR 1749/97.

167 BVerfG vom 04.08.2000, 1 BvR 1510/99 (Zwangsbezug eines Semestertickets); BVerfG vom 07.12.2001, 1 BvR 1806798 (Pflichtmitgliedschaft in einer IHK), NVwZ 2002, S. 335 f.

168 BVerfGE 15, S. 235.

betrage. Die Industrie- und Handelskammern seien aufgrund bundesgesetzlicher Regelung legitimierte Körperschaften öffentlichen Rechts, bei denen die Konstituierung der Vertretungsorgane dem Demokratiegebot entsprechend rechtsförmlich geregelt sei (§ 5 IHKG).[169] Das Demokratieprinzip und in seiner Folge die Verfassungsmäßigkeit der Pflichtmitgliedschaft seien auch nicht dadurch in Frage gestellt, daß ausländische Firmen durch den Gesetzgeber zu Pflichtmitgliedern gemacht würden; denn anders als eine Gebietskörperschaft bedürfe eine Industrie- und Handelskammer als berufsständische Personalkörperschaft nicht der Legitimation durch das deutsche Volk, so daß weder gegen die Zugehörigkeit ausländischer Firmen (mit Sitz im Kammerbezirk) zu einer Industrie- und Handelskammer noch gegen deren Teilnahme an Wahlen Bedenken bestünden.[170] Die gesetzliche Pflichtmitgliedschaft in einer öffentlich-rechtlichen Körperschaft sei gestattet, soweit dies zur Erfüllung legitimer öffentlicher Aufgaben geeignet, erforderlich und zumutbar sei. Als die Pflichtmitgliedschaft nach Art. 2 Abs. 1 GG rechtfertigende legitime öffentliche Aufgabe komme die Wahrnehmung und Bewertung des Gesamtinteresses der gewerblichen Wirtschaft in Betracht, die verläßliche Grundlagen für staatliche Maßnahmen liefern solle, durch die die Rahmenbedingungen für die wirtschaftliche Betätigung gesetzt werden.[171] Allerdings sei dabei das Gesamtinteresse der gewerblichen Wirtschaft vom Gemeinwohl aller Bürger zu unterscheiden, mit dem es nicht unbedingt übereinstimmen müsse; deshalb habe die Industrie- und Handelskammer bei der Definition des Gesamtinteresses keine Kompetenz-Kompetenz mit dem Inhalt, durch Mehrheitsentscheidungen der Vollversammlung alle nur denkbaren Aufgaben an sich zu ziehen und deren Erfüllung mit Beiträgen der Mitglieder zu finanzieren.[172] Zu den Aufgaben einer eine Industrie- und Handelskammer gehöre es hiernach nicht, Anlagen und Einrich-

---

[169] VG Kassel vom 22.08.2000, 6 G 3881/99.

[170] VG München vom 15.12.1998, M 16 K 97.282, das Berufungsverfahren wurde durch Beschluß eingestellt, VGH München vom 02.12.1999, 22 B 99.648; VG Osnabrück vom 18.01.2000, 1 A 17/99.

[171] BVerwG, BayVBl. 1999, S. 120 (121).

[172] VGH München, GewArch 2000, S. 60 ff. (61) – Flugplatzbeteiligung.

tungen, die dem allgemeinen öffentlichen Interesse dienten, zu begründen, zu unterhalten oder zu unterstützen. Dementsprechend könne sich eine Industrie- und Handelskammer an einer GmbH, die den Betrieb eines Flugplatzes zum Gegenstand habe, beteiligen, um das Interesse der gewerblichen Wirtschaft an der Öffnung militärischer Flugplätze für die zivile Luftfahrt zur Geltung zu bringen, sofern diese Beteiligung nach den Umständen des Einzelfalls die Aufgabe der Interessenwahrnehmung nach § 1 Abs. 1 IHKG nicht verläßt.[173]

III. Stillschweigender Verfassungswandel

In den letzten beiden Jahren wurde von Kammerzugehörigen in IHK-Beitragssachen immer wieder der Einwand erhoben, die gesetzliche Pflichtmitgliedschaft sei unter den heutigen Verhältnissen nicht mehr verfassungsgemäß. Die jüngste verwaltungsgerichtliche Rechtsprechung hat sich dieser Kritik nicht angeschlossen. In seinem Urteil vom 21. Juli 1998[174] hat das Bundesverwaltungsgericht verfassungsrechtliche Bedenken gegen die IHK-Pflichtmitgliedschaft zurückgewiesen. Diese Erkenntnis entspricht der ständigen Rechtsprechung des Bundesverfassungsgerichts, daß die gesetzliche Pflichtmitgliedschaft in juristischen Personen des öffentlichen Rechts nicht den Schutzbereich der vom Grundgesetz gewährleisteten Vereinigungsfreiheit (Art. 9 Abs. 1 GG) und der Berufsfreiheit (Art. 12 Abs. 1 GG) tangiere, ferner das Auffanggrundrecht der allgemeinen Handlungsfreiheit (Art. 2 Abs. 1 GG) nicht verletze, sondern in verhältnismäßiger Weise einschränkt.[175] Auch von einem Wandel der tatsächlichen

---

[173] BVerwG vom 19.09.2000, 1 C 29.99 – Revisionsentscheidung zu VGH München, GewArch 2000, S. 60.

[174] 1 C 32.97, GewArch 1998, S. 410 = BayVBl. 1999, S. 120 = NJW 1998, S. 3510 und zu der Entscheidung Jahn, Ralf, Vom Bekenntnis zur IHK-Mitgliedschaft. Anmerkung zum Urteil des BVerwG vom 21.07.1998, in: GewArch 1998, S. 453 ff. Auch die Pflichtmitgliedschaft in den Handwerkskammern hat das BVerwG bestätigt, vgl. Urteil vom 17.12.1998, 1 C 7.98, GewArch 1999, S. 193 ff. = NJW 1999, S. 2292 ff. und dazu die vorausgehende Berufungsentscheidung VGH Mannheim, GewArch 1998, S. 164.

[175] BVerfGE 10, S. 98; 10, S. 354; 15, S. 235; 38, S. 281.

(wirtschaftlichen) oder rechtlichen Verhältnisse, der eine abermalige Überprüfung der früheren verfassungsgerichtlichen Entscheidungen rechtfertigen würde, könne danach nicht ausgegangen werden. Im Rahmen der Interessenvertretung nähmen die Industrie- und Handelskammern nach wie vor legitime öffentliche Aufgaben wahr, die in ihrer Fülle in den letzten Jahren sogar deutlich zugenommen hätten. Weder die technologische und wirtschaftliche Entwicklung, die Entwicklung einer Europäischen Union noch eine etwa fehlende Akzeptanz der Industrie- und Handelskammern bei ihren Mitgliedern hätten im übrigen einen Verfassungswandel bewirkt, der eine Neubewertung der Pflichtmitgliedschaft erforderlich machen würde. Grund für die Bildung der Industrie- und Handelskammern durch den Bundesgesetzgeber war nämlich nicht allein der Informationsaustausch unter den Mitgliedern und deren Beratung durch die Industrie- und Handelskammern; vielmehr habe der Gesetzgeber mit der Schaffung der Industrie- und Handelskammern auch ordnungspolitische Aufgaben an diese delegiert, deren Erledigung ebenfalls die Pflichtmitgliedschaft dient.[176]Diese Auffassung des Bundesverwaltungsgerichts ist sowohl von der Rechtsprechung der Oberverwaltungsgerichte[177] als auch der Instanzgerichte[178] und der überwiegenden Ansicht in der Literatur[179] geteilt und bestätigt worden.

---

176 VG Kassel vom 22.08.2000, 6 G 3881/99.

177 VGH München, BayVBl. 1999, S. 50; OVG Münster vom 08.05.2000, 4 E 279/00, vom 18.08.2000, 4 B 1184/00; 11.10.2000, 4 A 4670/00; VGH Mannheim vom 25.02.2000, 14 S 153/00, vom 15.05.2000, 14 S 353/00, NVwZ 2000, S. 1313; OVG Lüneburg vom 28.05.1999, 8 L 4677/98, vom 07.02.2000, 8 L 4222/99, vom 18.07.2000, 8 O 2448/00.

178 Siehe VG Gießen vom 05.08.1999, 8 G 956/99; VG Neustadt/Weinstraße vom 08.10.1999, 7 K 2962/98.NW; VG Leipzig vom 15.11.1999, 6 K 1152/97, vom 02.12.1999, 6 K 1155/97; VG Potsdam vom 03.12.1999, 7 L 1308/98; VG Düsseldorf vom 16.11.1999, 3 K 1888/99, GewArch 2000, S. 124, vom 22.02.2000, 3 K 6115/99; VG Regensburg vom 17.03.2000, RO 5 S 00.00536; VG Frankfurt vom 29.10.1999, 7 E 2059/98 (1), vom 13.03.2000, 7 E 561/98 (2), vom 17.03.2000, 7 E 1044/97 (2), GewArch 2000, S. 332; vom 09.06.2000, 7 E 1174/98; VG Mainz vom 07.06.2000, 4 K 947/99.MZ; VG Köln vom 30.11. 1999, 1 L 2683/99, vom 01.12.1999, 1 L 2757/99, vom 08.12.1999, 1 L 2756/99, vom 08.06.2000, 1 K 8438/97; vom 16.06.2000, 1 K 7932/96; VG Osnabrück vom 16.06.2000, 1 A 51/00; VG Ansbach vom 13.07.2000, AN 4 K 00.00701; VG Arnsberg vom 21.08.2000, 13 K 3202/99; VG Kassel vom 22.08.2000, 6 G

IV. Insbesondere: Verfassungsmäßigkeit der „doppelten" Kammerzugehörigkeit

Auch die Doppelpflichtmitgliedschaft in der Industrie- und Handelskammer einerseits und einer Berufskammer andererseits mit hieraus resultierender doppelter Beitragspflicht ist nach der Rechtsprechung verfassungsrechtlich nicht zu beanstanden.[180] Apotheker-, Steuerberater- und andere berufsständische Kammern vertreten ausschließlich die beruflichen Interessen ihrer Mitglieder und stellen daher reine Berufsorganisationen dar, wohingegen den Industrie- und Handelskammern die Wahrnehmung des Gesamtinteresses aller nichthandwerklichen Gewerbetreibenden im jeweiligen räumlichen Zuständigkeitsbereich übertragen ist. Ein Verstoß dieser „Doppelmitgliedschaft" gegen Art. 3 Abs. 1 GG sei nicht gegeben. Der Bundesgesetzgeber könne nicht einen Teil der Gewerbetreibenden im (bundes-

---

3881/99; VG Gelsenkirchen vom 28.06.2000, 7 K 332/99, vom 07.09.2000, 7 K 1771/00; VG Stuttgart vom 24.11.1999, 4 K 2420/99, 4 K 2422/99 und 4 K 2427/99; vom 7.12.1999, 4 K 2459/99 und 4 K 2967/99, vom17.10.2000, 14 K 5539/99, vom 20.10.2000, 4 K 3651/99; vom 07.11.2000, 14 K 3834/98; VG Freiburg vom 18.10.2000, 7 K 1012/00, 7 K 1011/00, 7 K 1153/00 und 7 K 1152/00; VG Sigmaringen vom 18.10.2000, 1 K 427/98; VG Würzburg vom 09.03.2000, W 6 K 99.1246 und W 6 K 99.1247, bestätigt durch VGH München vom 11.04.2000, 22 C 00.1090 und 1092; vom 11.10.2000, W 6 K 99.1498; vom 08.11.2000, W 6 K 00.819.

179 Vgl. Löwer, Wolfgang, Verfassungsrechtsdogmatische Grundprobleme der Pflichtmitgliedschaft in Industrie- und Handelskammern, in: GewArch 2000, S. 89 ff. (Pflichtmitgliedschaft ist weder an Art. 9 Abs. 1 noch an Art. 12 Abs. 1 GG zu messen, sondern an Art. 2 Abs. 1 GG; Pflichtmitgliedschaft verstößt nicht gegen Art. 2 Abs. 1 GG); Schöbener, Burkhard, Verfassungsrechtliche Aspekte der Pflichtmitgliedschaft in wirtschafts- und berufsständischen Kammern, in: VerwArch 2000, S. 374 ff. (Pflichtmitgliedschaft ist an Art. 9 Abs. 1 GG zu messen, jedoch nach dem Sozialstaatsprinzip als verfassungsimmanente Schranke gerechtfertigt; es sind nur solche Aufgabenübertragungen verfassungsrechtlich zulässig, die sich Rechtsgedanken der sachgerechten Funktionswahrnehmung orientieren); Jahn, Ralf, Zur Verfassungsmäßigkeit der Pflichtmitgliedschaft in öffentlich-rechtlichen Körperschaften - BVerwG, NJW 1998, 350, in: JuS 2000, S. 129.

180 VG Stuttgart vom 29.09.2000, 4 K 4756/99, vom 20.10.2000, 4 K 3651/99 (jeweils zur Apothekerkammer); VG Sigmaringen vom 18.10.2000, 1 K 427/98 (Apothekerkammer)

rechtlichen) IHK-Gesetz deshalb von der Mitgliedschaft ausnehmen, weil diese – etwa für den Bereich der Apotheker – vom Landesgesetzgeber für einen anderen Zweck als gesetzliche Mitglieder einer anderen Kammer in Anspruch genommen werden. Ein Apotheker kann gegen die IHK-Pflichtmitgliedschaft auch nicht erfolgreich einwenden, daß Tierärzte, die Arzneimittel abgeben, nicht ebenfalls zu IHK-Mitgliedsbeiträgen herangezogen werden; die freiberufliche Prägung der Tätigkeit eines Tierarztes kann nämlich nicht mit der gewerblichen Handelstätigkeit eines Apothekers verglichen werden.[181]

Auch die „Doppelmitgliedschaft“ [182] und die „Doppelpflichtmitgliedschaft“ in mehreren Industrie- und Handelskammern, die daraus resultiert, daß ein Unternehmen Betriebsstätten in unterschiedlichen IHK-Bezirken unterhält, sei verfassungsrechtlich nicht zu beanstanden. Insbesondere liege kein Verstoß gegen den Verhältnismäßigkeitsgrundsatz und den Gleichbehandlungsgrundsatz vor, weil es ein legitimes Ziel des Gesetzgebers sei, die Vertretung der Interessen von Dienstleistung, Handel und Industrie auf eine möglichst breite Grundlage zu stellen, damit das Gesamtinteresse der Wirtschaft im jeweiligen Kammerbezirk wahrgenommen werden könne.[183]

Die Beitragspflicht zur Landwirtschaftskammer schließe die Pflichtzugehörigkeit zur Industrie- und Handelskammer nicht aus; die zum 1. Januar 1999 in Kraft getretene Neuregelung in § 3 Abs. 4 S. 3 IHKG zeige, daß der Gesetzgeber von der Möglichkeit gleichzeitiger Zugehörigkeit zur Landwirtschaftskammer und zur Industrie- und Handelskammer ausgeht.[184]

---

[181] VG Sigmaringen vom 18.10.2000, 1 K 427/98.

[182] VG Lüneburg, vom 24.10.1996, - 5 B 44/96 -.

[183] VG Münster vom 28.06.1999, 3 K 1271/95.

[184] VG Stade vom 25.08.1999, 6 A 588/98 (IHK-Zugehörigkeit einer gewerbesteuerpflichtigen Gärtnerei).

V. Europarechtliche Fragestellung

1. Vereinbarkeit mit der Europäischen Menschenrechtskonvention

In einem Urteil vom 23. 6. 1981[185] im Fall Le Compte, Van Leuven und De Meyere hatte der Europäische Gerichtshof für Menschenrechte darüber zu entscheiden, ob die nach belgischem Recht gesetzlich angeordnete Pflichtmitgliedschaft für Ärzte in den Ärztekammern mit Art. 11 EMRK, der das Recht der Versammlungs- und Vereinigungsfreiheit gewährleistet, im Einklang steht. Die Europäische Menschenrechtskommission hatte in ihrem Bericht die Ansicht vertreten, daß die Ärztekammer wegen ihrer Rechtsnatur als Körperschaft des öffentlichen Rechts und ihrer materiell öffentlichen Aufgaben keine Vereinigung i.S.d. Art. 11 Abs. 1 EMRK sei.[186] Der Gerichtshof schloß sich dieser Stellungnahme an und stellte fest, daß die belgische Ärztekammer nicht von Einzelpersonen, sondern vom Gesetzgeber gegründet wurde. Sie sei in die Strukturen des Staates eingebunden und verfolge bei Wahrnehmung der ihr gesetzlich zugewiesenen Aufgaben ein Ziel von allgemeinem Interesse. Die Ärztekammer verfüge dazu auch über hoheitliche Befugnisse.[187] Die Kammer könne man daher nicht als Vereinigung i.S.d. Art. 11 EMRK bezeichnen. Es sei allerdings erforderlich, daß ihre Einrichtung durch den belgischen Staat die Berufstätigen nicht an der Gründung von oder am Beitritt zu berufsständischen Vereinigungen hindere.[188]

Die Auslegung des Art. 11 EMRK durch den Europäischen Gerichtshof für Menschenrechte entspricht damit in der Begründung und im Ergebnis der hier vorgenommenen Auslegung zu Art. 9 GG.[189]

---

185 EGMR, EuGRZ 1981, S. 551 ff.

186 EGMR, EuGRZ 1981, S. 551 ff. (555) Tz. 63.

187 Vgl. EGMR, EuGRZ 1981, S. 551 ff. (555) Tz. 64.

188 EGMR, EuGRZ 1981, S. 551 ff. (555) Tz. 65.

189 Vgl. auch VG Würzburg, GewArch 1996, S. 161.

2. *Vereinbarkeit mit EG-Recht*

a. *Vereinbarkeit mit Grundprinzipien des EG-Rechts*

Die wirtschaftliche Selbstverwaltung gehört nicht zu den geschriebenen oder ungeschriebenen Bestandteilen des Gemeinschaftsrechts.[190] Demzufolge äußert sich das EG-Recht zum Kammerrecht[191] und zum Problem einer Pflichtmitgliedschaft nicht. Allerdings wird die Notwendigkeit einer Interessenvertretung auch der Gewerbetreibenden anerkannt, wie sich aus der Konstituierung eines Wirtschafts- und Sozialausschusses in Art. 257 ff. EG ergibt, der sich aus Vertretern der verschiedenen Gruppen des wirtschaftlichen und sozialen Lebens zusammensetzt. Aus dem Bekenntnis zur bürgernahen Entscheidung in Art. 1 Abs. 2 EU zur Marktwirtschaft, zum Sozialstaatsprinzip, zur Subsidiarität und zur Region lassen sich allerdings keine Schlüsse für die Ausgestaltung des Kammerrechts ziehen.[192] Die Pflichtmitgliedschaft in den Industrie- und Handelskammern ist damit jedenfalls mit den Prinzipien des EG-Rechts vereinbar.[193]

b. *Vereinbarkeit mit der Niederlassungsfreiheit des Art. 43 EG*

Die Niederlassungsfreiheit[194] bezweckt, den EG-Bürgern und auch Gesellschaften[195] in wirtschaftlicher Hinsicht die Möglichkeit zu eröffnen, sich dort niederzulassen, wo die für die Arbeit maßgeblichen Produktionsfaktoren, die notwendige Infrastruktur und alle sonsti-

---

190 Vgl. Stober (Anm. 5), DVBl. 1993, S. 333 ff. (336); Tettinger (Anm. 5), S. 241.

191 Lediglich in acht EU-Mitgliedstaaten gibt es öffentlich-rechtliche Kammerorganisationen mit Pflichtzugehörigkeit und Beitragspflicht, und zwar neben Deutschland in Frankreich, Griechenland, Italien, Luxemburg, Niederlande, Österreich und Spanien; vgl. auch Tettinger (Anm. 5), S. 243 f.

192 Vgl. auch Stober (Anm. 5), DVBl. 1993, S. 333 ff. (336); Tettinger (Anm. 5), S. 241.

193 Vgl. auch OVG Koblenz, GewArch 1997, S. 196 (197); VG Schleswig, Az.: 12 A 220/95, S. 7; VG Düsseldorf, Az.: 3 K 3108/96, S. 4; 9346/96, S. 4.

194 Gornig, Gilbert, Niederlassungsfreiheit in den Europäischen Gemeinschaften im Lichte des Rechts auf die Heimat, in: Blumenwitz, Dieter / Gornig, Gilbert / Murswiek, Dietrich (Hrsg.), Der Beitritt der Staaten Ostmitteleuropas zur Europäischen Union und die Rechte der deutschen Volksgruppen und Minderheiten sowie der Vertriebenen, 1997, S. 145 ff.

195 Vgl. auch EuGH, Rs. 81/87, Slg. 1988, S. 5483 ff., Tz. 15 ff. (Daily Mail).

gen Elemente, die günstigste Kostenrelation aufweisen, zu finden sind, um von diesem Standort aus die Freiheit des Waren- und Dienstleistungsverkehrs zu nutzen.[196] Der EU-Bürger genießt damit die freie Standortwahl, die ihm die bestmögliche Ausnutzung der Ressourcen ermöglicht und seinem wirtschaftlichen Fortschritt dient.[197]

Es stellt sich die Frage, inwieweit Wirtschaftsbürger aus EG-Mitgliedstaaten, die in der Bundesrepublik Deutschland eine gewerbliche Niederlassung i.S.d. § 2 Abs. 1 IHKG begründen, durch die Pflichtmitgliedschaft in ihrer in Art. 43 EG verankerten Niederlassungsfreiheit beeinträchtigt werden.

aa. Anwendungsbereich

(1) Persönlicher Anwendungsbereich

Das Recht auf Niederlassung kann nur derjenige in Anspruch nehmen, der einen personalen Anknüpfungspunkt zur EG vorweisen kann. Der Wortlaut der Vorschriften zum EG-Niederlassungsrecht verdeutlicht, daß sich nur EG-Ausländer[198] gegenüber dem EG-Aufnahmestaat auf die Art. 43 ff. EG berufen können, nicht aber Inländer gegenüber dem Heimatstaat. Ferner ist auch in Art. 46 Abs. 1 EG von Sonderregelungen für Ausländer die Rede. Der EuGH hat daher stets betont, daß sich Inländer gegenüber ihrem Heimatstaat nicht auf die Personenverkehrsfreiheit berufen können.[199] Für die

---

196 Vgl. auch Bleckmann, Albert, Zur Dogmatik des Niederlassungsrechts im EWG-Vertrag, in: WuV 1987, S. 119 ff.; Oppermann, Thomas, Europarecht, 1991, S. 574, Rdnr. 1487.

197 Vgl. Oppermann (Anm. 196), S. 574, Rdnr. 1487.

198 Ausnahmsweise schützt die Niederlassungsfreiheit auch den Inländer, wenn er sich in ähnlicher Situation wie der Ausländer befindet, also beispielsweise nach Ausbildung oder Ausübung eines Berufs im EG-Ausland in sein Heimatland zurückkehrt; EuGH, Rs. C-370/90 Slg. 1992, S. I-4265, 4293 ff. (Surinder Singh).

199 Vgl. etwa EuGH, Rs. 175/78, Slg. 1979, S. 1129 ff., Tz. 11 (Saunders); Rs. 35 und 36/82, Slg. 1982 - 9, S. 3723 ff., Tz. 15 ff. (Morson); Rs. 180/83, Slg. 1984, S. 2539 ff., Tz. 15 ff. (Moser); Rs. 298/84, Slg. 1986, S. 247 ff., Tz. 14 f. (Iorio); Rs. 198/86, Slg. 1987, S. 4469 ff., Tz. 11 (Conradi); Rs. 20/87, Slg. 1987, S. 4879 ff., Tz. 10 ff. (Gauchard).

Gründung der sekundären Niederlassungsformen, wie Zweigniederlassungen und Agenturen, ist darüber hinaus erforderlich, daß der Niederlassungswillige in einem EG-Mitgliedstaat ansässig ist. Mit dem Begriff ansässig bezeichnet man den Ort, an dem der Niederlassungswillige seiner geschäftlichen Tätigkeit nachzugehen beabsichtigt.[200] Nicht entscheidend ist hingegen der private Wohnsitz des Betroffenen.[201] Gemäß Art. 48 ff. EG wird die Niederlassungsfreiheit auch den Gesellschaften gewährt, wenn sie nach den Rechtsvorschriften eines Mitgliedstaates gegründet wurden und ihren Satzungssitz, ihre Hauptverwaltung oder ihre Hauptniederlassung in der Gemeinschaft haben.[202]

(2) Sachlicher Anwendungsbereich

Der Begriff der Niederlassung umfaßt nach Auffassung des Europäischen Gerichtshofs "die tatsächliche Ausübung einer wirtschaftlichen Tätigkeit mittels einer festen Einrichtung in einem anderen Mitgliedstaat auf unbestimmte Zeit".[203] Aus Art. 50 EG läßt sich ferner ableiten, daß die Ausübung der wirtschaftlichen Tätigkeit oder Erwerbstätigkeit gegen Entgelt erfolgen muß.[204] Unerheblich ist die Art der Tätigkeit sowie die Gewinnerzielungsabsicht.[205] Aus Art. 43 EG ergibt sich also, daß mit Niederlassung jedenfalls die Aufnahme und

---

[200] Vgl. Troberg, Peter, in: von der Groeben, Hans / Thiesing, Jochen / Ehlermann, Claus-Dieter, Kommentar zum EWG-Vertrag, 4. Aufl. 1991, Bd. 1: Art. 52, Rdnr. 60.

[201] Vgl. EuGH, Rs. C 112/91, Urt. v. 26. 1. 1993, EuZW 1993, S. 163 ff.

[202] Vgl. Schnichels, Dominik, Reichweite der Niederlassungsfreiheit. Dargestellt am Beispiel des deutschen internationalen Gesellschaftsrechts, 1995, S. 53 ff.

[203] EuGH, Rs. C - 221/89, Slg. 1991 - 7, S. I - 3905 ff., Tz. 20 (Factortame II); Rs. C - 246/89, Slg. 1991-8, S. I - 4585 ff., Tz. 21 (Kommission/Großbritannien). Vgl. schließlich auch EuGH, Rs. C – 55/94, Slg. 1995 - 11, S. I - 4196, Tz. 37 (Gebhard).

[204] Vgl. Randelzhofer, Albrecht, in: Grabitz, Eberhard, Kommentar zum EWG-Vertrag, Loseblattwerk, September 1992, Art. 52 Rdnr. 15; Steindorff, Ernst, Berufsfreiheit für nichtwirtschaftliche Zwecke, in: NJW 1982, S. 1902 ff. (1905).

[205] Vgl. Bleckmann, Albert, Europarecht, 5. Aufl., 1990, S. 463 f., Rdnr. 1117 m.w.N.

die Ausübung selbständiger Erwerbstätigkeiten gemeint ist.[206] Dieses Begriffspaar „Aufnahme und Ausübung selbständiger Erwerbstätigkeiten" ist mit der Unterscheidung von Berufswahl und Berufsausübung, wie wir sie aus Art. 12 GG kennen, vergleichbar.

bb. Verstoß gegen die Niederlassungsfreiheit

(1) Allgemein

Bei der Prüfung einer Verletzung der Niederlassungsfreiheit stellt sich die Frage, an welchen rechtlichen Rahmen die Niederlassungswilligen bei der Gründung der Niederlassung und bei der Ausübung ihrer Geschäftstätigkeit gebunden sind. Diese Frage der Reichweite oder des Umfangs der Niederlassungsfreiheit ist insoweit umstritten, als unklar ist, ob sie nur einen Anspruch auf Inländergleichbehandlung oder darüber hinaus ein Freiheitsrecht in Gestalt eines Beschränkungsverbotes enthält.[207]

(2) Diskriminierungsverbot

Nach Ablauf der Übergangszeit ging man zunächst von der Vorstellung aus, daß der EG-Ausländer bei seiner Tätigkeit in jedem Fall die Vorschriften des Bestimmungslandes einzuhalten habe. Der EG-Ausländer konnte sich also nicht auf die Vorschriften seines Herkunftsstaates berufen. Dieses Bestimmungs- oder Aufnahmeland-

---

206 Vgl. Everling, Ulrich, Das Niederlassungsrecht in der Europäischen Gemeinschaft, in: Der Betrieb 1990, S. 1853 ff.; Kent, Penelope, European Community Law 1993, S. 141 ff., Rdnr. 2 ff.

207 Hierzu vgl. Bleckmann, Albert, Die Personenverkehrsfreiheit im Recht der EG. Vom Gleichheitssatz zur Verankerung absoluter Grundrechte, in: DVBl. 1986, S. 69 ff.; Steindorff, Ernst, Reichweite der Niederlassungsfreiheit, in: EuR 1988, S. 19 ff.; Blumenwitz, Dieter, Rechtsprobleme im Zusammenhang mit der Angleichung von Rechtsvorschriften auf dem Gebiet des Niederlassungsrechts der freien Berufe, in: NJW 1989, S. 621 ff.; Gornig, Gilbert, Probleme der Niederlassungsfreiheit und Dienstleistungsfreiheit für Rechtsanwälte in den Europäischen Gemeinschaften, in: NJW 1989, S. 1120 ff. (1121); ders., Freizügigkeit und Niederlassungsfreiheit von Apothekern, in: Deutsche Apotheker-Zeitung (DAZ) 1989, Heft 24, S. 1252 ff.; Koenig, Christian / Haratsch, Andreas, Europarecht, 2. Aufl. 1998, S. 233, Rdnr. 494.

prinzip korrespondiert mit dem Anspruch auf Inländergleichbehandlung, dem Diskriminierungsverbot. Der EG-Ausländer hat somit einen Anspruch, so wie alle anderen Inländer behandelt zu werden. Nach überwiegend vertretener Ansicht beinhalten die Art. 43 ff. EG auch heute einen solchen Anspruch auf Inländergleichbehandlung.[208] Der Begriff der Diskriminierung erfaßt hierbei das Verbot jeder ungerechtfertigten Benachteiligung von Ausländern gegenüber Inländern (sog. relatives Diskriminierungsverbot), eine Ungleichbehandlung ist also möglich, wenn sich Rechtfertigungsgründe finden lassen.

Ein Verstoß gegen das Art. 43 EG zu entnehmende Diskriminierungsverbot könnte im Zusammenhang mit der Pflichtmitgliedschaft gegeben sein, wenn ausländische Unionsbürger grundsätzlich von der Mitgliedschaft ausgeschlossen wären und ihnen dadurch Nachteile entstehen würden. Das ist allerdings nicht der Fall, da das IHK-Gesetz allein an die Ausübung eines Gewerbes im Kammerbezirk anknüpft und nicht nach der Staatsangehörigkeit differenziert. Eine Verletzung des Art. 43 EG scheidet somit insoweit aus.[209] Aber auch die Pflichtmitgliedschaft für ausländische Gewerbetreibende verletzt nicht die Niederlassungsfreiheit. Der EuGH[210] stellte bezüglich der Niederlassungsfreiheit für Tierärzte fest, daß das Erfordernis der obligatorischen Eintragung oder der Pflichtmitgliedschaft bei Berufsverbänden und –körperschaften als rechtmäßig anzusehen sei, da damit die Zuverlässigkeit und die Beachtung der standesrechtlichen Grundsätze sowie die disziplinarische Kontrolle der Tätigkeit der Tierärzte und damit der Schutz schutzwürdiger Rechtsgüter gewährleistet werde. Die Rechtsvorschriften der Mitgliedstaaten, die die Pflichtmitgliedschaft in einer berufsständischen Kammer vorschrei-

---

208 Vgl. Geiger, Rudolf, EG-Vertrag. Kommentar zu dem Vertrag zur Gründung der Europäischen Gemeinschaft, 1993, Art. 52, Rdnr. 8 ff., 15 ff.; Everling, Ulrich, Vertragsverhandlungen 1957 und Vertragspraxis 1987 - dargestellt an den Kapiteln Niederlassungsrecht und Dienstleistungen des EWG-Vertrages, in: Festschrift für Hans von der Groeben, 1987, S. 111 ff. (117); ders., Niederlassungsrecht und Dienstleistungsfreiheit der Rechtsanwälte in der Europäischen Gemeinschaft, in: EuR 1989, S. 338 ff. (345).

209 BT-Drs. 13/6063, S. 7.

210 EuGH, Rs. 271/82, Slg. 1983 - 8, S. 2727 ff., Tz. 18; vgl. auch EuGH, DVBl. 1996, S. 145 (148).

ben, seien somit als solche nicht unvereinbar mit dem Gemeinschaftsrecht. Voraussetzung für die Vereinbarkeit der Pflichtmitgliedschaft mit dem Gemeinschaftsrecht ist nach dem EuGH[211] aber die Beachtung der wesentlichen Grundsätze des EG-Rechts und hier insbesondere des Diskriminierungsverbots. Die Aufnahme in die berufsständische Kammer dürfe jedenfalls nicht mit der Begründung abgelehnt werden, daß der in einem anderen Mitgliedstaat erworbene Befähigungsnachweis für die Ausübung des Berufs nicht gültig sei, wenn er unter den Befähigungsnachweisen aufgeführt sei, zu deren Anerkennung alle Mitgliedstaaten und ihre berufständischen Kammern aufgrund des Gemeinschaftsrechts verpflichtet sind.

(3) Beschränkungsverbot

Diejenigen, die sich dafür einsetzen, daß die Niederlassungsfreiheit über die Inländergleichbehandlung hinausgehen solle und als Beschränkungsverbot verstanden werden müsse, bestreiten nicht, daß die Art. 43 ff. EG das Diskriminierungsverbot als Mindestgehalt enthalten. Der Streit geht darum, ob die Art. 43 ff. EG sich im Diskriminierungsverbot erschöpfen oder vielmehr darüber hinaus auch ein Beschränkungsverbot enthalten. Der Auslegung der Niederlassungsfreiheit als Beschränkungsverbot liegt der Gedanke zugrunde, daß nicht nur die diskriminierende, sondern jede auf EG-Ausländer angewendete Vorschrift des Aufnahmestaates dem Maßstab der Niederlassungsfreiheit unterliegen soll. Niederlassungsfreiheit wird also nicht nur als Niederlassungsgleichheit verstanden, sondern als umfassendes Freiheitsrecht. Das Schranken- oder Rechtfertigungssystem orientiert sich dabei an der Struktur des Art. 30 EG, der für den EuGH Ausgangspunkt der Entwicklung einer allgemeinen Schrankenlehre war:[212] Danach ist eine Beschränkung einer Grundfreiheit gerechtfertigt, wenn diese einen mit dem Vertrag zu verein-

---

211 EuGH, Rs. 271/82, Slg. 1983 - 8, S. 2727 ff., Tz. 19.

212 Vgl. Rs. C – 19/92, Slg. 1993 - 3, S. I - 1663, Tz. 32 (Kraus); EuGH, Rs. C – 55/94, Slg. 1995, S. I -4921, Tz. 104 (Bosman); Rs. C – 55/94, Slg. 1995 - 11, S. I - 4196, Tz. 37 (Gebhard).

barenden Zweck verfolgt und aus zwingenden Gründen des Allgemeininteresses gerechtfertigt ist. In diesem Fall müßte aber außerdem die Anwendung dieser Regeln geeignet sein, die Verwirklichung des verfolgten Zwecks zu gewährleisten und dürfte nicht über das hinausgehen, was zur Erreichung dieses Zweckes erforderlich ist. Der Aufnahmestaat kann sich also dann nicht auf höhere Interessen berufen, wenn die nationale gesetzliche Regelung mit dem Verhältnismäßigkeitsgrundsatz nicht im Einklang steht. Er kann sich ferner nicht auf höherrangige Interessen berufen, wenn der Regelungsbereich Gegenstand einer Rechtsvereinheitlichung geworden ist, da in diesem Fall das sekundäre europäische Recht dem nationalen Recht vorgeht.

Der Rechtsprechung des EuGH ist nicht zu entnehmen, ob der EuGH in der Niederlassungsfreiheit lediglich ein Diskriminierungsverbot oder bereits ein Beschränkungsverbot sieht. Der EuGH geht in vielen Entscheidungen von einem Anspruch auf Inländergleichbehandlung aus,[213] es gibt Urteile, die sich gegen eine Ausweitung des Freiheitsbereichs aussprechen,[214] Urteile mit insoweit unklaren Ausführungen[215], aber auch Urteile, die sich mit dem Anspruch auf Inländergleichbehandlung nicht mehr erklären lassen.[216] Da unter Berücksichtigung der Rechtsprechung des EuGH nicht auszuschließen ist, daß die Niederlassungsfreiheit in Zukunft als Beschränkungsverbot ausgelegt wird, weil eine solche Interpretation integrationsfördernd

---

213 Vgl. etwa EuGH, Rs. 2/74, Slg. 1974, S. 631 ff., Tz. 16/20 (Reyners); Rs. 270/83, Slg. 1986, S. 273 ff. Lehrsatz 1 (Kommission/Frankreich - Besteuerung von Zweigniederlassungen).

214 Vgl. EuGH, Rs. 198/96, Slg. 1987 - 10, S. 4469 ff., Tz. 9 ff. (Conradi); Rs. 221/85, Slg. 1987 - 2, S. 719 ff., Tz. 9 ff. (Kommission/Belgien - Laboratorien).

215 Vgl. EuGH, Rs. 292/86, Slg. 1988 - 1, S. 111 ff., Tz. 24 ff.; vgl. aber auch Tz. 25 (Gullung); Rs. C - 61/89, Slg. 1990 - 9, S. I - 3551 ff., Tz. 9 ff.(Bouchoucha).

216 Vgl. hierzu den Überblick bei Steindorff (Anm. 207), in: EuR 1988, S. 22 ff.; Schnichels (Anm. 202), S. 108 ff.; vgl. EuGH, Rs. 107/83, Slg. 1984 - 7, S. 2971 ff. (Klopp); Rs. C - 106/91, Slg. 1992 - 3, S. I - 2351 ff., Tz. 20 f. und LS 1 (Ramrath); EuGH, Rs. 96/85, Slg. 1986 - 4, S. 1475 ff. (Commission/ Frankreich - Doppelzulassung von Ärzten und Zahnärzten); EuGH, Rs. 55/94, NJW 1996, S. 579 (Gebhard).

wirkt und dem organisationsrechtlichen Grundsatz des „effet utile"[217] Genüge tut, soll jedenfalls neben der Diskussion eines Diskriminierungsverbots auch geklärt werden, welche Reichweite der Niederlassungsfreiheit als Beschränkungsverbot zukommt.

Eine Verletzung der Niederlassungsfreiheit als Beschränkungsverbot durch die Pflichtmitgliedschaft kommt nicht in Betracht, wenn man diese in erster Linie als mit der Zuweisung von demokratischen Partizipationsrechten verbundene begünstigende Rechtsposition begreift, da es damit überhaupt an einer abstrakten Beschränkung fehlt. Zu der Annahme einer Beschränkung könnte man aber dann kommen, wenn man die Pflichtzugehörigkeit zur Industrie- und Handelskammer und die damit verbundenen mitgliedschaftlichen Belastungen als Beschränkung der Niederlassungsfreiheit begreift. Hier ist insbesondere die Beitragspflicht, die als Belastung empfunden wird, relevant. Ob die Erhebung von öffentlich-rechtlichen Beiträgen im Zusammenhang mit der Ausübung eines Berufes als Beschränkung der Niederlassungsfreiheit zu qualifizieren ist, hängt davon ab, ob man der Beitragszahlung einen sachlich erheblichen Einfluß auf die Berufstätigkeit zuschreibt. Wegen der geringen Höhe der Kammerbeiträge bestehen hier aber Zweifel. Bedenkt man, daß Beiträge für Gegenleistungen der Verwaltung erbracht werden, so dürfte die Annahme einer Beschränkung wie oben bei der Diskussion der Berufsfreiheit ausscheiden.[218] Das Vorliegen einer Beeinträchtigung der durch Art. 43 EG garantierten Niederlassungsfreiheit durch die gesetzliche Pflichtmitgliedschaft und insbesondere der damit verbundenen Beitragspflicht ist damit zu verneinen.

Bei Bejahung einer Beschränkung des Art. 43 EG bestünde ein Rechtfertigungsgrund. Die Pflichtmitgliedschaft wäre damit zu rechtfertigen, daß die Kammern mit ihrer Pflichtmitgliedschaft dem Allgemeinwohl dienen. Die Europäische Union bekennt sich ferner in

---

217 Er besagt, daß Bestimmungen in Gründungsverträgen internationaler Organisationen weit auszulegen sind, wenn es zur Erreichung eines der Organisation vorgegebenen Vertragsziels erforderlich ist; vgl. Seidl-Hohenveldern, Ignaz, Recht der Internationalen Organisationen einschließlich der supranationalen Gemeinschaften, 4. Aufl. 1984, S. 248, Rdnr. 1602.

218 So auch Kluth (Anm. 94), S. 33.

Art. 5 Abs. 1 EU zum demokratischen Prinzip, fordert in Art. 1 Abs. 2 EU, daß Entscheidungen möglichst bürgernah getroffen werden und macht in Art. 19 EG die Zuweisung von demokratischen Partizipationsrechten an die Unionsbürger auf kommunaler Ebene den Mitgliedstaaten zur Pflicht. Damit kann an der Vertragskonformität der mit der Pflichtmitgliedschaft in den Industrie- und Handelskammern verfolgten Zielsetzung kein Zweifel bestehen.[219] Die Pflichtmitgliedschaft wäre jedenfalls gerechtfertigt. Die Entscheidung des EuGH in der Rechtssache Auer bestätigt dieses Ergebnis, wenn es dort heißt, daß das Erfordernis der Pflichtmitgliedschaft bei Berufsverbänden oder Körperschaften als rechtmäßig anzusehen sei, da damit schutzwürdige Rechtsgüter gewährleistet werden sollen.[220]

3. *Bestätigung der Europarechtmäßigkeit der Pflichtmitgliedschaft durch jüngste Entscheidungen*

Die Pflichtmitgliedschaft ist in jüngerer Zeit abermals auch in bezug auf ihre Vereinbarkeit mit Gemeinschaftsrecht bestätigt worden. Die Pflichtmitgliedschaft ist sowohl mit Art. 11 Abs. 1 der Konvention zum Schutze der Menschenrechte und Grundfreiheiten als auch mit Art. 20 Abs. 2 der Allgemeinen Erklärung der Menschenrechte der Vereinten Nationen vereinbar.[221]

Die Pflichtmitgliedschaft nach § 2 Abs. 1 IHKG verstößt nicht gegen die gemeinschaftsrechtliche Niederlassungsfreiheit (Art. 43 EG), nicht gegen die in Art. 49 EG geregelte Dienstleistungsfreiheit und nicht gegen das Kartellverbot in Art. 81 EG.[222] Selbst wenn die Pflichtmitgliedschaft ausländischer Unternehmen gegen die Niederlassungsfreiheit ausländischer Unternehmen verstieße, hätte dies nicht zur Folge, daß auch die Pflichtmitgliedschaft inländischer Un-

---

219 Vgl. Kluth (Anm. 94), S. 33.

220 EuGH, Rs. 271/82, Slg. 1983 - 8 , S. 2727 ff., Tz. 18 (Auer).

221 Vgl. VG Freiburg vom 16.09.1999, 5 K 1467/97; VG Würzburg vom 12.07.2000, W 6 K 99.1246 und W 6 K 99,1247, vom 08.11.2000, W 6 K 00.819.

222 VG Gießen vom 05.08.1999, 8 G 956/99; VGH Mannheim vom 15.05.2000, 14 S 353/00, NVwZ 2000, S. 1313.

ternehmen verfassungswidrig wäre.[223] Aus dem EuGH-Urteil vom 3. Oktober 2000 zur Handwerkskammerzugehörigkeit[224] folgt nichts anderes. Zwar hat der EuGH in diesem Verfahren entschieden, daß die deutsche Handwerksrollenpflicht eines ausländischen Anbieters von Estricharbeiten gegen die Dienstleistungsfreiheit (Art. 49 EG) verstoße. Die Entscheidung kann jedoch gerade nicht auf die IHK-Pflichtmitgliedschaft (§ 2 Abs. 1 IHKG) übertragen werden, weil die IHK-Zugehörigkeit nicht schon bei Erbringung einer Dienstleistung (eines ausländischen Anbieters) in Deutschland eintritt, sondern an das Vorhandensein einer gewerblichen Niederlassung oder Betriebsstätte im Kammerbezirk anknüpft (§ 2 Abs. 1 IHKG). Gerade das Fehlen dieser Differenzierung hatte der EuGH in seiner Entscheidung als maßgeblich für den Verstoß der Handwerksrollenpflicht gegen den EUV bezeichnet.[225] Das IHK-Gesetz beschränkt oder erschwert die Niederlassung ausländischer Unternehmen in Deutschland also nicht, sondern knüpft nur an eine erfolgte Niederlassung organisationsrechtliche Konsequenzen;[226] das IHK-Gesetz behandelt also in- und ausländische Gewerbetreibende gleich, weswegen auch ein Verstoß gegen Art. 3 Abs. 1 GG ausscheidet.

C. Schlußbetrachtung

Die Pflichtmitgliedschaft in der Industrie- und Handelskammer ist verfassungsrechtlich und europarechtlich also nicht zu beanstanden. Bei Überschreitung des gesetzlichen Aufgabenkatalogs und damit verbundener zweckwidriger Mittelverwendung hat das einzelne Kammermitglied allerdings gegen die Industrie- und Handelskam-

---

223 OVG Münster vom 10.08.1999, 4 A 5598/97; VGH Mannheim vom 15.05. 2000, 14 S 353/00, NVwZ 2000, S. 1313.

224 EuGH, C – 58/98. Siehe in diesem Zusammenhang zur Verfassungsmäßigkeit des Befähigungsnachweissystems in Österreich Österr. VerfGH vom 09.12. 1999, G 42/99, V 18/99-11, G 135/99, V 77/99-8, GewArch 2000, S. 113.

225 EuGH vom 03.10.2000, C-58/98, Tz. 43 – 45.

226 VG Stuttgart vom 07.12.1999, 4 K 2459/99 und 4 K 2967/99.

mer einen Unterlassungsanspruch nach Art. 2 Abs. 1 GG.[227] Zum Katalog zulässiger, beitragsfinanzierter Aufgabenerledigung durch die Industrie- und Handelskammer zählt auch die kostenlose Beratung von IHK-Mitgliedsunternehmen; dies schließt auch Rechtsberatung ein.[228]

Es ist allein eine Frage der Politik, ob man sich für eine Beibehaltung des Kammersystems mit einer Pflichtmitgliedschaft entscheidet. Die Gegner des Kammersystems und der Pflichtmitgliedschaft tragen vor, daß es näherliegend wäre, die Kammern dem freien Wettbewerb auszusetzen, da sich dann sehr schnell zeigen würde, welche Produkte und welches Programm nachgefragt werde. Wettbewerb würde die inneren Verbandsstrukturen ergänzen und Fehlentwicklungen kontrollieren, insbesondere auch dadurch, daß von verbandsoffiziellen Positionen abweichende Interessen deutlich würden. Dagegen kann vorgetragen werden, daß man in einem System freier Verbände in der Regel wegen der Behauptung des Stärkeren nicht zwischen mehreren Organisationen würde wählen können, so daß ein Konkurrenzdruck und ein Wettbewerb in den meisten Fällen gar nicht vorkäme. Der einzelne würde nur vor der Alternative stehen, Mitglied oder Nichtmitglied eines privaten Verbandes zu werden. Da der Einfluß des privaten Verbandes um so größer ist, je mehr Mitglieder er hat, würde ein solcher Verband nur dann effektiv handeln können, wenn sich möglichst viele diesem Verband anschließen würden, was keineswegs zwingend der Fall sein wird. Vielmehr ist damit zu rechnen, daß sich viele Unternehmer die Mitgliedsbeiträge sparen und damit einem solchen Verband fernbleiben in der Hoffnung, die Mitglieder des Verbandes, also die anderen, würden sich für die Interessen der Gewerbetreibenden einsetzen. Die Privatisierung hätte ferner nicht *mehr*

---

227 VG Stuttgart vom 07.12.1999, 4 K 2459/99 und 4 K 2967/99; VG Ansbach vom 13.07.2000, AN 4 K 00.00701; VGH München vom 17.11.1999, 22 B 99.1063, GewArch 2000, S. 60 ff. Zur Aufgabenüberschreitung einer Ärztekammer siehe OVG Münster vom 09.12.1999, 8 A 395/97, GewArch 2000, S. 378: Ein Mitglied einer Ärztekammer kann gem. Art. 2 Abs. 1 GG den Austritt der Ärztekammer aus einem Verein verlangen, wenn die Vereinsmitgliedschaft den Aufgabenkreis der Kammer überschreitet. Die Entscheidung wurde bestätigt durch BVerwG vom 04.05.2000, 1 B 25.00.

228 LG Frankfurt/Oder vom 03.08.2000, 32 O 48/00.

Freiheit zur Folge zur Folge, sondern *mehr* staatliche Reglementierung, da die Gewerbetreibenden nicht länger in der Lage wären, ihre Angelegenheiten umfassend selbst zu regeln. Die Konzentration aller Mitglieder eines Berufsstandes in einem einzigen öffentlich-rechtlichen Interessenverband hingegen erhöht dessen Einflußmöglichkeiten auf staatlicher und europäischer Ebene. Ein Konkurrenzverhältnis zwischen zwei oder gar mehreren Verbänden würde jeden von ihnen schwächen und deren Einflußmöglichkeiten reduzieren.

Verfassungsrechtlich und europarechtlich ist eine Abschaffung der Industrie- und Handelskammern nicht geboten.[229] Es erscheint angesichts der gefestigten Rechtsprechung nicht sinnvoll, die Zwangsmitgliedschaft überhaupt rechtlich zu bekämpfen. Es ist allerdings mit der Entscheidung des Bundesverfassungsgerichts nicht festgeschrieben, daß der deutsche Staat das System der Pflichtmitgliedschaft aufrecht erhalten müsse. Wie auf anderen Gebieten, so wäre auch hier der Staat nicht gehindert, zu anderen Regelungen überzugehen. Das wäre dann aber keine Frage des Rechts, keine Frage der Rechtmäßigkeit des bisherigen Systems, über welche die Gerichte zu entscheiden hätten, sondern eine Frage der Rechtspolitik, des gesetzgeberischen Ermessens des Deutschen Bundestags.[230]

---

229 Die Partei Bündnis 90/Die Grünen fordern sie allerdings in ihrem Gesetzesentwurf; BT-Drs. 13/6063.

230 Vgl. hierzu Stober, Rolf, Wirtschaftliche Selbstverwaltung durch Handelskammern in Deutschland und Europa, in: DÖV 1993, S. 333 ff.

PROFESSOR DR. HANS-DETLEF HORN

Grundstrukturen der staatlichen Wirtschafts- und Finanzdienstleistungsaufsicht

– mit Ausblicken auf die europäische Rechtsentwicklung zur Beaufsichtigung von Versicherungsvermittlern und Allfinanzstrategien –

I. Warum und zu welchem Ende wacht der Staat über die Wirtschaft?

1. Begriff der Wirtschaftsaufsicht

Unter Wirtschaftsaufsicht oder Wirtschaftsüberwachung[1] versteht man allgemein die rechtlich geordnete Beaufsichtigung von Wirtschaftstreibenden – das sind alle (privaten und öffentlichen) Hersteller, Anbieter oder Verteiler von Gütern oder Dienstleistungen – durch staatliche oder auch supranationale (europäische) Instanzen mit dem

---

1 Die Verwendung des Aufsichtsbegriffs wird in der Literatur zum Teil als mißverständlich oder gar irreführend kritisiert und statt dessen der Begriff der Überwachung bevorzugt, vgl. z. B. *Gröschner*, Das Überwachungsrechtsverhältnis, 1992, S. 46 ff.; *Stober*, Allgemeines Wirtschaftsverwaltungsrecht, 12. Aufl. 2000, § 29 I 2. Überwiegend wird jedoch am (Ober-)Begriff der Wirtschaftsaufsicht festgehalten (z. B. dezidiert *Ehlers*, Ziele der Wirtschaftsaufsicht, 1997, S. 3 f. m.w.N.; *Schmidt*, Wirtschaftspolitik, Wirtschaftsverwaltungsorganisation, Wirtschaftsförderung, in: Achterberg/Püttner/Würtenberger, Hrsg., Besonderes Verwaltungsrecht, Band I, 2. Aufl. 2000, § 1 Rn. 142; *Badura*, Wirtschaftsverwaltungsrecht, in: Schmidt-Aßmann, Hrsg., Besonderes Verwaltungsrecht, 11. Aufl. 1999, Rn. 74 ff.; *Mösbauer*, Staatsaufsicht über die Wirtschaft, 1990), wobei für seine Verwendung allerdings klar steht, daß damit weder die Aufsicht des überwundenen, umfassend die Geschicke des Menschen bestimmenden Wohlfahrtsstaates gemeint ist noch die sog. Staatsaufsicht, die nicht die Teilnehmer am allgemeinen Wirtschaftsverkehr, sondern innerhalb der Staatsverwaltung die Kontrolle der handelnden Behörden zum Gegenstand hat. Diese tritt vielmehr zur allgemeinen Wirtschaftsaufsicht hinzu, sofern der Staat als Wirtschaftssubjekt auftritt, wie etwa im Fall der als Anstalten des öffentlichen Rechts verfaßten kommunalen Sparkassen.

Ziel, die Wirtschaftstreibenden mit bestimmten Maßstäben in Übereinstimmung zu bringen und zu halten.[2]

Staatliche Rechtsmacht

Charakteristikum einer so verstandenen Beaufsichtigung ist, daß sie über eine bloße Beobachtung und steuernde Einflußnahme hinausgeht, vielmehr auch die Rechtsmacht einschließt, das Objekt der Aufsicht mit imperativen Mitteln, d. h. mit Befehl und Zwang, zur Erreichung und Wahrung der gesetzten Maßgebung anzuhalten, ohne dabei jedoch umzuschlagen in eine Anweisung oder Leitung der wirtschaftlichen Betätigung; innerhalb der aufsichtlichen Vorgaben bleibt es bei der Eigenverantwortung des handelnden Marktteilnehmers.[3] Mit der Bezugnahme auf den Wirtschaftstreibenden (als Person) und seinen Wirtschaftsbetrieb unterscheidet sich die staatliche Wirtschaftsaufsicht auch von der Wirtschaftspolitik (Haushalts-, Finanz-, Konjunktur-, Währungs-, Außenwirtschaftspolitik), durch die der Staat übergreifend ordnungs- und strukturpolitische Ziele verfolgt und Weichen stellt.

2. *Grund der Wirtschaftsaufsicht*

Indes erhebt sich die Frage: Warum und zu welchem Ende wacht der Staat über die Wirtschaft? Wozu benötigt man überhaupt eine staatliche Wirtschaftsaufsicht? Bedeutet nicht freie Marktwirtschaft und freier Wettbewerb gerade Staatsferne, Unabhängigkeit von staatlichen Ingerenzen?

---

2 Vgl. *Bullinger*, Staatsaufsicht in der Wirtschaft, VVDStRL 22 (1965), S. 264 ff. (286, 324); *Mösbauer*, Fußn. 1, S. 5 f.; *Ehlers*, Fußn. 1, S. 4, 77, mit Hinweis auf *Triepel*, Die Reichsaufsicht, 1917, S. 111; *Schmidt*, Fußn. 1, § 1 Rn. 142.

3 Vgl. *Ehlers*, Fußn. 1, S. 5; *Mösbauer*, Fußn. 1, S. 6 f.

Wirtschaftliche Betätigungsfreiheit

In unserer Wirtschafts- und Gesellschaftsordnung ist jeder einzelne grundsätzlich frei, seine persönliche wie berufliche Lebensführung nach seinem Dafürhalten zu gestalten. Das umfaßt auch die wirtschaftliche Betätigung. Berufs- und Gewerbefreiheit sind ausdrücklich grundrechtlich gewährleistet (Art. 12 GG), ebenso die unternehmerische Handlungs-, die Wettbewerbs- und die Vertragsfreiheit (Art. 2 Abs. 1 GG) sowie die Eigentumsgarantie (Art 14 GG).[4] Auch aus wirtschaftswissenschaftlicher Sicht soll sich der Markt durch Angebot und Nachfrage, also durch freien Wettbewerb auf freien Märkten, selbst regulieren. In einem solchen „vollkommenen Markt" hat aber eine wie auch immer geartete staatliche Kontrolle nichts zu suchen.[5]

---

4 Jedoch enthält das Grundgesetz keine (den Gesetzgeber verpflichtende) Festlegung auf ein bestimmtes Wirtschaftssystem, auch nicht auf die freie und soziale Marktwirtschaft. Es hat die Frage der Wirtschaftsverfassung vielmehr bewußt offen gelassen, um dem demokratischen Gesetzgeber im Rahmen des verfassungsgebotenen Freiheitsschutzes einen dahingehenden Entscheidungs- und Gestaltungsspielraum zu lassen; in diesem Sinne ist das Grundgesetz „wirtschaftspolitisch neutral", wie es das Bundesverfassungsgericht im Investitionshilfe-Urteil von 1954 grundlegend entschieden hat (BVerfGE 4, 7/17 f.; vgl. auch E 50, 290/336 ff.). Dazu *Badura*, Grundprobleme des Wirtschaftsverfassungsrechts, JuS 1976, S. 205 ff.; *ders.*, Staatsziele und Garantien der Wirtschaftsverfassung in Deutschland und Europa, in: FS für Stern, 1997, S. 409 ff.; *Stern*, Das Staatsrecht der Bundesrepublik Deutschland, Band III/1, 1988, S. 880 ff.; *Papier*, Grundgesetz und Wirtschaftsordnung, in: Benda/Maihofer/Vogel (Hrsg.), Handbuch des Verfassungsrechts, 2. Aufl. 1994, § 18 Rn. 1 ff.; *Schmidt*, Staatliche Verantwortung für die Wirtschaft, in: Isensee/Kirchhof (Hrsg.), Handbuch des Staatsrechts der Bundesrepublik Deutschland (HStR), Band III, 2. Aufl. 1996, § 86 Rn. 12 ff. Zur Frage einer europäischen Wirtschaftsverfassung siehe unten, Fußn. 16.

5 *Hanusch/Kuhn*, Einführung in die Volkswirtschaftslehre, 3. Aufl., 1994, S. 95.

Marktversagen

Doch schon die Volkswirtschaftslehre muß feststellen, daß es solche „vollkommenen Märkte“ in der Realität fast nirgendwo gibt.[6] Das hat die Einsicht befördert, daß sich auf dem freien Markt nicht alles von alleine regelt.[7] Soll der wirtschaftliche Wettbewerb auf Dauer funktionieren und soll er zumindest die menschlichen Grundbedürfnisse befriedigen, darf es kein Gewinnstreben um jeden Preis und kein Agieren gegen die Belange der Allgemeinheit geben. Wenn das freie Spiel der Marktkräfte in diesem Sinne fehl geht, spricht die Volkswirtschaftslehre von „Marktversagen“.[8]

Staatliche Verantwortung für die Wirtschaft

Hier greift die Globalverantwortung des Staates für „seine“ Volkswirtschaft.[9] Staatstheoretisch gründet diese Verantwortung in der Rechtfertigung des Staates aus seinen Zwecken, zu allererst aus seiner Dienerschaft für das Gemeinwohl: Der Staat ist nicht um seiner selbst, sondern um der Menschen willen da. Das Wohl des Gemeinwesens als Ganzes und das seiner Glieder ist das „allgemeinste Leitbild, das die Staatsethik dem staatlichen und politischen Handeln aufweist“. Es bildet den „Grundlagenbegriff zur Legitimation staatlichen Handelns“, weil sich die Menschen – im Sinne der Lehre vom Gesellschaftsvertrag – nur zur Sicherung und Erfüllung dieser überindividuellen Belange ihres unvermeidlichen Beieinanderlebens zu einer staatlichen Gemeinschaft und nicht bloß gesellschaftlichen Gruppe miteinander verbunden haben.[10]

---

6 *Hanusch/Kuhn*, Fußn. 5, S. 95 ff.; *Baumbach/Hefermehl*, Wettbewerbsrecht, 21. Aufl. 1999, Allg. Rn. 14 (S. 58).

7 Vgl. auch *Bartling/Luzius*, Grundzüge der Volkswirtschaftslehre, 5. Aufl. 1986, S. 36 ff., 98 ff.

8 *Hanusch/Kuhn*, Fußn. 5, S. 95; für den Bereich der Energieversorgung: *Danner*, Energiewirtschaftsrecht, Band I, Stand: Juli 2001, § 3 Rn. 4.

9 *Stober*, Fußn. 1, § 2 I 1; *Schmidt*, Fußn. 4, § 83 Rn. 27 ff.; allgemein *Saladin*, Verantwortung als Staatsprinzip, 1984, insbes. S. 132 ff.

10 *Isensee*, Gemeinwohl und Staatsaufgaben im Verfassungsstaat, in: Isensee/Kirchhof (Hrsg.), HStR, Band III, 2. Aufl. 1996, § 57 Rn. 2; *Häberle*, Die Gemeinwohlproblematik in rechtswissenschaftlicher Sicht, Rechtstheorie 14,

Zur Gemeinwohlverantwortung des Staates gehört auch und besonders die Sorge um die Wirtschaft. Deren Funktionsfähigkeit[11] zur Deckung des Bedarfs an Gütern und Dienstleistungen ist für die Existenz, den Wohlstand und den Fortschritt eines Staatsvolkes von fundamentaler Bedeutung. Daraus erwächst dem Staat die Aufgabe, den wirtschaftlichen Verkehr zu ordnen, d. h. ihm bestimmte „Spielregeln" zu geben und deren Einhaltung zu überwachen.[12] Die wirtschaftliche Handlungsfreiheit eines jeden Unternehmers muß zum Wohle und des gedeihlichen Fortschritts aller mit den berechtigten Interessen eines jeden anderen und der Allgemeinheit in Einklang gebracht werden.[13]

Gestaltungsspielraum des demokratischen Gesetzgebers

Welche Interessen und Belange das konkret sind, läßt sich der abstrakten Gemeinwohlmaxime freilich noch nicht entnehmen. Sie im einzelnen zu definieren, fällt im demokratischen Rechtsstaat prinzipiell in die Kompetenz des parlamentarischen Gesetzgebers. Ihm kommt dabei ein weiter Einschätzungs- und Beurteilungsspielraum

---

S. 257 ff. (275); *Horn*, Staat und Gesellschaft in der Verwaltung des Pluralismus, Die Verwaltung 26 (1993), S. 545 ff. (548 f.): „kategorischer Gemeinwohlimperativ des Verfassungsstaates".

11 Vgl. hierzu ganz besonders die Verpflichtung der staatlichen Haushaltswirtschaft auf die Erfordernisse des gesamtwirtschaftlichen Gleichgewichts in Art. 109 Abs. 2 GG, die § 1 StabG in den Koordinaten des sog. magischen Vierecks konkretisiert: Stabilität des Preisniveaus, hoher Beschäftigungsstand, außenwirtschaftliches Gleichgewicht, stetiges und angemessenes Wirtschaftswachstum.

12 Auch Staatssysteme, die sich nicht zur republikanischen Gemeinwohlidee bekennen, wissen – aus anderen Gründen – um die Notwendigkeit einer funktionierenden Wirtschaft. Insofern verzichtet kein Staat auf eine staatliche Wirtschaftsverwaltung, auch wenn sie nicht republikanisch gesinnt ist, sondern einem ideologischen Programm innerweltlicher Heilsversprechung entspringt.

13 *Schmidt*, Öffentliches Wirtschaftsrecht – Allgemeiner Teil, 1990, S. 338 f.; *Stober*, Fußn. 1, § 29 I 1.

zu, d. h.: es ist prinzipiell seine Sache, die Wirtschaftsordnung zu gestalten.[14]

Rechtliche Grenzen

Allerdings ist dieser Spielraum nicht grenzenlos. Vielmehr muß sich der Gesetzgeber im Rahmen der höherrangigen Vorgaben des Verfassungs- und des Europäischen Gemeinschaftsrechts halten.[15] Namentlich die Grundrechte und Grundfreiheiten[16] verpflichten ihn zur Wahrung des Verhältnismäßigkeitsgrundsatzes.[17] Die wirtschaftlichen Handlungsfreiheiten dürfen nicht mehr als notwendig eingeschränkt werden. Mit anderen Worten: Die „Spielregeln" dürfen nicht „über das Ziel hinausschießen" – eine Maxime, die nicht nur von

---

14 Insofern die Maßnahmen der Wirtschaftsaufsicht die grundrechtlich geschützten Betätigungsfreiheiten der Wirtschaftstreibenden beschränken, folgt die Zuständigkeit des parlamentarischen Gesetzgebers zur Festlegung der Zielsetzungen der Wirtschaftsaufsicht nicht nur aus dem allgemeinen demokratischen Prinzip, sondern auch aus den Regeln des Gesetzes- bzw. Parlamentsvorbehalts, nach denen der Gesetzgeber die wesentlichen, namentlich grundrechtsrelevanten Entscheidungen selbst zu treffen hat. Vgl. dazu aus der Rspr. grundlegend BVerfGE 49, 89/126 f.; aus der Lit. *Ossenbühl*, Vorrang und Vorbehalt des Gesetzes, in: Isensee/Kirchhof (Hrsg.), HStR, Band III, 2. Aufl. 1996, § 62; analytisch *Horn*, Die grundrechtsunmittelbare Verwaltung, 1999, S. 21 ff., 43 ff. (Nachw.).

15 Der Vorranganspruch des Verfassungsrechts folgt aus Art. 1 Abs. 3 und 20 Abs. 3 GG, der des Gemeinschaftsrechts aus Art. 10, 249 EGV i.V.m. dem deutschen Zustimmungsgesetz und der Integrationsermächtigung in Art. 23 Abs. 1 GG.

16 Freiheit des (grenzüberschreitenden) Waren-, Personen-, Dienstleistungs- und Kapitalverkehrs (Art. 9 ff., 28 ff., 39 ff., 43 ff., 49 ff., 56 ff. EGV); ferner das allgemeine Diskriminierungsverbot des Art. 12 EGV. Zudem enthält das Gemeinschaftsrecht eine klare Aussage zur Wirtschaftsverfassung des europäischen Binnenmarktes. Es betont an mehreren Stellen den „Grundsatz der offenen Marktwirtschaft mit freiem Wettbewerb" (Art. 4, 98, 105 EGV) und erteilt dadurch der Zentralverwaltungswirtschaft eine deutlichere Absage als das Grundgesetz (vgl. oben, Fußn. 4). Wegen des Anwendungsvorrangs des Gemeinschaftsrechts vor dem nationalen (Verfassungs-)Recht relativiert sich dadurch die These von der „wirtschaftspolitischen Neutralität" der grundgesetzlichen Verfassungsordnung (i.e. umstr.).

17 Dazu im vorliegenden Zusammenhang *Ehlers*, Fußn. 1, S. 25 ff.; *Badura*, Fußn. 1, Rn. 38 ff.; *Stober*, Fußn. 1, § 7 IV.

Rechts wegen die staatliche Wirtschaftsaufsicht programmiert, sondern an die bekanntlich auch in der politischen Diskussion um den Wirtschaftsstandort Deutschland immer wieder erinnert wird, wenn von Überregulierung und übermäßiger Bürokratisierung die Rede ist.

Rechtliche Vorgaben

Andererseits gibt es aber auch eine Menge von Belangen und Rechtsgütern, um deren besonderen Schutz sich der Gesetzgeber entweder kümmern muß, weil sie von überragender Bedeutung sind, oder um die er sich jedenfalls kümmern darf, weil sie legitime Anliegen oder Zwecke verfolgen. Dabei kommt der höherrangigen Rechtsordnung wiederum eine maßgebende Bedeutung zu. Denn sie setzt der staatlichen Wirtschaftsaufsicht keineswegs nur Grenzen, sondern sie enthält ebenso Ziel- oder Handlungsgebote, die dem Gesetzgeber bei der Ausgestaltung der Wirtschaftsaufsicht die Richtung weisen.

Zielbestimmungen

Hierzu zählen zum einen die sog. Staatszielbestimmungen des Grundgesetzes wie insbesondere das Sozialstaatsprinzip und das Umweltschutzziel (Art. 20 Abs. 1, 20 a, 28 Abs. 1 GG).[18] Wesentlich umfangreicher ist die Zahl der Zielsetzungen im Vertragsrecht der Europäischen Gemeinschaft. Schon die beiden Grundsatzartikel 2 und 3 EGV – an sie knüpfen viele weitere Vertragsnormen an – legen die Gemeinschaft u.a. darauf fest, eine nachhaltige Entwicklung des Wirtschaftslebens zu fördern, den Wirtschaftsverkehr innerhalb des Binnenmarktes von Hindernissen zu befreien und den Wettbewerb vor Verfälschungen zu schützen, ein hohes Maß an sozialem Schutz

---

[18] Von besonderer Bedeutung für die staatliche Wirtschaftsaufsicht über die Rüstungsindustrie ist das aus Art. 26 GG in Verbindung mit weiteren Bestimmungen des Grundgesetzes abzuleitende Friedensgebot. Es verpflichtet den Staat nicht nur im Wege einer relativ weiten Staatszielbestimmung, sondern in der Form eines konkreten Verfassungsauftrags dazu, die gesetzlichen Regelungen für die Herstellung, Beförderung und das Inverkehrbringen von Kriegswaffen so restriktiv zu gestalten, daß dem Friedensgebot Rechnung getragen wird. Vgl. dazu *Ehlers*, Fußn. 1, S. 19 f. m.w.N.

wie an Umweltschutz anzustreben, ein hohes Gesundheitsschutzniveau zu erreichen und den Verbraucherschutz zu verbessern.

Grundrechte als staatliche Schutzpflichten

Richtungsweisend und handlungsanleitend wirken zum anderen die Grundrechtsnormen. Denn sie vermitteln – nach der heute geläufigen Lehre von den Dimensionen der Grundrechte – nicht nur subjektive Abwehrrechte, die jegliches staatliche Handeln in ihrem Schutzbereich dem Zwang zur Rechtfertigung aus legitimen Allgemeininteressen und dem Gebot der Verhältnismäßigkeit unterwerfen, sondern sie enthalten als Normen des objektiven Rechts auch positive Maßgaben, die den Staat im Rahmen des Möglichen dazu verpflichten, die notwendigen Bedingungen dafür zu schaffen, daß die grundrechtlich geschützten Rechtsgüter auch tatsächlich Wirklichkeit werden.[19] Das umschließt auch die Pflicht, die grundrechtlichen Schutzgüter vor rechtswidrigen Übergriffen durch Dritte zu bewahren.[20]

So muß der Staat z. B. die in Art. 12 GG garantierte Berufsfreiheit – nichts anderes gilt etwa für das Grundrecht auf Leben und Gesundheit in Art. 2 Abs. 2 GG – nicht nur als Schranke seiner eigenen Absichten beachten, sondern er muß bei der Ausformung der Wirtschaftsaufsicht auch dafür Sorge tragen, daß diese Rechte im Wirtschaftsverkehr nicht durch andere Marktteilnehmer verletzt werden. Ein Beispiel dafür ist die Kartellgesetzgebung. Sie macht besonders deutlich, daß staatliche Rechtsetzung und Aufsicht im Bereich der

---

19 Grundlegende Entscheidung: BVerfGE 7, 198/205 f.; aus der Lit. *Hesse*, Grundzüge des Verfassungsrechts der Bundesrepublik Deutschland, 20. Aufl. 1995, Rn. 279 ff.; *ders.*, Bestand und Bedeutung der Grundrechte, in: Benda/Maihofer/Vogel (Hrsg.), Handbuch des Verfassungsrechts, 2. Aufl. 1994, § 5 Rn. 13 ff.; *Böckenförde*, Zur Lage der Grundrechtsdogmatik nach 40 Jahren Grundgesetz, 1989; *Dreier*, Dimensionen der Grundrechte, 1993; *Stern*, Idee und Elemente eines Systems der Grundrechte, in: Isensee/Kirchhof (Hrsg.), HStR, Band V, 2. Aufl. 2000, § 109 Rn. 7 ff., 14 ff., 22 ff.

20 Grundlegende Entscheidung zur grundrechtlich radizierten Schutzpflicht des Staates BVerfGE 39, 1/41 ff.; aus der Lit.: *Stern*, Fußn. 4, S. 931 ff.; *Isensee*, Das Grundrecht als Abwehrrecht und als staatliche Schutzpflicht, in: Isensee/Kirchhof (Hrsg.), HStR, Band V, 2. Aufl. 2000, § 111 Rn. 77 ff. (Nachw.); *Alexy*, Theorie der Grundrechte, 2. Aufl. 1994, S. 410 ff.

Wirtschaft nicht allein als Freiheitsbeschränkung begriffen werden darf, sondern zugleich auch freiheitsermöglichenden und freiheitserhaltenden Charakter hat.

Unbeschadet dessen ist jedoch festzuhalten: Auch insoweit der Gesetzgeber in dieser Weise durch höherrangige Zielvorgaben determiniert wird, handelt es sich nicht um derart detaillierte Anweisungen, daß sich die Ausgestaltung der Wirtschaftsaufsicht als bloßes Vollzugswerk darstellt. Das gilt namentlich auch für die grundrechtlichen Schutzpflichten des Staates, die wohl das „Ob" einer Aufgabe normieren, indes nur in Ausnahmefällen auch das „Wie" ihrer Erfüllung aufzeigen. Vielmehr ist es unterhalb der geschilderten Rahmensetzungen Sache der Politik und damit der gesetzgeberischen Entscheidung, die Gründe einzuschätzen und zu gewichten, die eine Aufsicht des Staates über das Wirtschaftsgeschehen notwendig machen.

Internationalisierung der Wirtschaftsüberwachung

Dabei will nur ein Aspekt noch besonders vermerkt sein, der eine zunehmend bedeutsame Rolle spielt. Was die Ausgestaltung der staatlichen Wirtschaftsaufsicht mehr und mehr herausfordert, das sind die Bedingungen der Europäisierung und Globalisierung des Wirtschaftsverkehrs. Weil sich european und global players, weil sich die Mobilität der Produktionsfaktoren Arbeit und Kapital, der weltumspannende Informations-, Geld- und Warenfluß oder der internationale Transportverkehr allzu leicht der in ihrer Reichweite auf das jeweilige Staatsgebiet begrenzten Hoheitsgewalt entziehen, bedarf die staatliche Wirtschaftsaufsicht der Ergänzung durch und der Verflechtung mit grenzüberschreitenden Standards und Instrumentarien, wie sie das Europäische Gemeinschafts- und das Internationale Wirtschaftsverwaltungsrecht, hier vor allem das GATT/WTO-Übereinkommen von 1994 nebst der ihm folgenden multi- und plurilateralen Vereinbarungen, entwickeln. Gerade auch im Kredit-, Versicherungs- und Kapitalmarktgeschäft ist die Loslösung von allen nationalen und regionalen Bedingtheiten und demzufolge das Bedürfnis nach einer grenzüberschreitenden Koordinierung und Harmonisierung der Aufsichtsregeln offenkundig. So sieht sich der nationale Gesetzgeber in den verschiedensten Wirtschaftszweigen mit wachsender

Intensität konfrontiert mit der Notwendigkeit, die Wirtschaftsaufsicht international zu organisieren.[21]

Pluralismus der Aufsichtsziele

Insgesamt gilt es also zu erkennen, daß die Aufsicht des Staates über den freien Wirtschaftsverkehr zahlreiche und ganz verschiedenartige Ziele verfolgen kann. Es ist sogar schon von einem in seiner Vielfalt unüberschaubaren „Aufsichtspluralismus" gesprochen worden.[22] Wir wollen im folgenden gleichwohl versuchen, eine grobe Schneise durch das Dickicht zu schlagen, und einige wesentliche Grundstrukturen der staatlichen Wirtschaftsaufsicht, ihrer Ziele wie ihrer Mittel, herausstellen. Dabei werden zur Veranschaulichung immer wieder einzelne Wirtschaftszweige, ältere und neuere, als Beispiele angeführt und speziell auch dem Bereich der Finanzdienstleistungen ein besonderes Augenmerk gewidmet.

3. Ziele der Wirtschaftsaufsicht

Eine nähere Betrachtung der Ziele der Wirtschaftsaufsicht kann zunächst grobkörnig danach unterscheiden, ob es darum geht, unerwünschte Zustände zu verhindern bzw. zu beseitigen, oder darum, erwünschte Zustände zu erreichen bzw. zu erhalten.[23] Während die letztgenannte Richtung eher ein modernes Element der Wirtschaftsaufsicht markiert, indem sie auf Gestaltung ausgeht, also den Charakter einer staatlichen Wirtschaftslenkung annimmt, gehört die erste, auf Abwehr von bestimmten Mißständen angelegte Richtung historisch einer älteren Bedeutungsschicht an.

---

21 Dazu *Stober*, Fußn. 1, §§ 2 VII, 16 I 1, 16 V, 29 V; *Herdegen*, Internationales Wirtschaftsrecht, 3. Aufl. 2002; zur Internationalisierung im Kreditwesen *Marwede*, in: Boos/Fischer/Schulte-Mattler (Hrsg.), KWG-Kommentar, 2000, § 53 Rn. 120; für das Wettbewerbsrecht: *Baumbach/Hefermehl*, Fußn. 6, 4. Teil, S. 1657 ff.; für das Energiewirtschaftsrecht: *Danner*, Fußn. 8, Einf. Rn. 15 ff.

22 *Mösbauer*, Fußn. 1, S. 587 ff.

23 Vgl. *Ehlers*, Fußn. 1, S. 37 f.

Gefahrenabwehr

Im letztgenannten Sinne bildet die Gefahrenabwehr das klassische Ziel der staatlichen Regelungen zur Überwachung der Wirtschaft. Ihre Wurzeln reichen bis in die Zeit der beginnenden Industrialisierung Mitte des 19. Jahrhunderts zurück, in der sich die Aufgabe der Gefahrenabwehr als notwendiges Korrelat zur Entfaltung des wirtschaftlichen Liberalismus herausgebildet hat. Die gesetzliche Gewährleistung der Gewerbefreiheit für jedermann durch § 1 GewO von 1869[24] ging einher mit wachsenden Schutzbedürfnissen gegenüber den Auswirkungen des Wirtschafts- und Arbeitslebens. Über das allgemeine Polizeirecht hinausgehend trat daher der Freiheit zur wirtschaftlichen Betätigung die Möglichkeit ihrer gesetzlichen Beschränkung zur Seite. Dementsprechend generiert das heute in einer Vielzahl von Gesetzen niedergelegte Wirtschaftsverwaltungsrecht spezielle Ordnungsregeln, die die Verhinderung oder Beseitigung von Schäden zum Ziel haben, die durch die wirtschaftliche Betätigung für andere oder die Allgemeinheit entstehen können.[25] Die einzelnen Schutzgüter sind zumeist in den Wirtschaftsgesetzen ausdrücklich genannt; allgemein gewendet geht es um die Abwehr von Gefahren für die öffentliche Sicherheit und Ordnung.

Solche Gefahren können von dem Wirtschaftstreibenden selbst oder von seinem Betrieb, den eingesetzten Anlagen oder den Erzeugnissen ausgehen. Demgemäß hat die Wirtschaftsaufsicht zum einen die Person des Unternehmers und zum anderen die Unternehmung im Auge,

---

24 Vgl. heute wörtlich gleichlautend § 1 Abs. 1 GewO: „Der Betrieb eines Gewerbes ist jedermann gestattet, soweit nicht durch dieses Gesetz Ausnahmen oder Beschränkungen vorgeschrieben oder zugelassen sind".

25 Vgl. dazu *Kahl*, in: Landmann/Rohmer (Hrsg.), Gewerbeordnung, Stand: Jan. 2001, § 1 Rn. 1 f.; *Frotscher*, Gewerberecht, in: Schmidt (Hrsg.), Öffentliches Wirtschaftsrecht, Besonderer Teil 1, 1995, § 1 Ziff. 1 ff.; *ders.*, Wirtschaftsverfassungs- und Wirtschaftsverwaltungsrecht, 3. Aufl. 1999, Rn. 148 f.; *Schmidt*, Fußn. 13, S. 338 (342); *Badura*, Fußn. 1, Rn. 124 ff.; *Stober*, Fußn. 1, § 29 I 1; *Ehlers*, Fußn. 1, S. 43 f.; *ders.*, Gewerbe-, Handwerks- und Gaststättenrecht, in: Achterberg/Püttner/Würtenberger, Besonderes Verwaltungsrecht, Band I, 2. Aufl. 2000, § 2 Rn. 1 ff., 6; *Gröschner*, Fußn. 1, S. 13 ff.

stellt sich also sowohl als Personen-, als auch als Betriebs-, Produkt- und Anlagenüberwachung dar.[26]

Gefahren- und Risikovorsorge

Dabei ist die Aufgabe der Gefahrenabwehr bisweilen noch zu einer Gefahren- und Risikovorsorge ausgebaut. Unter den Bedingungen der modernen, hoch technisierten Industrie- und Dienstleistungswirtschaft reicht die bloße Gefahrenabwehr für einen effektiven und nachhaltigen Rechtsgüterschutz häufig nicht aus. Denn diese greift nach dem herkömmlichen Begriffsverständnis, das auch den einschlägigen gesetzlichen Vorschriften zugrunde liegt, erst bei einer Sachlage ein, die bei ungehindertem Geschehensablauf in absehbarer Zeit mit hinreichender Wahrscheinlichkeit zum Eintritt eines Schadens führt.[27] Demgegenüber kann es im Einzelfall geboten sein, schon unterhalb der Gefahrenschwelle eine Sicherheitszone einzurichten und wirksame Vorkehrungen gegen die bloße Möglichkeit eines Schadenseintritts vorzusehen.

Je höher die Bedeutung des bedrohten Schutzguts ausfällt und je höher die Schadensanfälligkeit bzw. das Risikopotential der wirtschaftlichen Betätigung einzuschätzen ist, desto größer ist das Bedürfnis, die Anforderungen an die Wahrscheinlichkeit des Schadenseintritts zu senken. Die Erwähnung solcher Bereiche wie die Kernenergiewirtschaft, der Betrieb von emittierenden Großindustrieanlagen, die kommerzielle Anwendung der Gentechnik, die Chemie- und Arzneimittelbranche oder die Lebensmittel- und Landwirtschaft mag genügen, um die angesprochene Problematik beispielhaft zu veranschaulichen. Daher setzt die staatliche Wirtschaftsaufsicht bereichsspezifisch bereits beim Vorliegen eines Gefahrenverdachts, d. h. in Fällen

---

26 Vgl. *Ehlers*, Fußn. 1, S. 43 ff.; *Stober*, Fußn. 1, § 29 I 1; *Gröschner*, Fußn. 1, S. 126 ff.

27 Vgl. zu dieser im allgemeinen Polizei- und Ordnungsrecht ebenso wie im Wirtschaftsverwaltungsrecht grundsätzlich geltenden Definition des Gefahrenbegriffs *Drews / Wacke / Vogel / Martens*, Gefahrenabwehr, 9. Aufl. 1986, S. 220; *Götz*, Allgemeines Polizei- und Ordnungsrecht, 12. Aufl. 1995, Rn. 140 ff.; *Pieroth / Schlink / Kiesel*, Polizei- und Ordnungsrecht, 2002, § 4; *Schenke*, Polizei- und Ordnungsrecht, 2002, Rn. 69 ff.

zeitlich und räumlich entfernterer Schädigungswahrscheinlichkeit („Gefahrenvorsorge"), oder gar schon im Falle einer bloßen Besorgnis ein, wenn ein Schadenseintritt zwar möglich, aber unwahrscheinlich bzw. überhaupt nicht abschätzbar ist („Risikovorsorge").[28]

Schutz von Leben und Gesundheit

Im Vordergrund der insofern verfolgten Schutzziele stehen die individuellen Rechtsgüter Leben und Gesundheit[29]. Ob im Rahmen der allgemeinen Gewerbeaufsicht oder der Gaststättenaufsicht, der Lebensmittel- oder der Arzneimittelaufsicht, der Verkehrsgewerbe- oder der Luftfahrtaufsicht, der Gerätesicherheits- oder der Anlagenaufsicht: Stets trägt der Staat jedenfalls auch seiner Aufgabe Rechnung, den Gefahren der gewerblichen Tätigkeit für die körperliche Integrität des Menschen zu begegnen.[30]

Je nach betroffenem Wirtschaftsgebiet treten weitere Schutzgüter personaler, kollektiver oder sächlicher Art hinzu.[31]

---

28 Z. B. § 7 Abs. 2 Nr. 3 AtG; § 5 Abs. 1 Nr. 2 BImSchG; § 1 Nr. 1 GenTG; §§ 1 ff., 22 ff. KrW-/AbfG; §§ 1, 4, 7, 9 BBodSchG; § 28 Abs. 2 Nr. 5, Abs. 2a, Abs. 3c S. 1 AMG; § 11 Abs. 1 u. 2 ChemG; §§ 9, 46c LMBG; §§ 17 ff. TierSG. – Aus der mittlerweile unüberschaubaren Lit. zu diesem Themenfeld siehe nur *Ossenbühl*, Vorsorge als Rechtsprinzip im Gesundheits-, Arbeits- und Umweltschutz, NVwZ 1986, S. 161 ff.; *Ipsen* und *Murswiek*, Die Bewältigung der wissenschaftlichen und technischen Entwicklungen durch das Verwaltungsrecht, VVDStRL 48 (1989), S. 177 (186 ff.) bzw. S. 207 (211 ff.); *Scherzberg*, Risiko als Rechtsproblem, VerwArch 84 (1993), S. 484 ff.; *Di Fabio*, Gefahr, Vorsorge, Risiko: Die Gefahrenabwehr unter dem Einfluß des Vorsorgeprinzips, Jura 1996, S. 566 ff.; *ders.*, Risikoentscheidungen im Rechtsstaat, 1994; Wahl (Hrsg.), Prävention und Vorsorge, 1995; *Köck*, Risikovorsorge als Staatsaufgabe, AöR 121 (1996), S. 1 ff.; *Ehlers*, Fußn. 1, S. 45 ff., 62 ff.

29 Art. 2 Abs. 2 GG; Art. 30, 153 Abs. 1, 174 Abs. 1 EGV.

30 Vgl. z. B. §§ 30, 56 GewO; § 4 Abs. 1 Nr. 1, 2 GastG; §§ 8 ff. LMBG; § 1 ChemG; § 1 AMG; § 13 Abs. 1 Nr. 1 PBefG; § 3 Abs. 1 GerSiG; §§ 1 Abs. 1, 3 ff. BImSchG.

31 Zu dieser Einteilung *Stober*, Fußn. 1, § 29 II.

Gästeschutz, Arbeitnehmerschutz, Nachbarschutz

Die Aufsicht über das Gaststättengewerbe zum Beispiel dient auch dem Schutz der Gäste und der im Betrieb Beschäftigten vor Ausbeutung, vor kriminellen Handlungen und Unsittlichkeit sowie der Abwehr von Nachteilen und Belästigungen der Allgemeinheit und der Nachbarschaft.[32]

Schutz des Handwerks

Durch die Handwerksordnung soll das Handwerk als wichtiger Wirtschaftszweig des gewerblichen Mittelstands geschützt, dessen Leistungsfähigkeit und Leistungsqualität gesichert und die Befähigung zur Ausbildung gestärkt werden.[33]

Vermögensschutz, Schutz der Anleger und Gläubiger

Im Aufsichtsrecht des Kredit-, Finanzmarkt- und Versicherungsgeschäfts geht es zumindest auch um den (individuellen) Vermögensschutz der Kunden und Anleger bzw. Gläubiger.[34]

Verbraucherschutz

Überhaupt ist der Verbraucherschutz in jüngerer Zeit in den Vordergrund gerückt; Beispiele sind das Landwirtschaftsrecht, das Lebensmittelrecht oder das Produktsicherheitsgesetz[35].

---

32 Vgl. §§ 4 Abs. 1, 5 Abs. 1 GastG; dazu *Metzner*, Gaststättengesetz, 6. Aufl. 2002, § 4 Rn. 8; *Michel/Kienzle*, Das Gaststättengesetz, 13. Aufl. 1999, § 4 Rn. 1 ff., Rn. 48 ff.

33 *Musielak/Detterbeck*, Das Recht des Handwerks, 3. Aufl. 1995, § 1 Rn. 7; *Stober*, Besonderes Wirtschaftsverwaltungsrecht, 12. Aufl. 2001, § 48 II.

34 Zur Diskussion um den individuellen, nicht nur institutionellen Anlegerschutz als Ziel der Finanzdienstleistungsaufsicht siehe m.w.N. *Höhns*, Die Aufsicht über Finanzdienstleister, 2002, S. 54 ff.

35 Vgl. zum Lebensmittelrecht: *Streinz*, Lebensmittelrecht, in: Achterberg/Püttner/Würtenberger, Besonderes Verwaltungsrecht, Band II, 2. Aufl. 2000, § 24 Rn. 2.

Umweltschutz

Zu den zentralen Anliegen der Gefahrenabwehr zählen ferner die Umweltgüter und die natürlichen Lebensgrundlagen.[36] In den kühlen Kosten-Ertrags-Rechnungen der Wirtschaftsunternehmen gehen diese Anliegen unter, weil sich für sie niemand unmittelbar verantwortlich fühlt. Die Volkswirtschaftslehre spricht insofern von „externen Kosten" und versteht das Phänomen ihrer Vernachlässigung als ein Beispiel des „Marktversagens".[37] Vor diesem Hintergrund hat die nationale und die europäische Rechtsordnung in den letzten Jahrzehnten eine Vielzahl vom Umweltschutzvorschriften hervorgebracht – vom Immissionsschutz-, Atom- und Gentechnikrecht über das Kreislaufwirtschafts-, Gewässer- und Bodenschutzrecht bis hin zum Tier- und Pflanzenschutzrecht –, deren Beachtung durch den Wirtschaftstreibenden vom Staat beobachtet und kontrolliert wird.

Wettbewerbsschutz

Ein weiteres wichtiges Ziel der Wirtschaftsaufsicht ist die Funktionsfähigkeit der Wirtschaft, d. h. des freien Wettbewerbs.[38] Vor allem in einem Marktsegment, in dem es nur einen oder wenige Anbieter gibt, gerät das Prinzip von Angebot und Nachfrage in Gefahr. Monopolstellungen verleiten zu Mißbrauch durch Preisdirigismen oder Preisabsprachen.[39] Die Interessen der Konkurrenten, aber auch der Konsumenten – auch hier greift der Aspekt des Verbraucherschutzes – sind demgegenüber strukturell unterlegen. In einer sozialstaatlichen Wirtschaftsordnung, die sich an dem Modell der sozialen, nicht der liberalistischen Marktwirtschaft orientiert, kann das „Recht des Stärkeren" nicht das letzte Wort sein. Um die Funktionsfähigkeit und

---

[36] *Badura*, Fußn. 1, Rn. 74 ff.; *Schmidt*, Fußn. 13, S. 338 (342).

[37] *Hanusch / Kuhn*, Fußn. 5, S. 100 ff.

[38] Dazu *Mösbauer*, Fußn. 1, S. 186 ff.; *Baumbach / Hefermehl*, Fußn. 6, Allg. Rn. 17 (S. 61), Rn. 76 ff. (S. 90 ff.).

[39] Nach der Klassifikation von *Cournot* als Monopol- bzw. Oligopolmärkte bezeichnet, vgl. *Hanusch / Kuhn*, Fußn. 5, S. 95 ff.; *Wittekind*, Einführung in die Volkswirtschaftslehre, 1994, S. 103 f.; *Emmerich*, Kartellrecht, 9. Aufl. 2001, § 1 Anm. 2a.

Sozialverträglichkeit des Wettbewerbs zu sichern, muß der Staat daher die notwendigen Rahmenbedingungen setzen und überwachen. In diesem Sinne schützt er das Wirtschaftsgeschehen vor zu wenig Wettbewerb durch das Kartellrecht,[40] aber auch vor zu viel Wettbewerb, indem er unlautere Methoden, wie Dumpingpreise oder reinen Verdrängungskampf unterbindet.[41]

Funktionsschutz

Die Sorge um den Zustand der gesamten Volkswirtschaft ist auch der Grund dafür, daß bestimmte Wirtschaftszweige im Blick auf mögliche Fehlentwicklungen und Mißstände besonderer Beobachtung unterliegen. Das betrifft zum Beispiel das Verkehrsgewerbe (Personenbeförderung, Güterkraftverkehr, Eisenbahnverkehr) im Blick auf die öffentlichen Verkehrsinteressen,[42] vor allem aber den Finanzdienstleistungssektor.[43] Ein funktionierender Kapitalmarkt und ein verläßliches Bank-, Börsen- und Versicherungswesen sind für eine gesunde und leistungsfähige Volkswirtschaft unabdingbar. Daß hier kleine Brandherde ganze Wirtschaftskrisen entzünden können („Systemrisiko"), ist ein leidvoller Erfahrungssatz. Zudem erfüllen die jeweiligen Akteure wichtige Funktionen der Geld-, Wirtschafts- und Sozialpolitik. In diesem Bereich ist daher eine starke, ebenso feinfühlige wie vorausschauende und konzeptionelle Überwachung geboten. Das bringt zugleich auch einen Wandel des Aufsichtscharakters mit sich. Was sich schon bei der Wettbewerbsaufsicht andeutete, wird hier offenbar: Die rein negative Gefahrenabwehr geht über in eine positive Wirtschaftslenkung.

---

40 Gesetz gegen Wettbewerbsbeschränkungen/GWB; dazu *Mestmäcker*, in: Immenga/Mestmäcker (Hrsg.), Gesetz gegen Wettbewerbsbeschränkungen, 3. Aufl. 2001, Einl. Rn. 1 ff.

41 Gesetz gegen unlauteren Wettbewerb/UWG; dazu *Baumbach/Hefermehl*, Fußn. 6, Einl. UWG Rn. 40 ff.

42 Vgl. §§ 8, 13 PBefG; § 14 GüKG; Art. 87e Abs. 4 GG; § 1 Abs. 2 AEG.

43 Zu den Zielen der Finanzdienstleistungsaufsicht eingehend *Neumann*, Die Aufsicht über Finanzkonglomerate, 1998, S. 27 ff.; *Höhns*, Fußn. 34, S. 49 ff., und noch unten, Ziff. III. 1.

Infrastrukturgewährleistung

Im Vordergrund steht solche Wirtschaftslenkung schließlich, wenn der Staat für die Erfüllung einer spezifischen Infrastrukturgewährleistungsaufgabe[44] zu sorgen hat. Das meint nicht seine generelle Verantwortung für das Wohl der Allgemeinheit und die Befriedigung seiner wesentlichen Bedürfnisse.

So bleibt etwa die Versorgung der Bevölkerung mit Lebensmitteln getrost dem Markt überlassen; die staatliche Aufsicht konzentriert sich hier auf die Belange des Gesundheits- und Verbraucherschutzes.[45] Ähnlich liegen die Dinge bei der Versorgung mit Finanzdienstleistungen. Obgleich sie für eine moderne Gesellschaft wichtig und unentbehrlich ist, muß sich der Staat nicht darum kümmern, daß ein ausreichendes Angebot vorhanden ist. Auch die – ehemals öffentliche – leitungsgebundene Energieversorgung (Elektrizität und Gas) bestimmt sich heute weitgehend nach den Regeln des marktwirtschaftlichen Wettbewerbs; Ziel der Aufsicht ist allein, daß sie möglichst sicher, preisgünstig und umweltverträglich erfolgt.[46]

In den Bereichen des Postwesens und der Telekommunikation hingegen ist der Staat von Verfassungs wegen dazu verpflichtet, eine universelle Versorgung zu gewährleisten.[47] Als Folge der Privatisierung der vormaligen Staatsmonopole erweist es sich als notwendig, in den

---

44 Dazu allgemein *Stober*, Fußn. 1, § 26.

45 §§ 8 ff. LMBG; dazu *Streinz*, Fußn. 35, § 24 Rn. 2 ff.

46 § 1 EnWG; dazu *Danner*, Fußn. 8, B § 1 Rn. 1 ff; *Ehlers/Pünder*, Energiewirtschaftsrecht, in: Achterberg/Püttner/Würtenberger (Hrsg.), Besonderes Verwaltungsrecht, Band I, 2. Aufl. 2000, § 4 Rn. 10 ff.; *Badura*, Fußn. 1, Rn. 76.

47 Art. 87 f Abs. 1 GG; zu dieser speziellen Infrastrukturgewährleistungsaufgabe: *Lerche*, in: Maunz/Dürig, Kommentar zum Grundgesetz, Band IV, 1998, Art. 87 f Rn. 71 ff; *Gersdorf*, in: v. Mangoldt / Klein / Starck (Hrsg.), Das Bonner Grundgesetz, Kommentar, 4. Aufl., Band 3, 2001, Art. 87 f Rn. 38 ff.; *Herdegen*, in: Beck'scher PostG-Kommentar, VerfGrdl., Rn. 25 ff.; *Gramlich*, Entwicklungen der staatlichen Wirtschaftsaufsicht: Das Telekommunikationsrecht als Modell?, in: VerwArch 88 (1997), S. 598 (622, 642 ff.); *Stern*, Postreform zwischen Privatisierung und Infrastrukturgewährleistung, in: DVBl. 1997, S. 309 ff.

neu liberalisierten Märkten den chancengleichen Wettbewerb zu fördern – insofern wird von „sektorspezifischem Kartellrecht“[48] gesprochen – sowie die flächendeckende Versorgung mit ausreichenden Dienstleistungen zu angemessenen Preisen sicherzustellen. Die staatliche Aufsicht folgt dieser Zielsetzung unter dem Begriff der Regulierung.[49]

II. Welches sind die Instrumente der Wirtschaftsaufsicht?

Welches sind nun die konkreten Maßnahmen, derer sich der Staat zur Erreichung seiner Schutzziele bedient? Erst in den Mitteln und Wegen zeigt sich das Ausmaß und die Intensität, mit der der Staat das wirtschaftliche Geschehen überwacht. Klar ist, daß hier keine grenzenlose Beliebigkeit herrschen kann. Jede Maßnahme muß sich auf ihre Rechtfertigung befragen lassen, d. h. sie darf nicht ungeeignet sein, das mit ihr verfolgte Ziel zu erreichen, und sie muß die prinzipielle Garantie der wirtschaftlichen Betätigungsfreiheit verhältnismäßig berücksichtigen.

Folge dessen ist es, daß die Rechtsordnung je nach Art der wirtschaftlichen Aktivität und je nach der Dringlichkeit des Rechtsgüterschutzes unterschiedliche und unterschiedlich intensive Aufsichtsmittel kennt. Sie können bei der Aufnahme oder bei der Ausübung der Tätigkeit ansetzen, können einmalig oder dauerhaft, weich oder hart sein.[50]

---

48 *Gramlich*, Fußn. 47, VerwArch 88 (1997), S. 598 (632 ff., 641); *Ruffert*, Regulierung im System des Verwaltungsrechts, in: AöR 124 (1999), S. 237 (279); *Stober*, Fußn. 33, § 55 IV.2.b.

49 Vgl. §§ 1, 2 PostG, §§ 1, 2 TKG; eingehend *Ruffert*, Fußn. 48, AöR 124 (1999), S. 237 ff.; ferner *Badura*, in: Beck'scher PostG-Kommentar, § 2 Rn. 1 ff.; *Schuster*, in: Beck'scher TKG-Kommentar, § 2 Rn. 1 ff.; *Spoerr/Deutsch*, Das Wirtschaftsverwaltungsrecht der Telekommunikation – Regulierung und Lizenzen als neue Schlüsselbegriffe des Verwaltungsrechts?, in: DVBl. 1997, S. 300 ff.; *Trute*, Regulierung – am Beispiel des Telekommunikationsrechts, in: FS für Brohm, 2002, S. 169 ff.

50 *Schmidt*, Fußn. 13, S. 338 (342 f.); *Stober*, Fußn. 1, § 29 III; *Gramlich*, Fußn. 47, VerwArch 88 (1997), S. 598 (599).

Im folgenden wollen wir uns den wichtigsten Typen der Wirtschaftsüberwachung zuwenden. Das sind:

- Anzeigepflichten,
- Genehmigungsvorbehalte,
- laufende Überwachungsbefugnisse und
- Untersagungsermächtigungen.

1. Anzeigepflichten

Der Beginn, aber auch die Beendigung oder wesentliche Änderung einer selbständigen gewerblichen Tätigkeit ist grundsätzlich immer bei der zuständigen Behörde anzuzeigen.[51] Diese Anmeldepflicht dient der Informationsbeschaffung.[52] Die Verwaltung soll einen Überblick über das tatsächliche Wirtschaftsgeschehen erhalten, um so die Aufgaben der Wirtschaftsüberwachung effektiv wahrnehmen zu können.[53] Die unternehmerische Freiheit wird durch diese formale Bedingung nur minimal beeinträchtigt,[54] auch wenn das Unterlassen der Anzeige wegen der Wichtigkeit des öffentlichen Informationsbedarfs bußgeldbewehrt ist.[55]

2. Genehmigungsvorbehalte

Einer weitergehenden Beschränkung unterliegt die Unternehmerfreiheit hingegen dann, wenn die wirtschaftliche Aktivität der vorherigen Genehmigung (Zulassung, Erlaubnis, Lizenz, Konzession) bedarf. Denn die Genehmigungspflicht bedeutet, daß die beabsichtigte

---

51 Vgl. §§ 14 ff. GewO, sowie spezialgesetzlich § 16 HandwO, § 36 PostG, § 4 TKG, §§ 2b, 13 Abs. 1, 24 ff. KWG; §§ 13b ff. VAG.

52 Zur Bedeutung der Wirtschaftsinformationen „als Eckpfeiler der Wirtschaftsverwaltung“ *Stober*, Fußn. 1, § 27 I.

53 Vgl. § 14 Abs. 1 Satz 3 GewO, dazu *Marcks*, in: Landmann/Rohmer (Hrsg.), Gewerbeordnung, Bd. I, Stand: Jan. 2001, § 14 Rn. 7 ff.

54 Vgl. *Frotscher*, Gewerberecht, in: Schmidt (Hrsg.), Öffentliches Wirtschaftsrecht – Besonderer Teil 1, 1995, § 1 Rn. 37 ff.; *Gramlich*, Fußn. 47, VerwArch 88 (1997), S. 598 (600 f.).

55 § 146 Abs. 2 Nr. 1 i.V.m. § 146 Abs. 3 GewO.

Unternehmung grundsätzlich verboten und nur bei Vorliegen bestimmter Voraussetzungen erlaubt ist („präventives Verbot mit Erlaubnisvorbehalt").[56] Es findet also eine vorbeugende Prüfung dahingehend statt, daß der Aufnahme des Gewerbe- oder Anlagenbetriebs im Blick auf möglicherweise gefährdete Rechtsgüter keine Bedenken entgegenstehen.

Ausnahmsweise kann der Kontrollvorbehalt sogar derart streng ausgestaltet sein, daß eine Zulassung nur ganz ausnahmsweise in Betracht kommt, wie z. B. der Betrieb von Spielbanken, der Verkauf von Schußwaffen oder der Vertrieb bestimmter Waren im Reisegewerbe („repressives Verbot mit Ausnahmevorbehalt").[57]

So wie manche Unternehmungen mithin kaum je genehmigungsfähig sind, so gibt es indes viele andere, für die schon gar keine Genehmigung erforderlich ist. Worauf es ankommt, leuchtet unschwer ein: Die Notwendigkeit wie die Voraussetzungen einer Zulassung sind abhängig von der Art und der Gefährlichkeit bzw. Schadensanfälligkeit der Unternehmung.

Zum Beispiel verlangen der Betrieb von Gaststätten oder von Apotheken zum Schutze der Kunden die Einhaltung besonderer Hygienestandards. Deshalb bestimmt das Gesetz, daß solche Betriebe der Erlaubnis bedürfen und diese nur erteilt wird, wenn eine vorherige Prüfung die entsprechende Eignung der Betriebsräume oder der Betriebseinrichtung ergeben hat.[58] Oder: Die Errichtung und der Betrieb von Industrieanlagen ist nur gestattet, wenn sichergestellt ist, daß durch sie keine schädlichen Umwelteinwirkungen hervorgerufen werden können[59]. Überzeugend ist auch, daß die Aufnahme der Energieversorgung anderer nicht erlaubt werden kann, wenn dem Antragsteller die dazu notwendige technische Leistungsfähigkeit fehlt.[60]

---

56 *Stober*, Fußn. 1, § 29 III 1; *Streinz*, Fn. 35, § 24 Rn. 34; *Metzner*, Fußn. 32, § 2 Rn. 1 ff.

57 *Stober*, Fußn. 1, § 29 III 1; *Metzner*, Fußn. 32, § 2 Rn. 3, § 18 Rn. 17.

58 Vgl. § 4 Abs. 1 Nr. 2, 3 GastG; §§ 2 Abs. 1 Nr. 6, 21 ApothekenG; ferner §§ 30 Abs. 1 S. 2 Nr. 2-4, 33e GewO.

59 §§ 4 ff. BImSchG; dazu *Feldhaus*, Bundesimmissionsschutzrecht, Band 1, Teil 1, 2. Aufl., Stand: Apr. 2002, § 4 Anm. 8 ff.

60 § 3 Abs. 2 Nr. 1 EnWG; dazu *Danner*, Fußn. 8, B § 3 Rn. 14.

Schließlich: Weil im Finanzdienstleistungssektor, insbesondere im Bankgewerbe, die Kundenöffentlichkeit in besonderer Weise auf die Zahlungsfähigkeit der Unternehmen angewiesen ist, wird diese bzw. der Nachweis eines bestimmten Anfangskapitals hier als Voraussetzung einer Zulassung verlangt.[61] Auch in anderen Branchen ist eine Gewerbezulassung von der finanziellen Leistungsfähigkeit des Wirtschaftstreibenden abhängig.[62]

Die wichtigsten Genehmigungsvoraussetzungen sind jedoch die Sachkunde und die Zuverlässigkeit der Person des Wirtschaftstreibenden. Diese Maßgaben finden sich in fast allen Wirtschaftsbranchen wieder, deren Eigenart das Bedürfnis nach einer vorbeugenden Kontrolle auslöst.[63]

Fachliche Eignung

Musterbeispiel für das Erfordernis hinreichender Sachkenntnisse ist der „große Befähigungsnachweis" oder die Meisterprüfung als Voraussetzung für den selbständigen Betrieb eines Handwerks.[64] Auf der Hand liegt die Notwendigkeit hinreichender Fachkunde im Bereich des Verkehrsgewerbes, also für die Personenbeförderung oder den

---

61 Z. B. §§ 34 Abs. 3 Nr. 2; 34 a Abs. 1 S. 3 Nr. 2; 34b Abs. 4 Nr. 2 GewO; §§ 10, 33 Abs. 1 Nr. 1 KWG; § 53c i.V.m. §§ 5 Abs. 4, 8 Abs. 1 S. 1 Nr. 3 VAG.

62 Z. B. § 34 Abs. 1 Nr. 2 GewO; § 3 Abs. 2 Nr. 1 EnWG; § 3 Abs. 2 Nr. 2 GüKG; § 6 Abs. 2 Nr. 2 AEG; § 20 Abs. 2 S. 3 LuftVG.

63 Z. B. §§ 30 Abs. 1 S. 2 Nr. 1, 33d Abs. 3, 34 a Abs. 1 S. 3 Nr. 1, 34 b Abs. 4 Nr. 1 GewO; § 4 Abs. 1 Nr. 1 GastG; § 2 Abs. 1 Nr. 4 ApothekenG; § 13 Abs. 1 Nr. 2 PBefG; § 3 Abs. 2 Nr. 1 GüKG; § 7a Abs. 1 i.V.m. § 8 Abs. 1 S. 1 VAG; § 33 Abs. 1 KWG.

64 Vgl. § 7 Abs. 1 HandwO; dazu *Musielak/Detterbeck*, Fußn. 33, § 1 Rn. 30; § 7 Rn. 18 ff.; *Honig*, Handwerksordnung, 2. Aufl. 1999, § 7 Rn. 1 ff., Rn. 7 ff.; zu den verfassungsrechtlichen und europarechtlichen Problemen, die sich insoweit stellen: BVerwG, GewArch 1999, S. 108 f.; *Czybulka*, Das deutsche Handwerksrecht unter dem Einfluß des Europäischen Gemeinschaftsrechts, in: GewArch 1994, S. 89 ff.; *Ehlers*, Fußn. 25, Rn. 93 ff.; *Jeder*, Die Meisterprüfung auf dem Prüfstand, Diss. Marburg 1992; *Leisner*, Handwerksrecht und Europarecht – Verstößt der Große Befähigungsnachweis gegen Gemeinschaftsrecht?, in: GewArch 1998, S. 445 ff.; *Musielak/Detterbeck*, Fußn. 33, § 1 Rn. 8; *Stober*, Fußn. 33, § 48 VI.

Güterkraftverkehr.[65] Ebenso müssen die Geschäftsführer der Kredit-, Finanzdienstleistungs- und Versicherungsunternehmen die erforderliche fachliche Eignung mitbringen, um ihre Geschäfte aufnehmen zu dürfen.[66]

Zuverlässigkeit

Sodann die Voraussetzung der „Zuverlässigkeit": Damit ist nicht gemeint, daß der Wirtschaftstreibende ganz allgemein ein „zuverlässiger Charakter" sein soll. Verlangt wird vielmehr eine spezifische Zuverlässigkeit im Wirtschaftsverkehr. Sie fehlt, wenn der Gewerbetreibende nach dem Gesamteindruck seines Verhaltens nicht die Gewähr dafür bietet, daß er das von ihm ausgeübte Gewerbe in Zukunft ordnungsgemäß betreibt, und daher Gefahren für die öffentliche Sicherheit und Ordnung, für Rechtsgüter der Allgemeinheit oder einzelner verursacht.[67]

Ein Unternehmer, der wiederholt die für sein Gewerbe einschlägigen Rechtsvorschriften mißachtet, im großen Stil Steuern hinterzieht, die Sozialabgaben für seine Beschäftigten nicht abführt oder Wirtschaftsstraftaten begeht, soll davon abgehalten werden, noch mehr Schaden anzurichten. Im übrigen richtet sich das Anforderungsprofil an die Zuverlässigkeit, ähnlich wie das der Sachkunde, nach der Eigenart des Gewerbes und dem Schutzzweck der Genehmigungspflicht.

Zum Beispiel im Gaststättenrecht: Hier gilt es unter anderem, dem Alkoholmißbrauch und der Entstehung von kriminellen Milieus, etwa der Prostitution und des Drogenhandels, vorzubeugen. Folglich kann ein Gastwirt, der „dem Trunke ergeben ist" oder „der Unsittlichkeit

---

[65] Vgl. § 13 Abs. 1 Nr. 3 PBefG, § 3 Abs. 2 Nr. 3 GüKG; § 6 Abs. 2 Nr. 3 AEG.

[66] § 32 Abs. 1 i.V.m. § 33 Abs. 1 Nr. 4, Abs. 2 KWG; § 7a Abs. 1 i.V.m. § 8 Abs. 1 S. 1 VAG.

[67] Vgl. BVerwGE 22, 286/296; 65, 1 f.; aus der Lit. *Badura*, Fußn. 1, Rn. 137 ff.; *Frotscher*, Fußn. 25, Rn. 180 ff.; *Stober*, Fußn. 33, § 46 I 5; *Schliesky*, Fußn. 47, S. 184 ff.; *Marcks*, Fußn. 53, § 35 Rn.29; *Metzner*, Fußn. 32, § 4 Rn. 10; *Michel/Kienzle*, Fußn. 32, § 4 Rn. 1 ff.

Vorschub leistet", wie es im Gesetz wörtlich heißt,[68] nicht als „zuverlässig" angesehen werden; eine Betriebserlaubnis muß ihm versagt werden.

Auch Grundstücksmakler und Finanzdienstleister müssen in einem spezifischem Sinne zuverlässig sein.[69] Hauptkriterium ist hier die persönliche Eignung, fremde Vermögensinteressen wahrzunehmen. Dabei versteht es sich von selbst, daß jemand, der wegen eines Vermögensdelikts – z. B. Diebstahl, Unterschlagung, Betrug, Untreue, Hehlerei, Urkundenfälschung – oder wegen einer Insolvenzstraftat rechtskräftig verurteilt worden ist,[70] diese Voraussetzung nicht erfüllt. Das gleiche gilt für denjenigen, der in „ungeordneten Vermögensverhältnissen" lebt oder über dessen Vermögen ein Insolvenzverfahren eröffnet worden ist.[71] Solche Leute bieten nicht die Gewähr dafür, daß sie ihre Geschäfte ordnungsgemäß und ohne Schaden für andere betreiben.

Auflagen

Anstelle der Versagung einer beantragten Erlaubnis zum Betrieb eines Gewerbes kann bzw. muß gegebenenfalls aber auch in Betracht gezogen werden, ob dem Aufsichtsziel durch eine mit der Genehmigung verbundene Auflage oder Bedingung entsprochen werden kann.

---

68 Vgl. § 4 Abs. 1 Nr. 1 GastG; dazu *Metzner*, Fußn. 32, § 4 Rn. 49 ff.; *Michel/Kienzle*, Fußn. 32, § 4 Rn. 11 ff.

69 Vgl. § 34c Abs. 1 Nr. 1 b, Abs. 2 Nr. 1 GewO; §§ 32 Abs. 1, 33 Abs. 1 Nr. 2 KWG; § 7a Abs. 1 i.V.m. § 8 Abs. 1 VAG; dazu *Marcks*, Fußn. 53, § 34c Rn. 83 ff.; *Fischer*, in: Boos/Fischer/Schulte-Mattler (Hrsg.), KWG-Kommentar, 2000, § 33 Rn. 28 ff.; dazu *Schmidt*, in: Prölss/Schmidt (Hrsg.), VAG-Kommentar, 11. Aufl. 1997, § 7a Rn. 2 ff.

70 § 34c Abs. 2 Nr. 1 GewO.

71 § 34c Abs. 2 Nr. 2 GewO; ob im Einzelfall „ungeordnete Vermögensverhältnisse" vorliegen, entscheidet die gesetzesanwendende Aufsichtsverwaltung; deren Entscheidung kann von den Verwaltungsgerichten überprüft werden.

3. Laufende Überwachung

Nun reicht die einmalige Überprüfung des Unternehmers und seines Wirtschaftsbetriebs zu Beginn offenkundig nicht aus, um die genannten Ziele der Wirtschaftsaufsicht dauerhaft erreichen zu können. Gefahren für schützenswerte Rechtsgüter werden häufig erst im Verlauf der wirtschaftlichen Tätigkeit aktuell. Daher ist die laufende Überwachung der Gewerbeausübung notwendiger und unabdingbarer Bestandteil der staatlichen Aufsichtsaufgabe.

Sie betrifft zwar regelmäßig, aber nicht notwendig diejenigen Betriebe, die auch genehmigungspflichtig sind. Dabei geht es nicht nur um die fortgesetzte Einhaltung der Bedingungen, die Voraussetzung für eine Gewerbezulassung waren, sondern weitergehend um die Beachtung all jener inhaltlichen Maßgaben, die die Wirtschaftsgesetze der jeweiligen Gewerbeausübung aufgeben. Der Wirtschaftstreibende soll dauerhaft dazu angehalten werden, die zum Schutz von konfligierenden Rechtsgütern und Interessen aufgestellten Rahmenbedingungen seiner Tätigkeit zu beachten.

Diese materiellen Anforderungen sind naturgemäß von Branche zu Branche höchst unterschiedlich. Die Pflichten eines Gastwirts sind andere als die eines Verkehrsunternehmers, Telefonanbieters oder Finanzdienstleisters. Den zuständigen Behörden steht daher eine derart breite Palette von Kontroll- und Eingriffsbefugnissen zur Verfügung, daß sie sich einer auch nur annähernd vollständigen Auflistung entziehen:

Allgemeine Anordnungsbefugnis

Das wichtigste und am weitesten verbreitete Instrumentarium ist die allgemeine Anordnungsbefugnis. Die meisten Wirtschaftsgesetze enthalten eine Generalklausel, wonach die zuständige Behörde gegenüber dem Wirtschaftstreibenden jederzeit Anordnungen treffen kann, die geeignet und erforderlich sind, um die Erfüllung der ihn betreffenden gesetzlichen Vorschriften – unter Umständen auch der Auflagen und Bedingungen, die ihm mit der Genehmigung auferlegt wurden – zu gewährleisten.[72] Notfalls können solche Verwaltungsakte auch mit den Mitteln des Verwaltungszwangs durchgesetzt, d. h. vollstreckt werden.

Auskunftspflichten und Prüfungsrechte

Ebenfalls zum Standardrepertoire gehören Auskunfts- und Berichts-, Offenlegungs- und Aufbewahrungspflichten des Unternehmers einerseits[73] sowie Betretungs-, Nachschau- und Prüfungsrechte der Behörden andererseits.[74] Sie gewährleisten, daß die Aufsichtsverwaltung über den Zustand eines Unternehmens und die Art und Weise seines Wirtschaftsbetriebs je aktuell informiert ist. Hier geht es also gewissermaßen um die Fortsetzung der zu Beginn der Wirtschaftstätigkeit erfolgten Anzeige.

Marktbeobachtung

Nicht den einzelnen Gewerbetreibenden, sondern einen ganzen Wirtschaftszweig in den Blick nimmt das Instrumentarium der sog. Marktbeobachtung. Damit sucht die Verwaltung, sektorale Fehlentwicklungen, z. B. im Verkehrsgewerbe,[75] frühzeitig zu erkennen. Dazu werden üblicherweise Erhebungen durchgeführt und Statistiken erstellt.

Eine gewisse Ähnlichkeit weist die sog. Mißstandsaufsicht auf, die in den drei Finanzmarktsektoren, Kredit- und Versicherungswesen sowie Wertpapierhandel, vorgesehen ist.[76] Auch sie hat eine ganze Branche oder sogar die Gesamtwirtschaft im Auge. Jedoch handelt es

---

[72] Z. B. § 120d GewO; § 5 Abs. 2 GastG; § 19 Abs. 3 AtG; § 18 Abs. 1 EnWG; § 54 Abs. 3 PBefG; § 12 GüKG; § 42 Abs. 1 S. 1 PostG; §§ 71 f. TKG; § 6 Abs. 3 KWG; § 4 Abs. 1 S. 3 WphG; § 81 Abs. 2 VAG.

[73] Z. B. § 29 Abs. 1 GewO; § 22 Abs. 1 GastG; § 17 Abs. 1 HandwO; § 37 PostG; §§ 54, 54a PBefG; §§ 7, 21a Abs. 3 GüKG; § 19 Abs. 2 AtG; § 18 Abs. 2 EnWG; §§ 26, 44 ff. KWG; §§ 9, 16 WphG; §§ 54 d, 55 ff. VAG.

[74] Z. B. § 29 Abs. 2, § 139b Abs. 6 GewO; § 22 Abs. 2 GastG; § 17 Abs. 2 HandwO; §§ 54, 54 a PBefG; § 21a Abs. 2 GüKG; § 19 Abs. 2 AtG; § 18 Abs. 3 EnWG; §§ 44 ff. KWG; § 16 WphG; §§ 57 ff., 83 VAG.

[75] § 13 Abs. 4 Satz 3 PBefG; § 14 GüKG.

[76] § 6 Abs. 2, 3 KWG; § 81 Abs. 2 VAG; §§ 4 Abs. 1, 36 b Abs. 1 WphG.

sich dabei um einen Ober- und Zentralbegriff der Finanzmarktaufsicht,[77] der eine Vielzahl einzelner Maßnahmen umfaßt, die die zuständigen Behörden zur Erfüllung ihrer Überwachungsaufgaben ergreifen können. Darauf kommen wir noch gesondert zu sprechen.

Maßgaben an Geschäftsführung

Von einer vergleichsweise gesteigerten Eingriffsintensität sind solche Aufsichtsmittel, die auf die Inhalte der geschäftlichen Tätigkeit zugreifen. Hierzu zählen die Auferlegung von Kontraktionspflichten, z. B. die Beförderungspflichten im Verkehrsgewerbe,[78] und insbesondere die Festsetzung bzw. Genehmigung von Leistungstarifen und Entgelten, wie sie etwa wiederum im Beförderungsgewerbe und im Post- und Telekommunikationsrecht vorkommen.[79]

Mißbrauchsaufsicht

Die kontrollintensivsten Aufsichtsinstrumente finden sich freilich im Kartellrecht. Die hier gewährten Befugnisse der Mißbrauchsaufsicht,[80] der Ermittlung, Beweiserhebung und Beschlagnahme[81] ähneln denen von Strafverfolgungsbehörden und verdeutlichen das hohe Schutzgut der Wettbewerbsaufsicht.

4. Untersagung

Kaum weniger vielfältig als Arten der Wirtschaftsüberwachung sind die aufsichtlichen Sanktionen, die bei einer nicht ordnungsgemäßen Wirtschaftsführung eintreten können. Abgesehen von der – schon

---

77 Vgl. *Höhns*, Fußn. 34, S. 133.

78 § 22 PBefG; § 10 AEG.

79 §§ 39, 51 PBefG; § 10 AEG; §§ 19 ff. PostG; §§ 24 ff. TKG; dazu *Bidinger*, Personenbeförderungsrecht, 1. Band, 2. Aufl., Stand: Juni 2002, B § 39 Rn. 1 ff; *Herdegen*, Fußn. 47, § 19 Rn. 1 ff.; *Schuster/Stürmer*, in: Beck'scher TKG-Kommentar, § 24 Rn. 1 ff., § 25 Rn. 1 ff.

80 §§ 12, 16 GWB; zum Begriff des „Mißbrauchs" *Emmerich*, Fußn. 39, § 18; *Immenga*, in: Immenga/Mestmäcker (Hrsg.), Fußn. 40, § 12 Rn. 12 ff.

81 §§ 57 ff. GWB.

vorgenannten – Möglichkeit, daß die Aufsichtsbehörden im Einzelfall vollstreckbare Anordnungen erlassen können, gehören zweifellos die Aufhebung der einmal erteilten Genehmigung[82] und die Untersagung bzw. Schließung des Wirtschaftsbetriebs[83] zu den schärfsten Sanktionen, die das öffentliche Wirtschaftsrecht vorsieht. Mit diesen Instrumenten soll – als ultima ratio – sichergestellt werden, daß die Wirtschaftsaufsicht ihre Ziel auch wirklich erreicht.

Unzuverlässigkeit

Dabei machen zahlreiche dahingehende Ermächtigungen wiederum deutlich, welche hohe Bedeutung die Rechtsordnung der Zuverlässigkeit des Wirtschaftstreibenden beimißt. So ist nach der insofern zentralen Vorschrift des § 35 der Gewerbeordnung die zuständige Behörde verpflichtet, die Ausübung eines Gewerbes zu untersagen, „wenn Tatsachen vorliegen, welche die Unzuverlässigkeit des Gewerbetreibenden oder einer mit der Leitung des Gewerbebetriebes beauftragten Person in bezug auf dieses Gewerbe dartun“.

III. Insbesondere: Die Aufsicht über die Finanzdienstleister

1. Traditionelle Aufsichtskonzeption

Der Finanzdienstleister ist ein komplexes Wesen – jedenfalls aufsichtsrechtlich betrachtet. Wer sich im Regelwerk der Finanzdienstleistungsaufsicht zurechtfinden will, hat es nicht einfach. Er trifft auf eine derart verwirrende Vielfalt von Begriffen, Definitionen und Strukturen, daß fast schon zum Expertenkreis gezählt werden kann, wer die zahlreichen und feingliedrigen Unterschiede nachzuvollziehen weiß.

---

[82] Z. B. § 15 GastG; § 25 PBefG; § 3 Abs. 5 GüKG; § 17 AtG; § 9 PostG; § 35 Abs. 2 KWG; § 87 VAG.

[83] Z. B. § 35 GewO, sowie spezialgesetzlich § 16 Abs. 3, 5 HandwO; § 13 GüKG; § 71 S. 2 TKG; § 37 KWG.

Der Grund für diese Schwierigkeiten resultiert zum einen aus der Sache selbst. Das rasante Wachstum und die ständige Innovation, die die Entwicklung auf den Finanzmärkten prägen, veranlassen das Aufsichtsrecht dazu, auf immer neue Erscheinungsformen und Gefahren zu reagieren. Der zweite und unmittelbarere Grund liegt darin, daß das deutsche Aufsichtsrecht weitgehend auf den Vorgaben des Europäischen Gemeinschaftsrechts aufbaut. Dessen systematische und begriffliche Schärfe leidet indes vor allem darunter,[84] daß die zahlreichen Richtlinien,[85] die hier ergangen sind, um einen gemeinsamen Binnenmarkt für Finanzdienstleistungen ohne Verkehrsbeschränkungen und Wettbewerbsverzerrungen zu bewirken, die Aufgabe zu bewältigen hatten, die ganz und gar unterschiedlichen aufsichtsrechtlichen Systeme in den einzelnen Mitgliedstaaten zusammenzuführen und zu harmonisieren.

---

84 Dazu *Schieber*, Die Aufsicht über Finanzkonglomerate, 1998, S. 71 ff.

85 Übersicht mit Nachw. bei *Jung/Schleicher*, Finanzdienstleister und Wertpapierhandelsbanken, 2. Aufl. 2001, S. 2 ff.; *Schieber*, Fußn. 84, S. 19 ff.; *Neumann*, Die Aufsicht über Finanzkonglomerate, 1998, S. 23 ff.; *Fischer*, in: Boos/Fischer/Schulte-Mattler (Hrsg.), KWG-Kommentar, 2000, Einf. Rn. 25 ff.; *Schmidt*, in: Prölls/Schmidt (Hrsg.), VAG-Kommentar, 11. Aufl. 1997, Vorbem. Rn. 31 ff., Anhang I. – Das Banken- und Wertpapieraufsichtsrecht betreffend sind hier insbesondere zu nennen: die Erste Bankrechtskoordinierungsrichtlinie von 1977, die Erste Konsolidierungsrichtlinie von 1983, die Zweite Bankrechts-Koordinierungsrichtlinie von 1989, die Eigenmittel- und die Solvabilitätsrichtlinie von 1989, die Zweite Konsolidierungsrichtlinie von 1992, die Wertpapierdienstleistungs- und die Kapitaladäquanzrichtlinie von 1993, die sog. BCCI-Folgerichtlinie von 1995; die genannten Richtlinien sind heute weitgehend in der sog. großen Bankrechtskodifikations-Richtlinie 2000/12/EG vom 20.3.2000, ABl. Nr. L 126/1 vom 26.5.2000, zusammengeführt. Die Umsetzung in deutsches Recht geschah jeweils durch Novellierungen des KWG, zuletzt durch die 6. KWG-Novelle von 1998, durch das WphG und die Finanzmarktförderungsgesetze, zuletzt durch das 4. Finanzmarktförderungsgesetz von 2002. – Aus dem Bereich der Versicherungswirtschaft sind zu nennen: die Ersten Koordinierungsrichtlinien zur Schadens- bzw. Lebensversicherung von 1973 und 1979, die Zweiten Koordinierungsrichtlinien zur Schadens- bzw. Lebensversicherung von 1988 und 1990, die Dritten Koordinierungsrichtlinien zur Schadens- bzw. Lebensversicherung von 1992, die Versicherungsgruppenrichtlinie von 1995 sowie ebenfalls die sog. BCCI-Folgerichtlinie von 1995. Das deutsche Umsetzungsrecht befindet sich vor allem im VAG.

Diesen gemeinschaftsrechtlichen Regeln folgend kennt das deutsche Aufsichtsrecht zunächst fünf Unternehmenstypen des Finanzdienstleisters:[86]

- die sog. Institute: das sind die Kredit- und die Finanzdienstleistungsinstitute,
- die Versicherungen,
- die Wertpapierdienstleistungsunternehmen,
- die Kapitalanlagegesellschaften und
- die Finanzunternehmen bzw. Finanzholding-Gesellschaften.

Diese Einteilung bedeutet indes nicht, daß die Organisation der staatlichen Aufsicht in gleicher Weise gegliedert ist. Sie folgt vielmehr der im europäischen Recht vorgezeichneten, die traditionellen Segmente des Finanzmarktes widerspiegelnden Drei-Säulen-Konzeption und unterscheidet dementsprechend die Aufsichtsfelder

- Kreditwesen,
- Wertpapierhandel und
- Versicherungswesen.

a. Kreditwesenaufsicht

Kreditinstitute

Der Kreditwesenaufsicht unterfällt zumal das klassische commercial banking der (privaten und öffentlichen) Kreditinstitute. Zu dem im KWG abschließend aufgelisteten Katalog der Bankgeschäfte[87] zählen vor allem

- das Einlagengeschäft,
- das Kreditgeschäft,
- das Finanzkommissionsgeschäft,
- das Depotgeschäft,

---

86 Vgl. *Schieber*, Fußn. 84, S. 74 ff., 80 ff.

87 § 1 Abs. 1 KWG.

- das Garantiegeschäft,
- das Girogeschäft und
- das Emmissionsgeschäft.

Finanzdienstleistungsinstitute

Mit Inkrafttreten der 6. KWG-Novelle 1998 hat sich die sachliche Reichweite der Kreditwesenaufsicht jedoch erheblich erweitert. Erstmals unterliegen ihr auch „Nicht-Banken". Betroffen sind zahlreiche kapitalmarktbezogene Aktivitäten, die bis dahin nicht überwacht waren und durch die Umsetzung der Wertpapierdienstleistungsrichtlinie europaweit der staatlichen Aufsicht unterworfen wurden. Die Unternehmer dieser Aktivitäten erfaßt das Gesetz unter dem Begriff der Finanzdienstleistungsinstitute. Das sind nach der gesetzlichen Definition „Unternehmen, die Finanzdienstleistungen für andere gewerbsmäßig oder in einem Umfang erbringen, der einen in kaufmännischer Weise eingerichteten Geschäftsbetrieb erfordert, und die keine Kreditinstitute sind".[88]

Daraus folgt zunächst, daß ein Finanzdienstleistungsinstitut, das auch Bankgeschäfte tätigt, seine Eigenschaft als Finanzdienstleistungsinstitut verliert und zu einem Kreditinstitut wird. Andererseits wird zwischen „reinen" Finanzdienstleistungsinstituten und solchen Kreditinstituten, die auch Finanzdienstleistungen anbieten, eine aufsichtliche Gleichbehandlung hergestellt und damit die Wettbewerbsgleichheit in diesem Bereich gefördert.[89] Das Gesetz faßt daher beide Unternehmenstypen unter dem Oberbegriff des „Instituts" zusammen.[90]

Unternehmen oder Institut in diesem Sinne meint dabei nicht nur die geläufige, zumeist in der Rechtsform einer juristischen Person des Privatrechts (etwa einer AG) betriebene Geschäftstätigkeit, sondern meint ebenso den gewerbsmäßig haupt- oder nebenberuflich auf eige-

---

88 § 1 Abs. 1a Satz 1 KWG.

89 *Schieber*, Fußn. 84, S. 81; *Fülbier*, in: Boos/Fischer/Schulte-Mattler (Hrsg.), KWG-Kommentar, 2000, § 1 Rn. 116.

90 § 1b KWG.

nes Risiko und für eigene Rechnung (etwa auf Provisionsbasis) selbständig tätigen Handelsvertreter und Handelsmakler im Sinne der §§ 84, 93 HGB. Dabei spielt die Art der Einbindung des selbständigen Vermittlers in eine (direkte oder strukturierte) Vertriebsorganisation keine Rolle. Lediglich die angestellten, nichtselbständigen Mitarbeiter eines Finanzdienstleistungsunternehmens bleiben außen vor.[91]

Entscheidend für die neue Reichweite der Kreditwesenaufsicht ist allerdings, welche Arten von Finanzdienstleistungen ihr tatsächlich unterfallen. Wiederum wird dies vom Gesetz in einem abschließenden Katalog aufgelistet.[92] Dazu gehören unter anderem

- die Anlagevermittlung (Vermittlung von Anschaffungs- und Veräußerungsgeschäften; Entgegennahme und Übermittlung von Aufträgen des Kunden),
- die Abschlußvermittlung (Anschaffungs- und Veräußerungsgeschäfte im fremden Namen und für fremde Rechnung, d. h. anders als im Falle des Kommissionsgeschäfts der Kreditinstitute als offener Stellvertreter des Kunden) und
- die Finanzportfolioverwaltung (Vermögensverwaltung mit eigenem Entscheidungsspielraum des Verwalters),[93]

wobei es gegenständlich immer nur um die Vermittlung oder Verwaltung von sog. Finanzinstrumenten geht, d. h. um Wertpapiere, Geldmarktinstrumente, Devisen oder Rechnungseinheiten sowie Derivate.[94]

---

91 Vgl. dazu *Jung*, Die Auswirkungen der 6. KWG-Novelle auf Anlagevermittler, (Börsen-) Makler und Vermögensverwalter, BB 1998, S. 649 ff. (650); *Reischauer/Kleinhans*, KWG-Kommentar, Stand: April 2002, § 1 Rn. 3 m.w.N.

92 § 1 Abs. 1a Satz 2 KWG.

93 Zum Problem der in der Rechtsform der GbR geführten Investmentclubs vgl. *Jung/Schleicher*, Fußn. 85, S. 52 f.; *Fülbier*, Fußn. 89, § 1 Rn. 124 ff.

94 § 1 Abs. 1a, Abs. 11 KWG.

Nicht: Financial Services, Introducing-Broker

Damit fallen zunächst verwandte Dienstleistungen wie bestimmte Financial Services, die nicht auf eine konkrete Willenserklärung des Interessenten zum Abschluß eines Vertrages, der Gegenstand einer Vermittlung ist, abzielen (z. B. Erstellung von Studien, Vergabe von Informationen, Namhaftmachung von Finanzmöglichkeiten), aus der Kreditwesenaufsicht heraus – und zwar ungeachtet ihres Umsatz- oder Ertragsvolumens, ebenso die bloße Vermittlung eines Vermittlers von Finanzdienstleistungen (sog. Botenbanken und Introducing-Broker).[95] Das Gleiche gilt für die reine Vermögensberatung i.e.S., sofern sie keine Beratung bei der Anlage in Finanzinstrumenten darstellt (sog. Anlageberatung); diese wird vom KWG als Tätigkeit eines sog. Finanzunternehmens qualifiziert.[96]

Nicht: Vermittlung von Versicherungen, Darlehen, Gesellschaftsanteilen, Bausparverträgen

Insbesondere aber zählen weder Versicherungsgeschäfte – sie dürfen von Kredit- und Finanzdienstleistungsinstituten schon wegen des im Versicherungsaufsichtsrecht geltenden Spezialitätsgrundsatzes nicht betrieben werden[97] – noch die Vermittlung von Versicherungsverträgen zu den Finanzdienstleistungen im Sinne des KWG.[98] Der Versicherungsvermittler wird also von der Ausdehnung der herkömmlichen Kreditwesenaufsicht durch die 6. KWG-Novelle nicht betroffen.[99] Das gilt für sämtliche Erscheinungsformen der Personen- und

---

95 *Jung/Schleicher*, Fußn. 85, S. 39 f., 47 ff.

96 § 1 Abs. 3 Satz 1 Nr. 6 KWG.

97 § 7 Abs. 2 VAG; vgl. auch § 2 Abs. 6 Satz 1 Nr. 4, Satz 2 KWG: Als Finanzdienstleistungsinstitute gelten nicht private und öffentlich-rechtliche Versicherungsunternehmen, insoweit sie Finanzdienstleistungen erbringen, die zu den ihnen eigentümlichen Geschäften gehören; andernfalls unterliegen auch Versicherungsunternehmen der Kreditwesenaufsicht.

98 Kritisch insoweit *Jung/Schleicher*, Fußn. 85, S. 50; eingehend zu dieser Problematik auch *Schmidt*, Fußn. 69, Zus. § 1, sowie unten, Ziff. c).

99 Selbst wenn die Versicherungsvermittlung durch ein Kredit- oder Finanzdienstleistungsinstitut betrieben wird, unterliegt es insoweit nicht der Kreditwesenaufsicht; es entfällt sogar die ansonsten für bankfremde Geschäfte angeordnete Anzeigepflicht. Das Gleiche gilt für die Vermittlung von Bau-

Sachversicherung, soweit diese allein als Versicherungsprodukte angeboten werden, so z. B. auch für die Vermittlung einer fondsgebundenen Lebensversicherung. Lediglich dann, wenn es sich um eine bloße Kombination eines Versicherungsprodukts mit einem Finanzinstrument (z. B. Aktienfondsanteile) handelt, bleibt es für die Vermittlung des letzteren bei den Regeln des KWG.

Ebensowenig werden der Handel mit Immobilien und Gesellschaftsanteilen, wie GmbH-Anteilen, KG- und GbR-Beteiligungen (insbesondere an geschlossenen Immobilienfonds, Abschreibungsgesellschaften, Leasingsfonds u.ä.), mit Schiffsbeteiligungen, Edelmetallen oder Kunstgegenständen sowie die Vermittlung von Darlehen,[100] Bausparverträgen und (typischen oder atypischen) stillen Beteiligungen vom Begriff der Finanzdienstleistungen im Sinne des KWG erfaßt.

Nicht: Vermittlung von Investmentfonds-Anteilen

Dagegen stellt die Anlage- und Abschlußvermittlung von Anteilen an Investmentfonds (Anteilscheine von Kapitalanlagegesellschaften nach dem KAGG oder an ausländischen Investmentgesellschaften) materiell eine Finanzdienstleistung dar.[101] Gleichwohl werden sämtliche Vermittler, die sich hierauf beschränken, d. h. bei der Erbringung dieser Dienstleistung kein Eigentum oder Besitz an den Geldern, Anteilscheinen oder Anteilen des Kunden erlangen und damit ihm gegenüber keine eigenen Verbindlichkeiten eingehen sowie auch keine darüber hinausgehende vermögensverwaltende Tätigkeit für den Kunden übernehmen, kraft besonderer gesetzlicher Anordnung nicht als Finanzdienstleistungsinstitute angesehen.[102] Der Grund für diese Ausnahmeregelung wird darin gesehen, daß es sich bei den

---

sparverträgen oder von Verträgen über Darlehen, Bürgschaften, Garantien oder sonstigen Gewährleistungen und Kreditkarten (vgl. § 24 Abs. 1 Nr. 9 i.V.m. § 11 Abs. 2 Satz 3 AnzV).

100 Ausnahme: Vermittlung von Darlehen zwischen Kreditinstituten (sog. Geldmaklergeschäfte), die gemäß § 1 Abs. 3 Nr. 8 KWG zum Geschäftsfeld der sog. Finanzunternehmen gehört (zu diesen sogleich im Text).

101 § 1 Abs. 1a Satz 2 Nr. 1 und 2 i.V.m. Abs. 11 Satz 2 Nr. 2 KWG.

102 § 2 Abs. 6 Nr. 8 KWG.

Investmentanteilen um standardisierte Produkte handelt, bei denen die bloße Weiterleitung der Kauf- und Verkaufsaufträge kein besonderes Risiko in sich birgt. Außerdem untersteht die Fonds- oder Investmentgesellschaft („Kapitalanlagegesellschaft") selbst der staatlichen Aufsicht, so daß eine weitergehende Beaufsichtigung der Vermittlung ihrer Anteile nicht für erforderlich gehalten wird. Dies wird allerdings, vor allem im Hinblick auf risikoreiche Fondsprodukte in spezialisierten Nebenmärkten, zum Teil kritisch beurteilt.[103]

Als weitere Ausnahme gilt der Anlage- und Abschlußvermittler auch dann nicht als Finanzdienstleistungsinstitut, wenn die Vermittlung ausschließlich für Rechnung und unter Haftung eines Einlagenkreditinstituts oder eines Wertpapierhandelsunternehmens erfolgt und die Haftungsübernahme der Aufsichtsbehörde angezeigt wird (sog. gebundene Agenten).[104]

Anlagenmakler nach der Gewerbeordnung

Die Folge dieser begrifflichen Beschränkungen und Ausnahmen vom Anwendungsbereich der Kreditwesenaufsicht (und weitgehend ebenso der Wertpapierhandelsaufsicht[105]) ist, daß weite Bereiche des Kapitalmarktes unbeaufsichtigt bleiben. Man spricht hier vom freien oder „grauen Kapitalmarkt".[106] Die Lücke wird zum Teil, aber auch nur zum Teil, durch das allgemeine Gewerberecht geschlossen. Danach unterliegt vor allem die gewerbliche Vermittlung (oder der Nachweis der Gelegenheit zum Abschluß) von Verträgen

- über Grundstücke und Immobilien (einschließlich Hypotheken und Grundschulden),
- über Darlehen,

---

103 Vgl. *Jung/Schleicher*, Fußn. 85, S. 58 f.; *Fülbier*, Fußn. 89, § 2 Rn. 42 f. m.w.N.

104 § 2 Abs. 10 i.V.m. § 1 Abs. 3d Sätze 1 und 2 KWG.

105 Siehe zum Anwendungsbereich der Wertpapierhandelsaufsicht § 2, insbes. Abs. 3a und 4 WphG, sowie unten, Ziff. b).

106 *Hösch*, Anlegerschutz auf dem „grauen Kapitalmarkt", GewArch. 1999, S. 135 ff.; *Höhns*, Fußn. 34, S. 122 ff.

- über (in- und ausländische) Investmentfonds-Anteile, geschlossene Immobilienfonds und Aktien, GmbH- und KG-Anteile, sofern diese Anlageobjekte öffentlich angeboten werden, sowie
- über Schuldverschreibungen einer Kapital- oder Kommanditgesellschaft

der Genehmigung durch die gewerberechtliche Aufsichtsbehörde.[107] Für das danach zugelassene Vermittlungsgewerbe gilt dann die Makler- und Bauträgerverordnung,[108] die den Vermittler zum Schutze der Allgemeinheit und der Auftraggeber einer laufenden Aufsicht unterstellt und dazu bestimmte Verhaltens- und Organisationsvorschriften enthält, deren Nichtbeachtung gegebenenfalls eine Ordnungswidrigkeit darstellt und den Widerruf der Erlaubnis zur Folge haben kann.

Eigenständige Bedeutung hat diese gewerberechtliche Aufsicht indes nur dann, wenn die Vermittlungstätigkeit nicht schon von einer Zulassung nach dem KWG als Bank- oder Finanzdienstleistung umfaßt ist.[109] Sie betrifft also im wesentlichen nur die Vermittlung von Immobilien, Darlehen, Investment- und Immobilienfonds sowie von öffentlich angebotenen Gesellschaftsanteilen. Erlaubnisfrei bleiben hingegen der gebundene Agent von Finanzinstrumenten,[110] der gesamte Geschäftsbereich über die nicht-fungiblen und nicht öffentlich angebotenen Anlageobjekte sowie die gewerbsmäßige Vermittlung von Versicherungsverträgen aller Art. Diese Tätigkeiten unterliegen nur der allgemeinen Anzeigepflicht[111] und dem Vorbehalt der Untersagung im Falle der Unzuverlässigkeit des Gewerbetreibenden.[112]

---

[107] § 34c Abs. 1a und 1b GewO.

[108] I.d.F. der Bek. vom 7.11.1990 (BGBl I S. 2479), erlassen aufgrund der Ermächtigung in § 34c Abs. 3 GewO; dazu Landmann/Rohmer (Hrsg.), Gewerbeordnung, Band II Nr. 250.

[109] Vgl. § 34c Abs. 5 Nr. 3 GewO.

[110] § 34c Abs. 5 Nr. 3a GewO.

[111] § 14 GewO.

[112] § 35 GewO.

Finanzunternehmen, Finanzholding-Gesellschaften

Wiederum der Kreditwesenaufsicht unterworfen sind hingegen auch die sog. Finanzunternehmen, wie Beteiligungs- und Leasinggesellschaften oder reine Anlageberatungsunternehmen, ferner die Finanzholding-Gesellschaften sowie die Kapitalanlagegesellschaften, Hypothekenbanken und Bausparkassen, wobei die Anforderungen an deren Tätigkeit im wesentlichen in besonderen Gesetzen geregelt ist (KAGG, HypothekenbankG, BausparG).

Solvenzaufsicht

Soweit danach das Kreditwesengesetz Anwendung findet, herrscht im Finanzdienstleistungsbereich eine strenge Solvenz- und Liquiditätsaufsicht. Sie geht dahin, Mißstände in den Instituten zu verhindern oder zu beseitigen, welche die Sicherheit der dem Institut anvertrauten Vermögenswerte oder die ordnungsgemäße Durchführung der Bankgeschäfte oder Finanzdienstleistungen beeinträchtigen und dadurch die Funktion des Finanzsektors für die Gesamtwirtschaft gefährden.[113]

Funktionsschutz

Vorrangiges Ziel der Kreditwesenaufsicht ist damit die Funktionsfähigkeit des Bank- und Finanzdienstleistungsgewerbes. Das umschließt zwangsläufig auch einen gewissen Schutz der Interessen der einzelnen Anleger, weil das ordnungsgemäße Funktionieren der Finanzmärkte weitgehend von dem Vertrauen abhängt, das sie bei den Anbietern genießen (sog. institutioneller Anlegerschutz).[114]

Umstritten ist, ob die Kreditwesenaufsicht darüber hinaus auch den individuellen Anlegerschutz als eigenständiges, vom Funktionsschutz unabhängiges Ziel verfolgt. Die Frage ist nicht von geringer Bedeutung. Denn ihre Beantwortung beeinflußt wiederum die Frage, ob ein

---

113 § 6 Abs. 2, 3 KWG; zum Begriff der „Mißstände" mit Beispielen: *Reischauer/Kleinhans*, Fußn. 91, § 6 Rn. 11 ff.; *Fülbier*, Fußn. 89, § 6 Rn. 34 ff., 53 ff.

114 *Möllers*, Anlegerschutz durch Aktien- und Kapitalmarktrecht, ZGR 1997, S. 334 ff. (337); EuGH EuZW 1995, S. 404 – Alpine Investments.

pflichtwidriges Versäumnis der Aufsichtsbehörden einen Amtshaftungsanspruch des dadurch geschädigten Anlegers auslösen kann. Der Bundesgerichtshof hatte im Jahre 1979 tatsächlich in zwei Fällen entschieden, daß die aufsichtliche Überwachung der ordnungsgemäßen Geschäftsführung eines Kreditunternehmens eine den Einlagegläubigern gegenüber bestehende Amtspflicht darstellt.[115] In der Reaktion auf diese Urteile hat der Gesetzgeber jedoch das KWG um die Vorschrift ergänzt, daß die Aufsichtsbehörden ihre Aufgaben nur im öffentlichen Interesse, also nicht im Interesse einzelner Institutskunden wahrnehmen.[116] Damit sollte es den Einlagegläubigern verwehrt werden, wegen der Verletzung ihrer Vermögensinteressen gegen das Aufsichtsamt Schadensersatzansprüche geltend zu machen. In Teilen der Literatur wird dies jedoch zumindest für europarechtswidrig gehalten.[117] Der Bundesgerichtshof hat die Frage jetzt dem Europäischen Gerichtshof zur Vorabentscheidung vorgelegt.[118]

Erlaubnispflicht

Der Überwachung der am Kapitalmarkt agierenden Institute dienen eine Anzahl von Maßnahmen formaler wie informaler Art, die darauf hinwirken, daß die gesetzlichen Vorkehrungen, insbesondere eine ausreichende Eigenkapitalausstattung und eine angemessene Geschäftspolitik, eingehalten werden.

Am Anfang steht die schon bekannte Pflicht, für die Aufnahme des Geschäftsbetriebs eine entsprechende Erlaubnis einzuholen. Das gleiche gilt für jede Änderung, namentlich für jede Ausdehnung des bisherigen Geschäftsbetriebs. In diesem Zusammenhang wird die persönliche Zuverlässigkeit und fachliche Eignung der (mindestens zwei – Vier-Augen-Prinzip) Geschäftsführer sowie der bedeutenden

---

115 BGHZ 74, 144 ff. – Wetterstein; BGHZ 75, 120 ff. – Herstatt.

116 § 6 Abs. 4 KWG.

117 Vgl. zum Ganzen m. umf. Nachw. *Höhns*, Fußn. 34, S. 53 ff., 85 ff.; *Fischer*, in: Boos/Fischer/Schulte-Mattler (Hrsg.), KWG-Kommentar, 2000, Einf. Rn. 46 f., 48 ff.; *Fülbier*, Fußn. 89, § 6 Rn 71 ff.; *Reischauer / Kleinhans*, Fußn. 91, § 6 Rn. 17; *Mößbauer*, Fußn. 1, S. 251 ff.

118 BGH NJW 2002, S. 2464 ff.

Anteilseigner des Instituts überprüft – auch jeder neu eintretende Geschäftsführer oder Inhaber bedarf der Akkreditierung durch die Aufsichtsbehörde – und außerdem der Nachweis eines tragfähigen Geschäftsplans und eines hinreichenden Anfangskapitals verlangt.[119]

Werden ohne die erforderliche Erlaubnis Bankgeschäfte betrieben oder Finanzdienstleistungen erbracht, kann die sofortige Einstellung und unverzügliche Abwicklung der Geschäfte angeordnet werden[120] – ganz abgesehen davon, daß dies auch strafbar ist.[121]

Mit der Erteilung der Erlaubnis hingegen, die der EU-Kommission mitzuteilen ist, erlangt das Institut nach den Grundsätzen der Wertpapierdienstleistungsrichtlinie von 1993 zudem das Recht, seine Bank- und Finanzdienstleistungen auch grenzüberschreitend bzw. im europäischen Ausland zu erbringen, ohne daß es dort einer erneuten Zulassung bedarf (sog. „Europäischer Paß").[122]

Laufende Überwachung

Die laufende Überwachung der Institute hat die Beachtung der vielfältigen Anforderungen zum Gegenstand, die insbesondere das KWG (nebst konkretisierender Verordnungen) an die Ausübung der Geschäfte, insbesondere die Kreditgewährung, die Eigenkapitaldeckung und Liquidität sowie die Risikobegrenzungen und Risikovorkehrungen aufstellt.[123] Sie geschieht zum einen über umfangreiche Anzeige-, Berichts- und Melde- sowie Organisationspflichten, durch Sachverhaltsermittlungen und Sonderprüfungen sowie durch Anordnungen und Maßnahmen aufgrund allgemeiner und besonderer Befugnisnormen bis hin zu den Möglichkeiten, die Abberufung einzelner

---

119 §§ 32 Abs. 1, 33 Abs. 1 KWG. – Für einen Anlage- oder Abschlußvermittler genügt u.U. anstelle des gebotenen Anfangskapitals der Nachweis einer geeigneten Versicherung.

120 § 37 KWG.

121 § 54 Abs. 1 Nr. 2 KWG.

122 § 53b KWG; dazu *Reischauer/Kleinhans*, Fußn. 91, § 53b Rn. 1 ff.

123 Besondere Anforderungen zur Bekämpfung und Verhinderung der Geldwäsche enthält das Geldwäschegesetz-GwG; vgl. dazu im Überblick *Jung/Schleicher*, Fußn. 85, S. 189 ff.

Geschäftsleiter zu verlangen oder die Zulassung aufzuheben. In der Praxis äußerst bedeutsam sind jedoch – zum anderen – die zahlreichen informalen Aufsichtsmaßnahmen. Dazu gehören Bekanntmachungen (insbesondere zu Eigenkapital- und Liquiditätsgrundsätzen), Verlautbarungen (etwa über Merkmale einer ordnungsgemäßen Geschäftsführung) und sonstige Mitteilungen und Rundschreiben.[124] Schließlich besteht für alle Kredit- und Finanzdienstleistungsinstitute die Pflicht, einem Einlagensicherungsfonds bzw. Anlegerentschädigungssystem beizutreten.[125]

b. Wertpapierhandelsaufsicht

Die Zulassungs- und Solvenzaufsicht ist indes nur die eine Seite der staatlichen Überwachung von Banken und Finanzdienstleistern. Der andere Teil betrifft ihre Tätigkeiten am Markt. Das heißt, die Solvenzaufsicht wird durch eine Marktaufsicht ergänzt.[126]

Wertpapierdienstleistungsunternehmen

Dazu kreiert das Wertpapierhandelsgesetz den Begriff des Wertpapierdienstleistungsunternehmens.[127] Das sind die Kredit- und Finanzdienstleistungsinstitute, insofern sie gewerbsmäßig Wertpapierdienstleistungen (gegebenenfalls zusammen mit sog. Wertpapiernebendienstleistungen, wie Gewährung von Effektenkrediten und Anlageberatung) erbringen.[128] Wertpapierdienstleistungen sind vor allem

- die Anschaffung und Veräußerung von Finanzinstrumenten,

---

124 Einzelheiten sind hier nicht zu entfalten, insoweit wird auf die einschlägige Spezialliteratur verwiesen; einen Überblick liefert *Fischer*, Fußn. 117, Einf. Rn. 55 ff. Kritisch zu den informalen Aufsichtsmaßnahmen *Höhns*, Fußn. 34, § 3 I 4b (S. 157 ff.).

125 § 2 Einlagensicherungsgesetz.

126 *Jung/Schleicher*, Fußn. 85, S. 22 ff., 26 ff.; *Schieber*, Fußn. 84, S. 82 f.

127 § 2 Abs. 4 WphG; dazu *Assmann*, in: Assmann/Schneider, WphG-Kommentar, 2. Aufl. 1999, § 2 Rn. 77 ff.

128 § 2 Abs. 4 WphG.

- die Anlage- und die Abschlußvermittlung oder der Nachweis solcher Finanzgeschäfte,
- die Plazierung von Finanzinstrumenten (Emissionsgeschäft) und
- die Finanzportfolioverwaltung.[129]

Damit knüpft die Reichweite der Wertpapierhandelsaufsicht institutionell wie funktionell an das KWG an. Erfaßt werden die Kredit- und Finanzdienstleistungsinstitute im Sinne des KWG,[130] allerdings nicht als solche und nicht in ihrem gesamten Geschäftsgebaren, sondern insoweit und indem sie bestimmte Geschäfte am Kapitalmarkt erbringen, also als Wertpapierdienstleistungsunternehmen auftreten. Es ist diese Tätigkeit, die im Focus der Wertpapierhandelsaufsicht steht.

Nicht: Vermittlung anderer Anlageobjekte als Finanzinstrumente

Dabei geht es gegenständlich wiederum immer nur um Geschäfte mit Finanzinstrumenten. Das WphG benennt hier ausdrücklich und abschließend Wertpapiere, Geldmarktinstrumente und Derivate.[131] Andere Anlageobjekte des sog. grauen Kapitalmarktes bleiben mithin außen vor.[132]

Nicht: Vermittlung von Investmentfonds-Anteilen

Ebenso sind solche Dienstleistungen ausgenommen, die sich darauf beschränken, den Erwerb oder die Veräußerung von (inländischen oder ausländischen) Investmentfonds-Anteilen an ein Kredit- oder Finanzdienstleistungsinstitut zu vermitteln, wenn sich der Vermittler weder Eigentum noch Besitz an den Geldern, Anteilsscheinen oder Anteilen des Kunden verschafft oder wenn dies ausschließlich für Rechnung und unter der Haftung eines solchen Instituts erfolgt.[133]

---

129 § 2 Abs. 3 WphG.
130 Vgl. oben, Ziff. III. 1. a).
131 § 2 Abs. 1, 1a, 2 WphG.
132 Zur Kritik siehe nochmals m.w.N. *Höhns*, Fußn. 34, S. 122 ff.
133 § 2a Abs. 1 Nr. 7, Abs. 2 WphG.

Marktaufsicht, Funktionsschutz

Soweit danach sein Anwendungsbereich reicht, etabliert das WphG eine effektive Marktaufsicht mit dem Ziel, Mißständen entgegenzuwirken, welche die ordnungsgemäße Durchführung von Wertpapierdienstleistungen oder des Wertpapierhandels beeinträchtigen oder die erhebliche Nachteile für den Wertpapiermarkt bewirken können.[134] Insoweit nehmen mittelbar auch die Anleger am Schutzzweck der Aufsicht teil, im Vordergrund steht jedoch die Integrität und die Transparenz der Wertpapiermärkte.[135]

Aufsichtsinhalte

Zu diesem Zweck überwacht die Marktaufsichtsbehörde vor allem die gesetzlichen Verhaltens-, insbesondere Informationspflichten, die dem Wertpapierdienstleister gegenüber seinen Kunden bei der Anbahnung und Abwicklung der Geschäfte obliegen, des weiteren seine besonderen Aufzeichnungs- und Aufbewahrungs- sowie Organisationspflichten, wie etwa, daß die Gelder und Wertpapiere der Kunden getrennt vom Unternehmensvermögen zu halten sind. Zur Erfüllung all dieser Aufgaben stehen der zuständigen Behörde vergleichbare – formale und informale – Mittel zur Verfügung wie der Solvenzaufsicht nach dem Kreditwesengesetz.[136]

Besondere Aufgaben

Daneben erfüllt die Marktaufsicht noch besondere Aufgaben, die indes nicht nur speziell die Kredit- und Finanzdienstleistungsinstitute, sondern auch andere Marktteilnehmer betreffen. Dabei geht es vor

---

[134] § 4 Abs. 1 S. 2 WphG; dazu *Dreyling*, in: Assmann/Schneider (Hrsg.), WphG-Kommentar, 2. Aufl. 1999, § 4 Rn. 1 ff.

[135] Auch die Wertpapierhandelsaufsicht geschieht im öffentlichen Interesse, vgl. § 4 Abs. 2 WphG, so daß der dadurch bewirkte Schutz der Anleger jedenfalls insoweit kein individueller ist, als Versäumnisse der Aufsichtsbehörden Amtshaftungsansprüche auslösen könnten. Zur Diskussion des Problems siehe oben, Ziff. III. 1. a).

[136] Für Einzelheiten ist wiederum auf die einschlägige Spezialliteratur zu verweisen.

allem um die Bekämpfung von Insidergeschäften,[137] die Kontrolle der Ad-hoc-Publizität kursbeeinflussender Tatsachen,[138] die Überwachung der Mitteilungs- und Veröffentlichungspflichten der Stimmrechtsanteile börsennotierter Gesellschaften,[139] ferner um die Überwachung der Hinterlegung von Verkaufsprospekten[140] und des Verfahrens bei Übernahmen.[141]

Börsenaufsicht

Zur Marktaufsicht gehört schließlich auch die Börsenaufsicht, also die Überwachung des Geschäftsverkehrs und des Handels an den Börsen. Diese bildet aber ein spezielles Segment und unterliegt eigenen Regeln und Zuständigkeiten (BörsG).

c. *Versicherungsaufsicht*

Im Vergleich zu den beiden vorgenannten Aufsichtsbereichen hat die Versicherungsaufsicht traditionell einen stärker kundenschützenden Charakter. Im Vordergrund steht die Wahrung der Belange der Versicherten,[142] während der Aspekt der Funktionssicherung des Versicherungswesens eine nachgeordnete Rolle spielt.

Schutz der Versichertengemeinschaft

Der Grund dafür liegt darin, daß der Abschluß von Versicherungen nicht allein der Geldanlage dient, sondern der Versicherungsnehmer seine Versicherungsbeiträge vor allem im Vertrauen darauf zahlt, daß die Versicherung in Zukunft möglicherweise eintretende Schadensfälle ausgleicht. An der Überwälzung dieses wirtschaftlichen

---

137 §§ 12 ff. WphG.

138 § 15 WphG.

139 §§ 21 ff. WphG.

140 Gemäß dem Wertpapier-Verkaufsprospektgesetz vom 17.7.1996 (BGBl. I S. 1047).

141 Gemäß dem Wertpapiererwerbs- und Übernahmegesetz vom 20.12.2001 (BGBl. I S. 3822).

142 Vgl. §§ 8 Abs. 1 Nr. 3, 81 Abs. 1 Satz 2, 87 Abs. 1 Nr. 3 VAG.

Risikos hat der Versicherungskunde ein weit über den Wert seiner Beitragszahlungen hinausgehendes Interesse. Allerdings geht es auch hier nicht um den einzelnen Versicherten; er hat weder einen individuellen Anspruch auf Einschreiten der Versicherungsaufsichtsbehörde, noch kann er Schadensersatzansprüche wegen Aufsichtsversäumnissen erheben. Gemeint ist vielmehr, daß die Versicherungsaufsicht primär dem Schutz der Versichertengemeinschaft dient und in diesem Sinne im öffentlichen Interesse stattfindet, was denn das VAG[143] auch ausdrücklich klarstellt.[144]

Mißstandsaufsicht

Unter dieser Zielsetzung wacht die Versicherungsaufsicht darüber, daß Mißstände vermieden oder beseitigt werden.[145] Ein Mißstand in diesem Sinne ist jedes Verhalten eines Versicherungsunternehmens, das den Belangen der Versicherten oder den gesetzlichen Anforderungen an den Betrieb des Versicherungsgeschäfts widerspricht.[146]

Erlaubnispflicht

Dazu dient zunächst die präventive Kontrolle in Gestalt der Erlaubnispflicht. Versicherungsunternehmen bedürfen für die Aufnahme von Versicherungsgeschäften der vorherigen Erlaubnis, und zwar grundsätzlich für jede Versicherungssparte (z. B. Lebens-, Kranken-, Unfall-, Rechtsschutz-, Haftpflicht-, Kraftfahrzeugversicherung) gesondert.[147] Wird sie erteilt, so berechtigt sie auch zum Betrieb des Versicherungsgeschäfts in den anderen Staaten der EG und des EWR („Europäischer Paß“).[148]

---

[143] § 81 Abs. 1 Satz 3 VAG.

[144] Siehe dazu jew. m.w.N. *Mösbauer*, Fußn. 1, S. 362 ff.; *Neumann*, Fußn. 43, S. 27 ff.; *Höhns*, Fußn. 34, S. 52 f.; *Stober*, Fußn. 33, § 51 III; vgl. auch BVerwGE 75, 147 ff.; 95, 25 ff. Zu den Unterschieden zwischen Banken- und Versicherungsaufsicht eingehend *Schmidt*, Fußn. 85, Vorbem. Rn. 136 ff.

[145] § 81 Abs. 2 Satz 1 VAG.

[146] Vgl. § 81 Abs. 2 Satz 2 i.V.m. Abs. 1 VAG.

[147] §§ 5 Abs. 1, 6 Abs. 2 VAG.

[148] §§ 6 Abs. 1 Satz 2, 13a ff. VAG.

Im Rahmen des Zulassungsverfahrens werden vor allem die Zuverlässigkeit und fachliche Eignung der Geschäftsleiter wie der bedeutenden Anteilseigner des Versicherungsunternehmens kontrolliert sowie anhand eines vorzulegenden Geschäftsplans die konzeptionelle und finanzielle Solidität der zukünftigen Geschäftspolitik daraufhin überprüft, ob die Belange der Versicherten ausreichend gewahrt sind und die dauerhafte Erfüllbarkeit der aus den Versicherungen folgenden Verpflichtungen genügend dargetan ist.[149]

Laufende Rechts- und Finanzaufsicht

Die laufende Überwachung des Geschäftsbetriebs der Versicherungsunternehmen erfolgt im Rahmen einer rechtlichen Aufsicht und einer Finanzaufsicht. Gegenstand der rechtlichen Aufsicht ist die ordnungsgemäße Durchführung des Geschäftsbetriebs einschließlich der Beachtung der gesetzlichen Vorschriften, wie z. B. die Pflichten zur hinreichenden Verbraucherinformation,[150] der Grundsatz der Spartentrennung[151] und das Verbot versicherungsfremder Geschäfte,[152] sowie der Einhaltung des Geschäftsplans.[153] Im Rahmen der Finanzaufsicht achtet die Behörde auf die dauernde Erfüllbarkeit der Verpflichtungen aus den Versicherungen und dazu insbesondere auf die Bildung ausreichender Rücklagen, eine angemessene Rückversicherung und eine nachhaltige und solide Anlagepolitik.[154]

Der Durchsetzung dieser Aufgaben dient wiederum eine Reihe von behördlichen Maßnahmebefugnissen allgemeiner und spezieller Art, die über verschiedene Prüfungs- und Ermittlungsrechte, auch der Kontrolle bestimmter Versicherungsbedingungen,[155] bis hin zur Abberufung einzelner Geschäftsleiter, dem Widerruf der Erlaubnis und

---

149 §§ 5, 7a, 8 VAG, dazu näher *Schmidt*, Fußn. 85, § 5 Rn. 4 ff., § 7a Rn. 2 ff., § 8 Rn. 11 ff.

150 § 10a VAG

151 § 8 Abs. 1a VAG; dazu *Schmidt*, Fußn. 85, § 8 Rn. 26 ff.

152 § 7 Abs. 2 VAG.

153 § 81 Abs. 1 Satz 3 VAG.

154 § 81 Abs. 1 Satz 5 VAG.

155 Vgl. BVerwGE 107, 101 ff.

dem Verbot des weiteren Geschäftsbetrieb reichen.[156] Teilweise unterliegen die Versicherungsprodukte selbst der Beaufsichtigung, indem die Behörde ihre mathematischen Grundlagen überprüft;[157] für Altersvorsorgeversicherungen gibt es sogar eine sondergesetzliche Zertifizierungspflicht, um den Genuß der steuerlichen Privilegierung zu erlangen.[158]

Der Versicherungsvermittler

Keine in diesem Sinne aufsichtsrelevanten Versicherungsgeschäfte betreibt hingegen der Versicherungsvermittler. Dessen Tätigkeit besteht darin, Versicherungsverträge zwischen Versicherungsinteressierten und dem Versicherer zu vermitteln oder im Namen eines Versicherungsunternehmens abzuschließen.

Nicht: Versicherungsberatung

Obgleich jeder Versicherungsvermittlung auch ein Beratungsmoment innewohnt, ist sie von der reinen Versicherungsberatung abzugrenzen, die nach Maßgabe des Rechtsberatungsgesetzes allein darauf beschränkt ist, Versicherungssuchende und Versicherte beim Abschluß, der Änderung oder Kündigung von Versicherungsverträgen und in Versicherungsfällen zu beraten und gegebenenfalls gegenüber dem Versicherungsunternehmen außergerichtlich zu vertreten.

Bezeichnung „Vermögensberater"

Nach dem Rechtsgrundsatz der Firmenwahrheit ist dieser Unterscheidung grundsätzlich auch im Namen bzw. der Firma, unter der das Unternehmen im Geschäftsverkehr auftritt, Rechnung zu tragen. Dennoch bestehen keine Bedenken dagegen, daß ein Versicherungsvermittler die Bezeichnung „Vermögensberater" führt, wenn und weil

---

[156] Zu Einzelheiten muß wieder auf die einschlägige Spezialliteratur verwiesen werden.

[157] Vgl. § 5 Abs. 3 Nr. 2 VAG.

[158] Gesetz zur Zertifizierung von Altersvorsorgeverträgen (BGBl. I 2001 S. 1322).

dadurch unter Berücksichtigung der gewachsenen Verkehrsauffassung nicht der fälschliche Eindruck erweckt wird, es werde gar keine Versicherungsvermittlung oder neben dieser (unzulässig) zugleich auch Versicherungsberatung angeboten.[159]

Wenig intensive Aufsicht

Bei Versicherungsvermittlern kann es sich entweder um Angestellte des Versicherungsunternehmens handeln oder um selbständige Versicherungsvertreter und Versicherungsmakler.[160]

Erstere werden voll und unmittelbar von der Versicherungsaufsicht erfaßt, insofern das Versicherungsunternehmen für deren Tätigkeit die Verantwortung trägt. Das kann soweit gehen, daß die Aufsichtsbehörde dem Unternehmen zur Abwendung von Mißständen aufgeben kann, den Vertreter zu maßregeln oder zu entlassen.[161]

Bei den selbständigen Vermittlern liegen die Dinge zwar nicht so klarsichtig. Doch sind auch sie dem aufsichtlichen Zugriff nicht gänzlich entzogen. Die Aufsichtspraxis hebt hier auf die zwischen dem Versicherungsunternehmen und dem Vermittler bestehenden Rechtsbeziehungen ab und behält sich vor, von dem Unternehmen zu verlangen, auf der Grundlage dieser Beziehungen die erforderlichen Maßnahmen zur Abwendung von Mißständen zu treffen.[162] Das gilt auch für den Fall, daß die Vermittlungstätigkeit im Strukturvertrieb oder sonstwie im Rahmen eines eigenständigen Versicherungsvermittlungsunternehmens stattfindet.

Die Versicherungsvermittler selbst hingegen unterliegen keiner direkten aufsichtlichen Überwachung. Lediglich soweit es für die Beurteilung des Geschäftsbetriebs und der Vermögenslage des Versicherungsunternehmens bedeutsam ist, stehen der Versicherungsaufsicht auch Prüfungs- und Auskunftsrechte gegenüber dem Vermittler zu.[163] Im übrigen ist seine Tätigkeit – im Gegensatz zur Vermittlung von

---

159 Vgl. dazu *Schmidt*, Fußn. 85, Zus. § 1 Rn. 25 f.

160 Zu dieser Unterscheidung *Schmidt*, Fußn. 85, Zus. § 1 Rn. 4 ff., 7 ff., 32 ff.

161 Dazu *Schmidt*, Fußn. 85, Zus. § 1 Rn. 20 ff.

162 Vgl. dazu *Schmidt*, Fußn. 85, Zus. § 1 Rn. 1, 8 ff., 22 ff., 34 ff.

163 § 83 Abs. 5 i.V.m. § 144a Abs. 1 Nr. 3 VAG.

Finanzdienstleistungen[164] – weder erlaubnispflichtig, noch gelten für sie besondere gesetzliche Vorschriften.[165] Abgesehen von der regulären Anzeigepflicht[166] besteht hier gegenwärtig als gewissermaßen letzte Aufsichtsmaßnahme allein die Möglichkeit der allgemeinen Gewerbeuntersagung nach § 35 GewO wegen Unzuverlässigkeit.

Einheitliche Aufsicht über Versicherungs- und Finanzdienstleistungsvermittler

Dieser Umstand hat indes die EU-Kommission bereits im Jahre 1991 dazu veranlaßt, Empfehlungen zur Kontrolle der Versicherungsvermittler auszusprechen.[167] Auf ihr basiert auch ein Gesetzentwurf, den der Bundesrat im Jahre 1997 vorgelegt hatte.[168] Dieser ging sogar über die Kommissions-Empfehlungen noch hinaus, d. h. er beschränkte sich nicht auf die Versicherungsvermittlung. Vielmehr verfolgte er weiterreichend das Ziel, zur Stärkung des Verbraucherschutzes – namentlich gegenüber „unseriösen Vermittlern" – und zur Überwindung der unübersichtlichen aufsichtsrechtlichen Lage sämtliche Finanzdienstleistungsvermittler einschließlich der Versicherungs- und Bausparkassenvertreter einer effizienten und einheitlichen Aufsicht zu unterwerfen.[169] Vorgeschlagen wurde eine zentrale Registrierungspflicht, wobei eine Eintragung nur unter den Bedingungen gegebener „Zuverlässigkeit", „geordneter Vermögensverhältnisse" und „fachlicher Eignung" sowie des Nachweises einer Berufshaftpflichtversicherung in Betracht kommen sollte. Der Gesetzentwurf wurde jedoch im Bundestag abgelehnt, weil man keinen Hand-

---

164 Siehe oben, Ziff. III. 1. a).

165 Eine Ausnahme bildet die Ordnungswidrigkeitenvorschrift des § 144a Abs. 1 Nrn. 1 und 2 VAG, wonach Versicherungsverträge nicht für Unternehmen abgeschlossen oder vermittelt werden dürfen, die nicht über die zum Betrieb derartiger Versicherungsgeschäfte erforderliche Erlaubnis verfügen.

166 § 14 GewO.

167 Empfehlung 92/48/EWG vom 18.12.1991, ABl. Nr. L 19 vom 28.01.1992, S. 32, dazu eingehend *Schmidt*, Fußn. 69, Zus. § 1, Rn. 12 ff.

168 BR-Drucks. 517/97 vom 9. Juli 1997, BT-Drucks. 13/9721 vom 29.1.1998; vgl. dazu *Marcks*, Fußn. 53, § 34c Rn. 3, Nr. 16, Rn. 26, und ausführlich *Jung/Schleicher*, Fußn. 85, S. 333 ff.

169 Vgl. BT-Drucks. 13/9721, S. 2.

lungsbedarf sah und die zu erwartende EG-Richtlinie abwarten wollte.[170]

EG-Richtlinie über Versicherungsvermittlung

Tatsächlich hat die EU-Kommission inzwischen ihre früheren Empfehlungen in einen konkreten Richtlinienentwurf eingearbeitet.[171] Darin ist zwar keine umfassende Regelung der Finanzdienstleistungsvermittlung vorgesehen, wohl aber eine europaweite Vereinheitlichung der Aufsicht über die Versicherungsvermittlung. Ziel ist es, in diesem Bereich eine Stärkung des Binnenmarktes und eine Verbesserung des Verbraucherschutzes zu erreichen.

Die wesentlichen Eckpunkte der von den Mitgliedstaaten umzusetzenden Richtlinie sind: Zukünftig wird es eine zentrale Registrierung, d. h. den „eingetragenen Versicherungsvermittler" geben. Jede Person, die das Geschäft der (Rück-)Versicherungsvermittlung betreiben will, muß sich in ein Register eintragen lassen, das durch die Einrichtung einer Auskunftsstelle öffentlich zugänglich gemacht werden soll. Unter den Begriff der Versicherungsvermittlung fällt dabei das Anbieten, Vorschlagen oder Durchführen anderer Vorbereitungsarbeiten zum Abschließen von Versicherungsverträgen oder das Abschließen von Versicherungsverträgen sowie das Mitwirken bei deren Verwaltung und Erfüllung, insbesondere im Schadensfall.

Von der Registrierungspflicht wird jede natürliche und juristische Person betroffen sein. Sie gilt also für (selbständige) Versicherungsvertreter bzw. -agenten und Versicherungsmakler ebenso wie für Vermittlungs- oder Allfinanzunternehmen, die Versicherungsprodukte vertreiben. Lediglich die Angestellten eines Versicherungsunternehmens, die unter Verantwortung des Versicherungsunternehmens tätig werden, bleiben ausgenommen; insoweit wird die reguläre Versicherungsaufsicht als ausreichend angesehen. Für die anderen erfährt die Registrierungspflicht zusätzliche Bedeutung dadurch, daß

---

170 Vgl. die Stellungnahme der Bundesregierung, BT-Drucks. 13/9721, S. 31 ff.

171 Richtlinie der Europäischen Parlaments und des Rates über Versicherungsvermittlung, gegenwärtig i.d.F. des Gemeinsamen Standpunktes des Rates, Nr. 34/2002, vom 18.3.2002, ABl. Nr. C 145 E vom 18.6.2002, S. 1.

die Versicherungsunternehmen zukünftig nur mit eingetragenen Versicherungsvermittlern zusammenarbeiten sollen.

Entscheidend sind die Bedingungen, von denen eine Eintragung abhängig sein wird. Sie entsprechen den durchgängigen Maßstäben des deutschen Wirtschaftsaufsichtsrechts: Der Versicherungsvermittler muß zuverlässig sein; die Richtlinie spricht vom Erfordernis eines guten Leumunds. Insbesondere darf der Vermittler nicht wegen schwerwiegender Straftaten in den Bereichen der Eigentums- und Finanzkriminalität verurteilt worden sein; auch ein Konkurs hindert die Eintragung, sofern er nicht rehabilitiert worden ist.

Sodann muß der Vermittler über angemessene Kenntnisse und Fertigkeiten, also über eine hinreichende Sachkunde oder fachliche Eignung im Versicherungswesen verfügen. Die Notwendigkeit seiner finanziellen Leistungsfähigkeit will sicherstellen, daß der Versicherungsvermittler die vom Kunden an ihn gezahlten Gelder an das Versicherungsunternehmen bzw. umgekehrt für den Kunden bestimmte Zahlungen des Versicherers an ihn weiterleiten kann. Schließlich sollen die Versicherungsvermittler den Abschluß einer Berufshaftpflichtversicherung nachweisen, sofern nicht eine solche Versicherung oder eine gleichwertige Garantie bereits von dem Versicherungsunternehmen oder dem Vertriebsunternehmen, für das der Vermittler tätig ist, gestellt wird.

Alle diese Voraussetzungen müssen dauerhaft erfüllt sein und regelmäßig überprüft werden, d. h. die staatliche Aufsicht hat durch geeignete Maßnahmen und Sanktionen sicherzustellen, daß die Ordnungsgemäßheit des Vermittlungsgeschäfts ständig gewährleistet ist. Ein besonderer Akzent liegt dabei auf der fachlichen Qualifikation, indem eine Streichung des Vermittlers aus dem Register in Betracht kommen soll, wenn er diese Anforderung nicht mehr erfüllt. Dem Ziel des Verbraucherschutzes ist zudem dadurch Rechnung zu tragen, daß den Versicherungsvermittlern umfangreiche Informationspflichten obliegen und dem Kunden gerichtliche und außergerichtliche Beschwerdemöglichkeiten gegen den Vermittler zur Verfügung stehen.

In diesem Sinne sind also für den Bereich der Versicherungsvermittlung in absehbarer Zeit gravierende Neuregelungen im staatlichen Aufsichtsrecht zu erwarten. Sie sollten nicht kurzsichtig als lästige

Einschränkung des Vermittlungsgeschäfts begriffen werden, sondern durchaus als positive Maßnahmen, um das von unseriösen Strukturvertrieben, Kolonnenwerbern und skrupellosen Provisionsjägern in Mitleidenschaft geratene Image der Versicherungsbranche zu verbessern.

Neben diese Entwicklung treten in jüngerer Zeit weitere Ansätze zu einer Neuordnung des staatlichen Aufsichtsrechts, die nicht allein den Bereich der Versicherungsvermittlung, sondern die Gesamtheit des Finanzdienstleistungsgeschäfts, namentlich unter dem Gesichtspunkt der integrierten oder Allfinanzdienstleistungsangebote, in den Blick nehmen.

4. *Ausblick: Die Zukunft der Allfinanzaufsicht*

Die traditionelle Dreiteilung und Separierung der Aufsichtsfelder, Kreditwesenaufsicht, Wertpapierhandels- und Versicherungsaufsicht, reibt sich zunehmend an der Wirklichkeit auf den Finanzmärkten. Die Nachfrage verlangt in zunehmendem Umfang Finanzprodukte aus einem Guß, und auf diese Bedürfnisse haben sich die Anbieter längst eingestellt und Allfinanzstrategien und -strukturen entwikkelt.

Finanzkonglomerate und Allfinanzprodukte

Wesentliches Merkmal des Allfinanzkonzepts ist aber gerade die Überwindung der herkömmlichen Trennlinien der Finanzdienstleistungswirtschaft. Dies gilt sowohl in institutioneller Hinsicht – hier ist vor allem an die zahlreiche Bildung sektorübergreifender Finanzkonglomerate zu denken – als auch in bezug auf die Angebotsinhalte: Neue Produktpaletten bieten integrierte Finanzdienstleistungen, gewissermaßen Paketlösungen.[172]

---

172 Zu Entwicklung und Erscheinungsformen des Allfinanzkonzepts aus der umfangreichen Lit. vgl. m.w.N. *Amely*, Allfinanz-Konzerne als Problem der Bank- und Versicherungsaufsicht, 1993; Deutsche Bundesbank, Finanzkonglomerate und ihre Beaufsichtigung, Monatsbericht April 1994, S. 49 ff.; *Schieber*, Fußn. 84, S. 36 ff., 49 ff.; *Neumann*, Fußn. 43, S. 9 ff.; *Bock*, Staatsaufsicht über Finanzkonglomerate, 1999, S. 51 ff.

Damit entstehen auf den Finanzmärkten neuartige Gefahren und Probleme, auf die das herkömmliche Aufsichtssystem nur unzureichend reagieren kann. Einige Stichworte sind hier die unüberschaubaren Verflechtungsstrukturen, die Zuverlässigkeit und fachliche Eignung der Konglomeratsleitung, die Sicherstellung einer angemessenen Eigenkapitalausstattung (keine Mehrfachbelegung des Eigenkapitals, keine Eigenkapitalschöpfung auf Kredit), die Berechnung der Solvenz und die Komplexität der Allfinanzprodukte.[173]

BAFin

Um diesen Herausforderungen und der Dynamik auf den Finanzmärkten angemessen zu begegnen, haben in den letzten Jahren bereits einige europäische Staaten moderne Allfinanz-Aufsichtsstrukturen etabliert.[174] Deutschland hat in diese Richtung vor kurzem erste Schritte unternommen. Bis zu Anfang dieses Jahres waren den traditionellen drei Aufsichtsfeldern je eigene Behördenzuständigkeiten zugeordnet: das Bundesaufsichtsamt für das Kreditwesen (BAKred) – in Zusammenarbeit mit der Deutschen Bundesbank,[175] das Bundesaufsichtsamt für den Wertpapierhandel (BAWe) und das Bundesaufsichtsamt für das Versicherungswesen (BAV). Inzwischen sind die einzelnen Ämter unter dem Dach der neu errichteten Bundesanstalt für Finanzdienstleistungsaufsicht (BAFin) zusammengelegt worden.[176]

---

173 Dazu ausführlich *Schieber*, Fußn. 84, S. 86 ff., 113 ff.; *Neumann*, Fußn. 43, S. 97 ff., 145 ff.; *Bock*, Fußn. 172, S. 153 ff.

174 Z. B. Dänemark, Österreich, Norwegen, Schweden und vor allem Großbritannien mit der „Financial Services Authority (FSA)“, dazu *Höhns*, Fußn. 34, S. 281 ff. Zur Lage in den übrigen europäischen Staaten äußerst materialreich die Studie des Schweizerischen Instituts für Banken und Finanzen der Universität St. Gallen, Regulatorische Rahmenbedingungen einer Allfinanz-Strategie in Europa, aus dem Jahre 2001, zu finden im Internet unter www.unisg.ch.

175 § 7 KWG.

176 Gesetz über die Bundesanstalt für Finanzdienstleistungsaufsicht (Finanzdienstleistungsaufsichtsgesetz – FinDAG), verkündet als Art. 1 des Gesetzes über die integrierte Finanzdienstleistungsaufsicht vom 22. April 2002, BGBl. I S. 1310.

Damit ist zwar in Abkehr von der bisherigen zersplitterten Aufsichtsstruktur in Deutschland organisationsrechtlich eine integrierte Aufsichtsbehörde geschaffen worden, die sektorübergreifend den gesamten Finanzmarkt erfaßt und damit die Aufsichtsziele Solvenzaufsicht, Marktaufsicht und Kundenschutz vereint.[177] Innerhalb der BAFin bestehen jedoch wegen der branchenspezifischen Unterschiede die Bankenaufsicht, die Wertpapierhandelsaufsicht und die Versicherungsaufsicht als getrennte Organisationseinheiten und mit im wesentlichen unveränderten Zuständigkeiten fort.

Materielle Allfinanzaufsicht im Werden

Zu diesen traditionellen Aufsichtssäulen treten zwar mehrere selbständige Querschnittsabteilungen hinzu, die für die sektorübergreifenden Fragen zuständig sein sollen, insbesondere für die Aufsicht über die Finanzkonglomerate, den Anleger- und Verbraucherschutz sowie für die Verfolgung unerlaubter Finanzgeschäfte und die Geldwäschebekämpfung. Gerade in bezug auf die Allfinanz-Konzerne sind jedoch die notwendigen Aufsichtsstrukturen und -mittel bisher noch nicht zureichend ausgeformt. Insbesondere fehlen bis heute – ebenso wie für die Vermittler von Allfinanzdienstleistungen – noch die einschlägigen materiell-rechtlichen Aufsichtsmaßstäbe. Doch zeigen erste Ansätze auf der europäischen Ebene, daß der Weg zu einem materiellen Allfinanz-Aufsichtsrecht zwar noch lang, aber bereits eingeschlagen ist. Die EU-Kommission hat kürzlich einen Vorschlag für eine Richtlinie vorgelegt, durch die eine gruppenweite Beaufsichtigung von Finanzkonglomeraten sichergestellt und eine Harmonisierung mit den Aufsichtsregeln für homogene Bank-, Finanzdienstleistungs- und Versicherungsunternehmen erreicht werden soll.[178]

---

177 Vgl. die Amtl. Begründung, BT-Drucks. 14/7033, S. 31.

178 Vorschlag für eine Richtlinie des Europäischen Parlaments und des Rates über eine zusätzliche Beaufsichtigung der Kreditinstitute, Versicherungsunternehmen und Wertpapierfirmen eines Finanzkonglomerats vom 24.4.2001, KOM(2001) 213 endg., COD 2001/0095; ABl. C 213 E vom 31.7.2001, S. 227.

PROF. DR. WINFRIED MUMMENHOFF

Neuere Entwicklungen im Berufsbild des Vermögensberaters

Das Berufsbild des Vermögensberaters wird seit vielen Jahren von der Allfinanzidee Reinfried Pohls geprägt. Sie umschließt die in der historischen Entwicklung zunächst dominierenden Versicherungsprodukte, denen die Bankprodukte ebenbürtig zu werden beginnen. Damit ist das Berufsbild des Vermögensberaters marktabhängig. Es wird aber nicht nur vom Markt bestimmt, sondern auch durch den Gesetzgeber. Dieser beeinflußt das Bild sowohl durch Regelungen, welche primär die Verhältnisse des Vermögensberaters selbst betreffen, als auch durch Regelungen, welche primär die Kunden und die Produkte betreffen.

Man kann die erste Regelungsgruppe als Aktionsbasis und die zweite als Aktionsraum der Vermögensberatung bezeichnen. Die Regelungsbereiche beeinflussen einander und sie sind miteinander verzahnt. Gleichgültig, wo die Konturen des Berufsbildes vom Gesetzgeber verändert werden, es ist immer die gesamte Existenz des Vermögensberaters betroffen. Daraus folgt, daß seine berufliche Orientierung den größeren Erfolg verspricht, wenn er in seinen strategischen Planungen die persönlichen Bezüge seines Berufsbildes, also seine Aktionsbasis, immer um den Kundenbezug und den Produktbezug seines Aktionsraumes ergänzt.

Dies führt zu der Frage, warum wir dann beim Berufsbild des Vermögensberaters überhaupt nach Fundament und Aktionsraum, nach Produkt- und Kundenbezug unterscheiden. Die Differenzierung ist deshalb sinnvoll, weil die Zuordnung zu den Bereichen einen Hinweis darauf gibt, welche Interessen bei einzelnen Regelungen des Gesetzgebers im Vordergrund stehen. Dies wiederum hat Bedeutung für die Auslegung der jeweiligen Regeln und damit für die Gesetzesanwendung in Konfliktsituationen. Ein aktuelles Beispiel bietet die von der Geschäftsorganisation und dem Geschäftsvolumen abhängige Einbindung der Vermögensberater in soziale Sicherungssysteme. Dieser Teil des Sozialversicherungsrechts betrifft gewiß das Fundament, auf dem der Vermögensberater handelt, er weist aber auch Produkt- und Kundenbezug auf, und er greift sogar über die Sphäre der Vermögensberater hinaus in gesamtgesellschaftliche Zusammenhänge ein. In dem Streit um die sogenannte Scheinselbständigkeit wird nämlich über die Zahl der Auftraggeber und damit indirekt über die Produktpalette diskutiert. Weiter wird über den Einsatz von Hilfskräften durch den Vermögensberater gestritten und damit indirekt über seinen Handlungsspielraum bei der Kundenakquisition. Überlagert werden beide Aspekte von der prekären finanziellen Situation der sozialen Sicherungssysteme.

Die Streitigkeiten haben Ihren Ursprung in dem Umstand, daß Vermögensberatung seit eh und je sowohl von angestellten Außendienstmitarbeitern als auch von selbständigen Handelsvertretern betrieben wird. Sie gleicht damit einem Doppelhaus. Die eine Hälfte, welche von den angestellten Vermögensberatern bewohnt wird, ruht auf dem Arbeitsrecht, die andere Hälfte der selbständigen Vermögensberater ruht auf dem Handelsrecht. Wenn Sie sich als Untergrund das Sozialrecht mit seiner Unterscheidung von Beschäftigten und Selbständigen sowie den Regelungsversuchen zur Scheinselbständigkeit und Arbeitnehmerähnlichkeit denken, ahnen Sie, daß eine unvollkommende Abstimmung der beiden Hälften zu Setzrissen führen kann. In Marburg macht man seine Erfahrungen mit den Herausforderungen der Hangbauweise. So wie bei Hanghäusern gilt es auch bei Regelungen zum Außendienst Ungleichgewichte zu vermeiden, um das Berufsbild des Vermögensberaters vor Schaden zu bewahren.

Ausgangspunkt der aktuellen legislativen Entwicklung ist die Qualifizierung der unselbständigen Außendienstmitarbeiter als angestellte Handlungsgehilfen im Sinne des § 59 HGB und der selbständigen als Handelsvertreter im Sinne des § 84 Abs. 1 HGB. Abgrenzungskriterium ist die Weisungsgebundenheit. § 84 Abs. 2 HGB scheidet den Außendienst sodann in zwei Gruppen und schließt eine Zwischengruppe aus[1]. Beides ist überholt. Zunächst wäre die Vorstellung einer

---

1 *Baumbach/Duden/Hopt*, § 84 Anm. 5 D; BSG BB 1981, 2074.

glatten Zweiteilung ein Trugschluß. § 92 a HGB eröffnet die Möglichkeit zur Verordnung von Mindestbedingungen für bestimmte Ein-Firmen-Vertreter. § 5 Abs. 3 ArbGG unterstellt diesen Personenkreis in Verbindung mit § 5 Abs. 1 S. 2 ArbGG der Arbeitsgerichtsbarkeit. § 2 S. 2 BUrlG ordnet das für Arbeitnehmer geltende Urlaubsrecht an. Von einer Einbeziehung in das Tarifrecht nimmt § 12 a Abs. 4 TVG die Handelsvertreter aus.

In all diesen Vorschriften geht es um eine Gruppe wirtschaftlich schwächerer Handelsvertreter. Sie werden ungeachtet ihrer rechtlichen Selbständigkeit in die Nähe von Arbeitnehmern gerückt und dabei teilweise den für diese geltenden Schutzvorschriften unterworfen, teilweise aber auch im Gegensatz zu anderen Berufsgruppen von dem jeweiligen Schutz ausgenommen.

In einer Weiterentwicklung der Tradition, kleinere Selbständige Sonderregeln zu unterstellen, nahmen sich das Korrekturgesetz vom 19.12.1998[2] und das Förderungsgesetz vom 20.12.1999[3] der Proble-

---

2 Gesetz zu Korrekturen in der Sozialversicherung und zur Sicherung der Arbeitnehmerrechte vom 19.12.1998, BGBl I/1998, S. 3843 (3846).
§ 7 Abs. 4 SGB IV lautet: "Bei Personen, die erwerbsmäßig tätig sind und
1. im Zusammenhang mit ihrer Tätigkeit mit Ausnahme von Familienangehörigen keinen versicherungspflichtigen Arbeitnehmer beschäftigen,
2. regelmäßig und im wesentlichen nur für einen Auftraggeber tätig sind,
3. für Beschäftigte typische Arbeitsleistungen erbringen, insbesondere Weisungen des Auftraggebers unterliegen und in die Arbeitsorganisation des Auftraggebers eingegliedert sind, oder
4. nicht aufgrund unternehmerischer Tätigkeit am Markt auftreten,

wird vermutet, daß sie gegen Arbeitsentgelt beschäftigt sind, wenn mindestens zwei der genannten Merkmale vorliegen. Satz 1 gilt nicht für Handelsvertreter, die im wesentlichen frei ihre Tätigkeit gestalten und über ihre Arbeitszeit bestimmen können ... Auftraggeber gelten als Arbeitgeber.“
§ 2 S. 1 Nr. 9 SGB VI lautet: "Personen, die im Zusammenhang mit ihrer selbständigen Tätigkeit mit Ausnahme von Familienangehörigen (§ 7 Abs. 4 Satz 3 Viertes Buch) keinen versicherungspflichtigen Arbeitnehmer beschäftigen sowie regelmäßig und im wesentlichen nur für einen Auftraggeber tätig sind (arbeitnehmerähnliche Selbständige)".

3 Gesetz zur Förderung der Selbständigkeit, BGBl. I/2000, S. 2 (3). § 7 Abs. 4 SGB IV lautet: „Bei einer erwerbsmäßig tätigen Person, die ihre Mitwirkungspflichten nach § 206 des Fünften Buches Sozialgesetzbuch oder nach § 196 Abs. 1 des Sechsten Buches Sozialgesetzbuch nicht erfüllt, wird vermu-

matik in zweierlei Weise an. Der von ihnen neu geschaffene § 7 Abs. 4 SGB IV suchte die Grenzziehung zu verbessern. Der ebenfalls neu eingeführte § 2 S. 1 Nr. 9 SGB VI erweiterte die Rentenversicherungspflicht.

Durch die Novellierung des Sozialrechts wurde nicht nur die Gruppeneinteilung der Erwerbstätigen beeinflußt. Mit dem gesetzlichen Doppelsalto von 1998 / 1999, dessen erste Leidtragende nach Ablauf der dreijährigen Befreiung[4] zur Zeit damit beginnen, die Gerichte zu

---

tet, dass sie beschäftigt ist, wenn mindestens drei der folgenden fünf Merkmale vorliegen:

1. Die Person beschäftigt im Zusammenhang mit ihrer Tätigkeit regelmäßig keinen versicherungspflichtigen Arbeitnehmer, dessen Arbeitsentgelt aus diesem Beschäftigungsverhältnis regelmäßig im Monat 630 Deutsche Mark übersteigt;
2. sie ist auf Dauer und im Wesentlichen nur für einen Auftraggeber tätig;
3. ihr Auftraggeber oder ein vergleichbarer Auftraggeber lässt entsprechende Tätigkeiten regelmäßig durch von ihm beschäftigte Arbeitnehmer verrichten;
4. ihre Tätigkeit lässt typische Merkmale unternehmerischen Handelns nicht erkennen;
5. ihre Tätigkeit entspricht dem äußeren Erscheinungsbild nach der Tätigkeit, die sie für denselben Auftraggeber zuvor aufgrund eines Beschäftigungsverhältnisses ausgeübt hatte. Satz 1 gilt nicht für Handelsvertreter, die im Wesentlichen frei ihre Tätigkeit gestalten und über ihre Arbeitszeit bestimmen können. Die Vermutung kann widerlegt werden".

§ 2 S. 1 Nr. 9 SGB VI lautet: "Personen, die

a) im Zusammenhang mit ihrer selbständigen Tätigkeit regelmäßig keinen versicherungspflichtigen Arbeitnehmer beschäftigen, dessen Arbeitsentgelt aus diesem Beschäftigungsverhältnis regelmäßig 630,-- DM im Monat übersteigt, und
b) auf Dauer und im Wesentlichen nur für einen Auftraggeber tätig sind".

4 Vgl. dazu § 6 Abs. 1a SGB VI, eingefügt durch das Gesetz zur Förderung der Selbständigkeit vom 20.12.1999, BGBl. I/2000, S. 1 (3) . Dort heißt es: "Personen, die nach § 2 S. 1 Nr. 9 versicherungspflichtig sind, werden von der Versicherungspflicht befreit

1. für einen Zeitraum von 3 Jahren nach erstmaliger Aufnahme einer selbständigen Tätigkeit, die die Merkmale des § 2 S. 1 Nr. 9 erfüllt,
2. nach Vollendung des 58. Lebensjahres, wenn sie nach einer zuvor ausgeübten selbständigen Tätigkeit erstmals nach § 2 S. 1 Nr. 9 versicherungspflichtig werden.

S. 1 Nr. 1 gilt entsprechend für die Aufnahme einer zweiten selbständigen Tätigkeit, die die Merkmale des § 2 S. 1 Nr. 9 erfüllt. Eine Aufnahme einer selbständigen Tätigkeit liegt nicht vor, wenn eine bestehende selbständige beschäftigen, wurde auch das Kriterium der Weisungsgebundenheit ergänzt um das Merkmal der Eingliederung in den Betrieb. Wir haben also einmal ein Abgrenzungsproblem. Es geht darum, Arbeitnehmer von Unternehmern sowie innerhalb der Unternehmer Schwächere von Stärkeren zu scheiden und den Übergang zwischen den Gruppen zu bewältigen. Wirtschaftlich und rechtspolitisch ist die Frage aufzuwerfen, ob jemand des Schutzes der Sozialversicherung bedarf oder selbst vorsorgen kann. Nicht ganz unbeteiligt ist auch die schlechte Finanzlage der Sozialversicherung und der daraus erwachsende Wunsch nach Verbreiterung ihrer Beitragsgrundlage.

Das Berufsbild des Vermögensberaters wird von der Problematik insofern massiv betroffen, als eine mißglückte Abgrenzung die Entfaltungsmöglichkeiten selbständiger Vermögensberater empfindlich einengt, insbesondere deshalb, weil sie sich auf die Startphase der Unternehmensgründung von Vermögensberatern unbeschadet von Befreiungsmöglichkeiten besonders negativ auswirkt. Auf der anderen Seite wird das Bild ebenso nachhaltig verdunkelt, wenn eine mißglückte Abgrenzung eine unverhältnismäßig große Zahl gescheiterter Existenzgründer in die Sozialhilfe abdrängt.

Was nun die Ergänzung der Weisungsgebundenheit um die Eingliederung betrifft, so finden wir diese 1998 in § 7 Abs. 4 Nr. 3 SGB IV[5]. 1999 begegnet sie uns in § 7 Abs. 1 SGB IV[6]. Diese Verschiebung wird viel zu wenig beachtet. Sie belastet Vermögensberater, ehe die Vermutung des § 7 Abs. 4 SGB IV, von der sie ausgenommen sind, überhaupt angewandt wird. Gemäß § 2 Abs. 2 Nr. 1 SGB IV sind in

---

Existenz lediglich umbenannt oder deren Geschäftszweck gegenüber der vorangegangenen nicht wesentlich verändert worden ist.".

5 § 7 Abs. 4 Nr. 3 SGB IV in der Fassung des Gesetzes zu Korrekturen in der Sozialversicherung vom 19.12.1998, BGBl. I/1998, S. 3848 (3846) lautet: „...für Beschäftigte typische Arbeitsleistungen erbringen, insbesondere Weisungen des Auftraggebers unterliegen und in die Arbeitsorganisation des Auftraggebers eingegliedert sind, oder ...".

6 § 7 Abs. 1 SGB IV in der Fassung des Gesetzes zur Förderung der Selbständigkeit vom 20.12.1999, BGBl. I/2000, S. 2 lautet : "Beschäftigung ist die nichtselbständige Arbeit, insbesondere in einem Arbeitsverhältnis. Anhaltspunkte für eine Beschäftigung sind eine Tätigkeit nach Weisungen und eine Eingliederung in die Arbeitsorganisation des Weisungsgebers."

allen Zweigen der Sozialversicherung[7] Personen versichert, die gegen Arbeitsentgelt beschäftigt werden. Beschäftigung ist nach § 7 Abs. 1 SGB IV die nichtselbständige Arbeit, insbesondere in einem Arbeitsverhältnis.

Das Eingliederungskriterium hat damit für das Berufsbild des Vermögensberaters erhebliche Bedeutung erlangt. Strukturvertriebe müssen es vermeiden oder durch starke Selbständigkeitsindizien kompensieren, um die Unternehmereigenschaft auf allen Ebenen zu sichern.

Weisungsgebundenheit und Eingliederung können je für sich die Arbeitnehmereigenschaft begründen und sie können dies permanent. Die Träger der Sozialversicherung fahnden nach ihnen bei jeder Betriebsprüfung[8], also mindestens alle vier Jahre. Betreuende Vermögensberater, die ihre Führungsaufgaben mißverstehen, können daher für unliebsame Überraschungen sorgen, weil die tatsächlichen Umstände im Tagesgeschäft vertragliche Vorgaben eines Strukturvertriebs verdrängen[9]. Nicht Weisungen und Einvernahme, sondern kreativ motivierende Anregung selbständiger Untervertreter und leuchtende Beispiele der Hauptvertreter sind die Mittel der Wahl beim Aufbau erfolgreicher Strukturen. Es ist deshalb wichtig, die Diskussion der Abgrenzungsmerkmale nicht aus den Augen zu verlieren. Literatur und Judikatur dazu sind reichhaltig. Vieles ist umstritten, einiges aber mittlerweile jedenfalls im Ergebnis weitgehend konsensfähig:

Kaum Bedeutung für die Abgrenzung von selbständigem Handelsvertreter und abhängigem Außendienstmitarbeiter messen Rechtsprechung und Lehre den formalen Merkmalen zu.

---

7 *Rolfs*, NZA 2000, 118 (sub II).

8 § 28 p Abs. 1 S. 1 SGB IV lautet: "Die Träger der Rentenversicherung prüfen bei den Arbeitgebern, ob diese ihre Meldepflichten und ihre sonstigen Pflichten nach diesem Gesetzbuch, die im Zusammenhang mit dem Gesamtsozialversicherungsbeitrag stehen, ordnungsgemäß erfüllen; sie prüfen insbesondere die Richtigkeit der Beitragszahlung und der Meldung (§ 28 a) mindestens alle 4 Jahre".

9 *Maschmann*, Arbeitsverträge (2001), S. 304: "Maßgeblich ist, ob der dem Dienstnehmer vermittelte Eindruck für den Dienstherrn erkennbar und vermeidbar ist."

Hierzu gehören

a) die Anmeldung eines Gewerbes,
b) die Eintragung ins Handelsregister,
c) die Zahlung von Gewerbe-, Umsatz- und Einkommenssteuern an Stelle von Lohnsteuern,
d) die Nichtzahlung von Sozialversicherungsbeiträgen,
e) die Selbstfinanzierung einer privaten Kranken- und Altersversicherung durch den Betroffenen,
f) die Führung einer entsprechenden Berufsbezeichnung,
g) die Verwendung eines eigenen Briefkopfes,
h) der Eintrag ins Fernsprechverzeichnis,
i) keine Führung einer Personalakte durch das Unternehmen,
j) keine Teilnahme des Betroffenen an Betriebsratswahlen[10].

Auf der nächsten Stufe stehen die materiellen Merkmale mit keinem oder sehr geringem Gewicht, die einen Schluß auf das Vorliegen eines Arbeitsverhältnisses in der Regel nicht zulassen. Zu Ihnen rechnen[11]:

a) die vertragliche Verpflichtung, allgemein die Interessen des vertretenen Unternehmens (mit der Sorgfalt eines ordentlichen Kaufmanns) zu wahren;
b) der Erlaß von unverbindlichen „Geschäftsanweisungen“;
c) die Tatsache, daß der im Außendienst Tätige seine Arbeitszeit nach den Anwesenheitszeiten der Kunden auszurichten hat;
d) die Aufstellung eines unverbindlichen ,,Erfolgsplans“;
e) die vertragliche Vereinbarung oder die erstmalige Zuweisung eines festen Vertreterbezirks;
f) vertragliche Klauseln, nach denen das Unternehmen den Vertreterbezirk durch einseitige Weisung ändern kann;
g) die fehlende Befugnis, das vermittelte Produkt beziehungsweise die Produktpalette zu gestalten;

---

10 Zusammenstellung nach *Hanau / Strick*, DB 1998 Beil. 14, S. 17 f.
11 *Hanau / Strick*, DB 1998 Beil. 14, S. 19.

h) die Verpflichtung, Versicherungsverträge, Abrechnungen, kassierte Beiträge pünktlich an das Unternehmen weiterzuleiten;
i) das Fehlen eines zur Betreuung zugewiesenen Kundenkreises;
j) die Vereinbarung eines Konkurrenzverbotes;
k) das Verbot, allgemein für andere Unternehmen tätig zu sein;
l) die vertraglich vereinbarte Beschränkung auf bestimmte Versicherungssparten;
m) Verbote, die geeignet sind, ein wettbewerbswidriges Verhalten des im Außendienst Tätigen zu verhindern, zum Beispiel das Verbot systematischer Telefonwerbung; das Verbot der systematischen Ausspannung von Kunden; das Verbot unzulässiger Kopplung von Versicherungsverträgen mit anderen Produkten; das Verbot des Auftretens gegenüber potentiellen Kunden unter Verschweigen der Vertretereigenschaft; das Verbot, Veröffentlichungen zu Werbezwecken vorzunehmen, die nicht mit dem Versicherungsunternehmen abgestimmt wurden;
n) die Verpflichtung, Inkasso-Tätigkeiten wahrzunehmen;
o) die Überlassung von Listen mit Kundenadressen, wenn der im Außendienst Tätige auf diese nicht beschränkt und er nicht verpflichtet ist, die genannten Kunden anzusprechen;
p) die freiwillige Benutzung der Telefon- oder EDV-Anlage des Unternehmens;
q) die Zahlung eines Provisionsvorschusses;
r) die Tatsache, daß dem im Außendienst Tätigen keine Unkosten für seinen Geschäftsbetrieb entstehen;
s) die Zurverfügungstellung von Informationsmaterial oder Formularen für die Kunden;
t) die Zahlung von handelsüblichem Aufwendungsersatz;
u) die wirtschaftliche Abhängigkeit vom Unternehmen;
v) die soziale Schutzbedürftigkeit des im Außendienst Tätigen.

Bedeutsamer sind Merkmale mit variablem Gewicht. Werden sie von der Interessenwahrungspflicht des Außendienstes nicht gedeckt, kann ihre Kumulation die Ablehnung der Selbständigeneigenschaft zur Folge haben. Dieser Gruppe werden zugerechnet[12]:

a) die zeitliche Beschränkung der Reisetätigkeit;
b) die Verpflichtung, ein bestimmtes Mindestsoll auf niedrigem Niveau zu erreichen;
c) die Verpflichtung, Bericht über die Tätigkeit zu erstatten;
d) die Verpflichtung, Untätigkeit (Urlaub, Krankheit) zu melden;
e) die Verpflichtung, Revisionen zu dulden;
f) die Verpflichtung, Weisungen hinsichtlich des äußeren Erscheinungsbildes (Büro etc.) zu befolgen;
g) die Verpflichtung, im Einzelfall Weisungen hinsichtlich Zeit, Ort und Art und Weise der Tätigkeit zu befolgen;
h) die Verpflichtung, an bestimmten Veranstaltungen (Schulungen etc.) regelmäßig teilzunehmen;
i) die Verpflichtung, regelmäßig bestimmte Tätigkeiten zu verrichten (Bestandspflege, Verwaltung etc.);
j) die Zahlung einer echten Mindestprovision;
k) die Zahlung von Aufwendungsersatz über das handelsübliche Maß hinaus, insbesondere als monatliches Fixum.

Als Merkmale, die sehr stark für das Vorliegen eines Beschäftigungsverhältnisses sprechen, werden angesehen[13]:

a) die uneingeschränkte Verpflichtung, allen Weisungen Folge zu leisten;
b) die Verpflichtung, regelmäßig in kurzen Abständen detaillierte Berichte zu liefern;
c) die Verpflichtung, in Räumen des vertretenen Unternehmens zu arbeiten;
d) die Verpflichtung, ein bestimmtes Mindestsoll auf hohem Niveau zu erreichen;
e) das Verbot, Untervertreter einzustellen.

---

12 *Hanau / Strick*, DB 1998 Beil. 14, S. 19.

13 *Hanau / Strick*, DB 1998 Beil. 14, S. 19.

Unausweichlich ist die Qualifizierung als Arbeitnehmer bei der Verpflichtung, nach bestimmten Tourenplänen zu arbeiten, und bei der Verpflichtung, Adreßlisten abzuarbeiten, jeweils insbesondere in Verbindung mit dem Verbot der Kundenwerbung aus eigener Initiative. Ansonsten entscheidet der Gesamteindruck[14].

Mit Hilfe der vorgenannten Merkmale werden alle Vermögensberater im Wege der Amtsermittlung nach § 7 Abs. 1 SGB IV regelmäßig von den Sozialversicherungsträgern als selbständig oder unselbständig qualifiziert. Nur dann, wenn ein Sozialversicherungsträger den Sachverhalt wegen fehlender Mitwirkung eines Vermögensberaters nicht vollständig aufklären kann, greift die Vermutung des § 7 Abs. 4 S. 1 SGB IV ein.

Es ist nun des weiteren nicht nur so, daß § 7 Abs. 1 SGB IV die Ausnahme der Handelsvertreter von § 7 Abs. 4 SGB IV weitgehend entwertet. Hinzu kommt, daß dessen Katalog trotz des Vorrangs der Amtsermittlung und trotz der Ausnahmeregelung des § 7 Abs. 4 S. 2 SGB IV auch für selbständige Vermögensberater von Bedeutung ist. Der Grund hierfür liegt in der Wortlautangleichung des § 2 S. 1 Nr. 9 SGB VI. Der Gleichklang dieser beiden Normen provoziert einen Fehler. Er verleitet dazu, die unterschiedlichen Abgrenzungsfunktionen des § 7 Abs. 4 SGB IV einerseits und des § 2 S. 1 Nr. 9 SGB VI andererseits aus dem Blick zu verlieren. Dies führt zu einem Fehlverständnis, wie es sich bereits im Bericht der Kommission zur Scheinselbständigkeit findet, die von "den inhaltlich gleichen Tatbestandsmerkmalen in § 7 Abs. 4 S. 1 Nr. 1 und Nr. 2 SGB IV" spricht[15].

§ 7 Abs. 4 SGB IV kann zur kompletten Sozialversicherungspflicht führen. § 2 S. 1 Nr. 9 SGB VI zieht lediglich Rentenversicherungspflicht nach sich. Der Funktionsunterschied bestimmt die Auslegung. Wird er mißachtet, sind Fehlwertungen sowohl bei der Bestimmung der Selbständigkeit als auch bei Bestimmung der Rentenversiche-

---

14 *Hopt*, DB 1998, 863 (866 "Notwendig und ausschlaggebend ist ... eine wertende Gesamtbetrachtung ... Kein einzelnes Merkmal ist unverzichtbar.").

15 Abschlußbericht KommScheinselbständigkeit, NZA 1999, 1260 (1261).

rungspflicht zu befürchten. Wir wenden uns daher der Bedeutung des Funktionsunterschieds für die Pflicht zur gesetzlichen Rentenversicherung zu.

§ 7 Abs. 4 S. 1 Nr. 1 SGB IV und § 2 S. 1 Nr. 9 a SGB VI benutzen beide die Formulierung "keinen versicherungspflichtigen Arbeitnehmer beschäftigen". § 7 Abs. 4 S. 1 Nr. 2 SGB IV und § 2 S. 1 Nr. 9 b SGB VI benutzen des weiteren beide die Formulierung "nur für einen Auftraggeber tätig". Einmal dienen die Formulierungen in § 7 Abs. 4 SGB IV zur Beschreibung der Vermutungsbasis für die Rechtsvermutung der unselbständigen Beschäftigung. Hat die Vermutung ihren Zweck erfüllt, wird § 7 Abs. 4 SGB IV bei der konkret betroffenen Person überflüssig. Zum andern dienen die Kriterien in § 2 S. 1 Nr. 9 SGB VI der Abgrenzung sozial schutzbedürftiger selbständiger Tätigkeit. Liegen sie vor, begründet § 2 S. 1 Nr. 9 SGB VI bei der konkret betroffenen Person deren Rentenversicherungspflicht.

Im ersten Fall entnimmt der Gesetzgeber den Merkmalen eine Nähe zu noch nicht festgestellter persönlicher Abhängigkeit. Gemeint sind innerhalb der Grauzone der sogenannten Scheinselbständigkeit alle Erwerbstätigen, die tatsächlich Selbständigen, welche die Vermutung widerlegen können, wie die tatsächlich Unselbständigen, welche die Vermutung nicht widerlegen können.

Im zweiten Fall entnimmt der Gesetzgeber den Merkmalen einen Hinweis auf die wirtschaftliche Abhängigkeit bei festgestellter persönlicher Selbständigkeit. Gemeint sind jenseits der Grauzone der sogenannten Scheinselbständigkeit nur die im Sinne der Rentenversicherungspflicht sozial schutzbedürftigen Selbständigen[16]. Verlangte das Korrekturgesetz noch, daß diese Selbständigen arbeitnehmer-

---

[16] BT-Drucks 14/45, S. 20 ("erfaßt nur tatsächlich selbständig Tätige. Personen, die sich als Selbständige gerieren, nach der tatsächlichen Ausgestaltung ihrer Erwerbstätigkeit aber als Beschäftigte anzusehen sind [sogenannte Scheinselbständige] werden weiterhin von § 1 erfaßt"); BT-Drucks 14/45, S. 20 ("nicht weniger sozial schutzbedürftig erscheinen als die derzeit von § 2 Nr.1 bis 7 SGB VI erfaßten Selbständigen").

ähnlich seien, hat das Förderungsgesetz eine solche Einordnung aufgegeben[17].

Sehen wir uns also unter Berücksichtigung des dargestellten Funktionsunterschieds die Rentenversicherungspflicht für Unternehmer näher an. Der vom Gesetzgeber für abhängig Beschäftigte als notwendig erachtete Schutz durch die gesetzliche Rentenversicherung wird in § 2 SGB VI auf selbständig tätige Personen ausgedehnt, deren soziale Schutzbedürftigkeit derjenigen von abhängig Beschäftigten gleicht[18]. Vergleichsmaßstab ist nach dem Willen des Gesetzgebers zum einen die Wirtschaftskraft der Betroffenen[19], zum andern der Umstand, daß abhängig Beschäftigte regelmäßig hauptsächlich auf die Verwertung der eigenen Arbeitskraft angewiesen sind[20]. Versicherungspflichtig sollen demnach unter anderen solche selbständig tätigen Personen sein, welche typischerweise allein vom Einsatz ihrer eigenen Arbeitskraft leben. Soweit die Merkmale und eventuelle sie ausfüllende Hilfstatsachen auf persönliche Abhängigkeit, jedoch nicht auf wirtschaftlich begründete Schutzbedürftigkeit deuten, sind sie für § 2 S. 1 SGB VI ohne Bedeutung. Es kommt folglich nicht auf Indizien an, welche für sich genommen nur geeignet sind, die Unselbständigkeit zu begründen. Sie gehören zu § 7 Abs. 1 SGB IV und sind durch die vorangegangene, zur Qualifizierung als Selbständiger führende Gesamtabwägung verbraucht[21].

Bislang wurde in § 2 S. 1 SGB VI das Merkmal der Nichtbeschäftigung von Arbeitnehmern kombiniert mit der Bezeichnung einer be-

---

17 BT-Drucks 14/1855, S. 6. Abschlußbericht KommScheinselbständigkeit, NZA 1999, 1260 (1261 "mit dem kennzeichnenden Begriff ‚Arbeitnehmerähnlichkeit' nicht ganz zutreffend beschrieben").

18 KassKomm/*Gürtner*, § 2 SGB VI Rdn. 1; *Schulin/Voelzke*, Hdb III § 16 Rdn. 126.

19 *Hauck / Klattenhoff*, SGB VI K § 2 Rdn. 7.

20 *Schulin/Voelzke*, Hdb III § 16 Rdn. 126. Vgl. hierzu als Kriterium der Arbeitnehmerähnlichkeit BGH v.21.10.1998 -VIII ZB 54/97-; BGH v. 4.11.1998 -VIII ZB 12/98-; im Erg ebenso BAG NZA 1997, 1302 (1303).

21 *Maschmann*, Arbeitsverträge (2001), S. 316 (Gelten Arbeitnehmerähnliche definitionsgemäß als wirtschaftlich abhängig, kann dieses Kriterium nicht zur Bestimmung des Arbeitnehmerbegriffs verwendet werden, obwohl es auf Arbeitnehmer üblicherweise zutrifft.")

stimmten, generell als schutzbedürftig angesehenen Berufsgruppe[22]. Erfaßt wurden unter anderem Freiberufler. Die besondere Beziehung zwischen der persönlichen Prägung der freien Berufstätigkeit und der wirtschaftlichen Angewiesenheit auf die eigene Arbeitskraft muß bei der Auslegung eliminiert werden, sobald die Berufsgruppe für die Versicherungspflicht keine Rolle spielt. Das ist bei § 2 S. 1 Nr. 9 SGB VI der Fall. Diese Regelung hebt in ausdrücklicher Abgrenzung zu § 2 S. 1 Nr. 1-8 SGB VI nicht auf die Zugehörigkeit zu bestimmten Berufsgruppen ab, sondern allein auf die unter Buchstaben a und b bezeichneten Tätigkeitsmerkmale[23].

Sofern und soweit also aus der Personenbezogenheit freiberuflicher Leistung die Einschränkung ableitbar ist, eine Delegation der freiberuflichen Leistung sei nur zulässig, wenn der selbständige Freiberufler eine arbeitsvertragliche Weisungsbefugnis gegenüber seinen Hilfskräften ausübe[24], ist eine solche Ableitung auf Handelsvertreter nicht übertragbar. § 84 Abs.3 HGB zeigt nämlich, daß diese frei sind, ihre Leistungspflichten auf ihrerseits selbständige Absatzmittler zu delegieren.

Sodann wird für die bislang von § 2 SGB VI erfaßten selbständig Tätigen darauf abgehoben, sie seien zur Sicherung ihres Lebensunterhalts typischerweise wie Beschäftigte in erster Linie auf die Verwertung der eigenen Arbeitskraft angewiesen[25]. In der Begründung zur Erweiterung dieses Personenkreises wird darauf verwiesen, die Regelungsbedürftigkeit ergebe sich aus einem starken Wandlungsprozeß der Arbeitswelt, welcher viele untypische Formen der Zusammenarbeit entstehen lasse[26]. Die Zusammenarbeit zwischen Unternehmer und Handelsvertreter sowie zwischen Haupt- und Untervertreter gehört nun allerdings nicht zu den Neuerscheinungen. Sie ist unbeschadet ihrer Anpassung an neue Herausforderungen des Marktes ein traditionelles, vom Handelsrecht hinreichend ausgeformtes,

---

22 KassKomm/*Gürtner*, § 2 SGB VI Rdn. 2.
23 FraktionsEntw BT-Drucks. 14/45, S. 20; KassKomm/*Gürtner*, § 2 SGB VI Rdn. 35.
24 In die Richtung *Hauck/Klattenhoff*, SGB VI, K § 2 Rdn. 21.
25 *Schulin/Voelzke*, Hdb III § 15 Rdn.12.
26 AbschlußBer KommScheinselbständigkeit, NZA 1999, 1260.

dem Sozialversicherungsrecht hinlänglich vertrautes Institut. Es gehört zum europarechtlich in der Handelsvertreter-Richtlinie vom 18.12.1986 vorgegebenen Grundbestand und steht nicht mehr zur Disposition des deutschen Gesetzgebers[27].

Für die Auslegung des § 2 S. 1 Nr. 9 SGB VI bedeutet dies, daß der Gesetzgeber die gewachsenen Gestaltungsformen der Handelsvertretung in der Weise in seinen Willen aufgenommen hat, daß sie als vorgegeben und erhaltungswürdig zu betrachten sind. § 2 S. 1 Nr. 9 a SGB VI ist folglich dahingehend auszulegen, daß alle im Handelsvertreterrecht gewachsenen Gestaltungsformen, die sich mit dem Schutzzweck des § 2 S.1 Nr.9 a SGB VI vereinbaren lassen, sozialversicherungsrechtlich so zu integrieren sind, daß ihre Fortentwicklung nicht unnötig behindert wird.

Dies verlangt, daß in § 2 S. 1 Nr. 9 a SGB VI der Beschäftigung von Arbeitnehmern die Betreuung von Untervertretern gleichzustellen ist. Dem entspricht auch die Formulierung des BfA Fragebogens 6.1751 – 01/99 sub 6.12 "Ist die Einstellung von Vertretern bzw. Hilfskräften von der Zustimmung des Auftraggebers abhängig?", wortgleich mit LVA Hessen Form.-Nr. 55 316 – 02/99. In einem Allfinanz-Strukturvertrieb sind nachgeordnete Vermögensberater Untervertreter der übergeordneten[28]. Ein Untervertreter erbringt beim Kunden die gleiche Leistung wie der Hauptvertreter[29]. Der Vermittlungserfolg von Untervertretern wird dem jeweiligen Hauptvertreter wegen dessen Führung und Beaufsichtigung der Untervertreter als eigener zugerechnet[30]. Sichtbares Zeichen dieser Zurechnung ist die Superprovision[31]. Durch den Einsatz von Untervertretern wird demnach die Arbeitskraft des Hauptvertreters vervielfältigt. Der Einsatz

---

27 Zu den europarechtlichen Vorgaben im Handelsvertreterrecht *Hopt*, Fschr. Medicus, S. 235 (246 f.).

28 Zum Begriff des Untervertreters MünchKommHGB-*v.Hoyningen-Huene*, § 84 Rdn. 92 ff.

29 RegEntw.HGB-Novelle BT-Drucks. 1/3856, S. 17 re. Sp.

30 BGHZ 91, 370 (373); MünchKommHGB-*v.Hoyningen-Huene*, § 84 Rdn. 94.

31 Zu dieser Vergütungsform MünchKommHGB-*v.Hoyningen-Huene*, § 87 Rdn. 14.

von Untervertretern steigert die Wirtschaftskraft von Vermögensberatern erheblich. Er erlaubt nicht nur in der Spitze eine höhere Provisionsstufe als beim Verzicht auf Untervertreter, sondern ermöglicht auch unabhängig von der Provisionsstufe eine Ausweitung des eigenen Unternehmens, welche ohne Untervertreter nicht erreichbar ist.

Dieser Befund ist unabhängig vom Einsatz echter oder unechter Untervertreter. Bei der echten Untervertretung besteht ein Handelsvertretervertrag zwischen dem Untervertreter und dem Hauptvertreter[32], bei der unechten zwischen dem Untervertreter und dem Unternehmer. In diesem zweiten Fall ist der Unternehmer dem Untervertreter provisionspflichtig, nicht der Hauptvertreter[33]. Dieser besitzt zwar Weisungs- und Leitungsbefugnisse gegenüber dem ihm zugeordneten Untervertreter, leitet sie aber aus seinem Handelsvertretervertrag mit dem Unternehmer ab. Unbeschadet dieser nur mittelbaren Rechtsbeziehung zum Untervertreter wird dessen Vermittlungserfolg beim Kunden dem Hauptvertreter ebenfalls als eigener mitzugerechnet[34].

Da es bei der Einbeziehung in die Rentenversicherungspflicht um die Wirtschaftskraft des Hauptvertreters geht, ist im übrigen darauf hinzuweisen, daß sie durch die mit der unechten Untervertretung verbundene Befreiung von der Provisionspflicht gegenüber einem angeworbenen Untervertreter im Hinblick auf die unmittelbaren Folgen einer Anwerbung stärker gefördert wird, als dies bei echter Untervertretung mit eigener Provisionspflichtigkeit der Fall wäre. Der Hauptvertreter gewinnt bei dieser Konstruktion nämlich eine Verdienstmöglichkeit, ohne dafür eine Verpflichtung eingehen zu müssen. Was den tatsächlichen Provisionsgewinn des Hauptvertreters angeht, so bleibt es wirtschaftlich gleich, ob der Provisionsanteil des Untervertreters beim Hauptvertreter durchläuft oder nicht.

---

32 RegEntw.HGB-Novelle BT-Drucks. 1/3856, S. 17 re. Sp.

33 MünchKommHGB-*v.Hoyningen-Huene*, § 84 Rdn. 93.

34 BGHZ 56, 290 (293); 59, 8 (91); MünchKommHGB-*v.Hoyningen-Huene*, § 84 Rdn. 94.

Offen ist noch die Bedeutung der gesetzlichen Bedingung, daß gerade ein versicherungspflichtiger Arbeitnehmer beschäftigt werden soll, dessen Arbeitsentgelt aus diesem Beschäftigungsverhältnis regelmäßig 325 Euro im Monat übersteigt. Die Verdienstgrenze soll Umgehungen durch den Abschluß von Arbeitsverträgen mit minimalen Entgelten erschweren[35]. Es kommt mithin nicht auf die Versicherungspflicht der Hilfstätigkeit an sich an, sondern darauf, daß deren Umfang über der versicherungsrechtlichen Geringfügigkeitsschwelle liegt[36]. Das zeigt § 2 S. 2 Nr. 2 SGB VI[37].

Der Zusammenhang zwischen dem Umfang des Hilfskrafteinsatzes und der Rentenversicherungspflicht der Selbständigen ist bereits für § 2 S. 1 Nr. 1-8 SGB VI und die entsprechenden Vorgängerregelungen begründet worden[38]. Er folgt aus dem Schutzzweck zugunsten der Selbständigen, deren Angewiesenheit auf die Verwertung ihrer eigenen Arbeitskraft durch marginale Unterstützung Dritter nicht wesentlich verringert wird. Eine leicht handhabbare Fixierung der Erheblichkeitsschwelle, wie sie durch die Einführung der Verdienstgrenze vorgenommen wurde, liegt im gesetzgeberischen Ermessen. Insofern ist die Geringfügigkeitsgrenze des § 2 S. 1 Nr. 9 a SGB VI unproblematisch.

Mit Rücksicht auf den Schutzzweck des Merkmals der Beschäftigung von Hilfskräften und den Willen des Gesetzgebers, mißbräuchliche Vereitelung dieses Zwecks zu unterbinden, ist die Zusammenrechnung der Beschäftigungsverhältnisse ein und desselben Arbeitnehmers abzulehnen, die Gesamtbetrachtung eines durch den Selbständigen auf mehrere Personen aufgeteilten Hilfskrafteinsatzes hingegen zuzulassen[39]. Die Verdienstgrenze soll den vom Gesetzgeber fest-

---

35 FraktionsEntw BT-Drucks. 14/1855, S. 6.

36 ZwischenBer KommScheinselbständigkeit, NZA 1999, 1145 (1147 re. Sp.); ebenso zum früheren Recht *Kreikebohm/Grintsch*, § 2 Rdn. 5.

37 KassKomm/*Gürtner*, § 2 SGB VI Rdn. 9, 10, 38.

38 BSG 9.12.1982, BSGE 54, 219 ff.; BSG 11.12.1987 SozR 2400 (2. Folge) § 2 AVG Nr. 24; GK-SGB VI-*Boecken* § 2 Rdn. 41; *Hauck/Klattenhoff*, SGB VI K § 2 Rdn. 11; KassKomm/*Gürtner*, § 2 SGB VI Rdn.9;

39 *Dörner/Baeck*, NZA 1999, 1136 (118 sub III 1 c); a. A. *Rolfs*, NZA 2000, 188 (189 bei FN 17).

gelegten Mindestumfang des Hilfskrafteinsatzes anzeigen, welcher als Maß derjenigen wirtschaftlichen Unabhängigkeit, die eine Rentenversicherungspflicht ausschließt, bestimmt ist. Sie soll nicht das unternehmerische Konzept des Selbständigen, der seine eigene Arbeitskraft im gesetzlichen Umfang vervielfältigt, einengen. Deshalb sind alle Arbeitsentgelte aus den von dem Selbständigen im Zusammenhang mit seiner selbständigen Tätigkeit zeitgleich unterhaltenen Mitarbeiterverhältnissen zusammenzurechnen[40]. Unbeachtlich sind hingegen weitere Beschäftigungsverhältnisse der Hilfskräfte bei Dritten, weil sie nur etwas über die soziale Schutzbedürftigkeit der Hilfskräfte, nicht aber die ihrer selbständigen Geschäftsherren aussagen[41].

Die Rentenversicherungspflicht eines Vermögensberaters ist demnach unter dem Aspekt der Geringfügigkeitsschwelle zu verneinen, wenn die Provisionseinnahmen der von ihm betreuten Vermögensberater insgesamt regelmäßig EUR 325 im Monat übersteigen. Unter dem Aspekt der Wirtschaftskraft des Betreuers sind dessen Arbeitgeberlasten, die er im Fall der Beschäftigung eines Arbeitnehmers zu tragen hätte, dem Provisionserfolg des Untervertreters hinzuzurechnen. Die Geringfügigkeitsgrenze wird also erst bei EUR 325 + x überschritten.

Ob auch das Bundessozialgericht Untervertreter und Arbeitnehmer gleichstellt, muß sich noch erweisen. Für die Berufsgruppen des § 2 S. 1 Nr. 1-8 SGB VI zeigt es wenig Neigung. In einer Entscheidung aus 1997 zu § 2 Nr.2 SGB VI hat es ausgeführt, die Beschäftigung freier Mitarbeiter durch einen selbständig tätigen Krankengymnasten sei ohne Einfluß auf dessen Versicherungspflicht. Anders als gegenüber Arbeitnehmern habe der Selbständige ihnen gegenüber weder arbeitsvertragliche noch sozialversicherungsrechtliche Pflichten.

---

40 *Brand*, DB 1999, 1162 (1165); *Dörner/Baeck*, NZA 1999, 1136 (1138 re. Sp.); *Gaul/Wisskirchen*, DB 1999, 2466 (2468); GK-SGB VI-*Boecken* § 2 Rdn. 43, 106; *Hauck/Klattenhoff*, SGB VI K § 2 Rdn. 27 b; KassKomm/*Gürtner*, § 2 SGB VI Rdn. 10 und 38; *Kreikebohm/Grintsch*, § 2 Rdn. 5; a.A. GemRundschr. NZA 2000, 190 (191 sub 3.5.1.); *Rolfs*, NZA 2000, 188 (189 li. Sp.).

41 GK-SGB VI-*Boecken* § 2 Rdn. 42, 105.

Sie könnten schon aus diesem Grunde bei der Anwendung des § 2 Nr. 2 SGB VI Arbeitnehmern nicht gleichgestellt werden[42]. Diese Begründung macht deutlich, daß das Bundessozialgericht zwar die Wortlautgrenze für übersteigbar hält, gleichwohl aber selbständige Hilfskräfte für eine Ausnahme von der Rentenversicherungspflicht Selbständiger nicht genügen läßt.

Die Ablehnung einer Gleichstellung von freien Mitarbeitern und Arbeitnehmern wird in der Literatur durch die Erwägung gerechtfertigt, andernfalls könne sich der Selbständige aus der Rentenversicherungspflicht befreien, ohne die sozialversicherungsrechtlichen Pflichten eines Arbeitgebers übernehmen zu müssen. Dies könne insbesondere im Hinblick auf die Problematik der Scheinselbständigkeit nicht gewollt sein[43]. Soweit hier die Vorstellung durchscheint, wer einmal beitragspflichtig geworden sei, dürfe sich dieser Pflicht dem Grunde nach nicht mehr entziehen können, ist sie aus dem geltenden Recht nicht begründbar. Ernster ist die Auffassung zu nehmen, der Eintritt in Arbeitgeberpflichten sei Teil des Ausnahmetatbestandes.

Ein erster Einwand hiergegen ergibt sich schon aus der Überlegung, daß der Wortlaut des § 2 S. 1 Nr. 1, 2, 7, und 9 a SGB VI die Beschäftigung von Leiharbeitnehmern nicht ausschließt. In diesem Fall treffen den Entleiher in der Regel nur die Pflichten aus §§ 28 a Abs. 4, 28 e Abs. 2 SGB IV. Hätte der Gesetzgeber die Versicherungsfreiheit des Selbständigen an die Übernahme der üblichen Arbeitgeberpflichten binden wollen, hätte eine Klarstellung zur Arbeitnehmerüberlassung nahegelegen. Ihr Fehlen spricht daher für die Einbeziehung von Leiharbeitnehmern in § 2 S. 1 Nr. 9 a SGB VI. Dann aber kann es auf die Übernahme von Arbeitgeberpflichten nicht mehr ankommen.

Gegen die Mitberücksichtigung der finanziellen Interessen der Versicherungsträger durch den Gesetzgeber ist von Verfassungs wegen grundsätzlich nichts einzuwenden[44]. Problematisch ist allein die Frage, ob der Gleichheitssatz und die Berufsfreiheit der Selbständigen

---

42 BSG 30.1.1997 SozR 3-2600 § 2 Nr. 2 SGB VI.
43 *Menthe*, Anm. BSG 30.1.1997, DAngVers 1997, 384 (387 re. Sp.).
44 BVerfG NJW 1971, 365 (367).

ausreichende Berücksichtigung finden, wenn Selbständige, welche ihre Arbeitskraft in dem vom Gesetz verlangten Umfang vervielfältigen, nur dann von der Versicherungspflicht ausgenommen werden, wenn sie diese Vervielfältigung mit versicherungspflichtigen Arbeitnehmern bewerkstelligen. Es ist zu klären, ob die mittelbare Einschränkung ihrer Organisationsfreiheit mit der Verbreiterung der Beitragsgrundlage der Sozialversicherung gerechtfertigt werden kann. Soweit Pflichten zur Sozialversicherung eingeführt werden, ist dies verfassungsrechtlich zu beanstanden, sobald klassisch-selbständige Berufsbilder vom Gesetzgeber aufgesprengt werden, die aus Art. 12 GG folgende Pflicht zur Wahrung berufsrechtlicher Homogenität verlassen und damit das Prinzip der staatlichen Kompetenz für die Sozialversicherung gem. Art. 74 Abs. 1 Nr. 12 GG rechtlich überstrapaziert wird[45].

Würde man Handelsvertreter, welche ihre Arbeitskraft durch Beschäftigung von Angestellten im Sinne des § 84 Abs. 2 HGB vervielfältigen, von der Rentenversicherungspflicht befreien, Handelsvertreter hingegen, welche ihre Arbeitskraft durch den Einsatz von Untervertretern im Sinne des § 84 Abs. 1 und 3 HGB vervielfältigen, der Rentenversicherungspflicht unterwerfen, so würde das bislang homogene klassisch-selbständige Berufsbild des Haupt- oder Generalvertreters willkürlich beeinträchtigt, weil die soziale Schutzbedürftigkeit der beiden Teilgruppen gleich ist. Die unterschiedliche Beitragsbelastung, je nachdem ob der Hauptvertreter die von ihm geschuldete Vermittlungsleistung auf selbständige oder abhängige Hilfskräfte delegiert, stellt mithin eine berufsinadäquate Differenzierung dar, für die es in der Berufsrealität keine entsprechende Grundlage gibt. Es käme dann zu eben jenen Wettbewerbsverzerrungen, denen die Gesetzesnovelle zur Förderung der Selbständigkeit steuern soll[46]. Eine Verbreiterung der Beitragsgrundlage unter Mißachtung des vom Gesetzgeber selbst[47] als für die Zwangsversicherung beach-

---

[45] *Buchner*, DB 1999, 146 (150 „Das System muß aus sich heraus schlüssig sein und die Interessen der versicherten Gruppen angemessen berücksichtigen.").

[46] ZwischenBer KommScheinselbständigkeit, NZA 1999, 1145.

[47] Zur Übernahme des Kommissionsberichts in den Willen des Gesetzgebers FraktionsEntw BT-Drucks. 14/1855, S. 6.

tenswert eingestuften Prinzips der Wettbewerbsneutralität liegt außerhalb der gesetzgeberischen Gestaltungsfreiheit[48].

Das Berufsbild des Vermögensberaters wird nicht nur von § 2 S. 1 Nr. 9 a SGB VI, sondern auch von § 2 S. 1 Nr. 9 b SGB VI berührt. Ein Allfinanzdienstleister mit mehreren Produktpartnern wird schon vom Wortlaut dieser Norm nicht erfaßt. Problematisch wird es jedoch, wenn sich eben dieser Finanzdienstleister als Strukturvertrieb in Form einer Pyramide von Handelsvertretern organisiert. Dann stellt sich nämlich die Frage, ob Auftraggeber im Sinne des Gesetzes die Produktpartner sind oder ob es auf den einzelnen Unternehmer an der Spitze der Pyramide ankommt.

Auch bei der Beantwortung dieser Frage ist die erörterte wirtschaftliche Betrachtungsweise anzuwenden. Es ist zu entscheiden, ob der nachgeordnete Vermögensberater in seiner rentenversicherungsrechtlich bedeutsamen Wirtschaftskraft von einem oder von mehreren Auftraggebern abhängt. Die Auswahlfreiheit des Vermögensberaters hinsichtlich seines Produktangebots gegenüber dem Kunden spricht dafür, § 2 S. 1 Nr. 9 b SGB VI nicht auf ihn anzuwenden. Ältere Regelungen des Gesetzgebers zum Schutz kleiner Handelsvertreter sprechen dagegen. Zieht man den Rechtsgedanken des § 92 a HGB in § 2 S. 1 Nr. 9 b SGB VI hinein, läßt sich diese Norm auf Vermögensberater in einem Strukturvertrieb auch dann anwenden, wenn dieser über mehrere Produktpartner verfügt. In einem solchen Fall ist jedoch das Berufsbild des Vermögensberaters wiederum zugunsten einer Verbreiterung der Beitragsgrundlage der gesetzlichen Rentenversicherung einer derjenigen Erscheinungsformen beraubt, die kreativer Unternehmergeist innerhalb der Freiräume des Handelsvertreterrechts entwickelt hat.

48 Ebenso im Erg. *Buchner*, DB 1999, 146 (150).

PROF. DR. IUR. ERICH SCHANZE L.L.M. (HARVARD)
Geschäftsführender Direktor des Instituts für
Rechtsvergleichung der Philipps-Universität Marburg

Fondsanlagen zur Altersvorsorge

Schriftliche Fassung des Vortrags vom 17. Juli 2002

I. Einleitung: Notwendigkeit neuer privater Formen der Altersvorsorge

Es gibt wenige Bereiche, in denen die Übertragung der wissenschaftlich gewonnenen Kenntnisse auf den aktuellen Verlauf der Märkte und deren Deutung günstiger wäre als im Bereich der sogenannten „Anlagestrategien". Wenn man über Kapitalanlagen zur Altersvorsorge nachdenkt, so steht zunächst außer Zweifel, daß die traditionelle Lösung über den Generationenvertrag der Vergangenheit angehört. Sie war bei dynamischer demoskopischer Entwicklung zweifellos ein vernünftiges Konzept, hat jedoch aufgrund des Verlustes der Realitäten, die dem System zugrunde lagen, seine Bedeutung verloren. So war es nur folgerichtig, daß weitere Säulen der Altersversorgung auch durch staatliche Förderung aufzubauen sind.

Sucht man nach Alternativen zum Generationenvertrag, so ist die Lösung durch Poolbildung unausweichlich. Allein Pools, wie sie beim Generationenvertrag in extrem großen Zahlen verwirklicht worden sind, können den wichtigsten Aspekt der Alterssicherung erfüllen, nämlich Sicherheit und Kapitalerhaltung. Darüber hinaus reicht die Frage, inwieweit eine angemessene Rendite zu erzielen ist. Angesichts unserer theoretischen Einsichten in die Wirkungsweise des Kapitalmarktes kann man hier auf bewährte Anlagestrategien zurückgreifen, die dem Stand des aktuellen ökonomischen Wissens entsprechen. [1]

---

[1] Weiterführende Literatur: Erich Schanze, Anlegerschutz bei Aktienfonds: Das Indexfondskonzept, in: Die Aktiengesellschaft 1977, S. 102 ff.; Klaudius Heda, Klaus Heine, Erich Oltmanns, Indexfonds als Instrument der Kapitalanlage zur Altersvorsorge, Eine ökonomische und juristische Analyse, in: Die

Damit ist zugleich das Problem des Vortrags benannt. Gerade bei Fondsanlagen zur Altersvorsorge hat sich im Bereich des Fondsaufbaus und der Anlageberatung ein wissenschaftlich ungesichertes Wissen in breiter Form durchgesetzt, das im Konflikt mit dem gesicherten Wissen der modernen Kapitalmarkttheorie steht. Leider haben die erheblichen Gewinnmöglichkeiten im Bereich der Konstruktion von diversifizierten Fonds und der Anlageberatung einen ganzen Stand von Alchemisten hervorgebracht, die auf das eigentlich naheliegende theoretische Wissen verzichten und mit schwungvollen Begriffen angeblich überlegene Strategien für sich in Anspruch nehmen.

Selbstverständlich gibt es seit langem klassische Formen der Risikodiversifikation, die bei wohlhabenden Anlegern sinnvoll waren. Diese wohlhabenden Anleger konnten das Risiko der Anlage selbst verantworten. Diese Situation ist bei Anlageformen, die für die Altersvorsorge des Segments des Normalbürgers gelten, nicht mehr zweckmäßig.

II. Aktuelle Varianten privater Altersvorsorge

Betrachtet man die Varianten der privaten Altersvorsorge, so fallen zwei herkömmliche und eine neuere Lösung ins Auge.

1. Die Kapitallebensversicherung

Die klassische Kapitallebensversicherung hat den unbestreitbaren Vorteil von Steuervergünstigungen sowohl bei der Bedienung als auch bei der Behandlung der Erträge bei einer über zwölfjährigen Laufzeit, allerdings sind diese steuerlichen Vorteile im Schwinden begriffen. Der Nachteil liegt in einer geringen Rendite und zudem, und dies wird manchmal verschwiegen, dem Insolvenzrisiko des Ver-

---

Aktiengesellschaft 2001, S. 109 ff.; dieselb., Indexfonds: Zur Leistungsfähigkeit eines innovativen Finanzprodukts, in: Bernd Britzelmaier, Stephan Geberl, Hans-Rüdiger Kaufmann, Marco Menichetti (Hrsg.), Regulierung oder Deregulierung der Finanzmärkte, Heidelberg 2002, S. 153 ff.; Heiko Heuer, Raimund Saxinger, Synthetische Indexfonds, in: Die Bank 1992, S. 83 ff.; Thomas Groffmann, Indexfonds – Konstruktion und Marktentwicklung, in: Die Bank 1998; S. 536 ff.

sicherers. Man muß nämlich wissen, daß bei den Leistungen in die Kapitallebensversicherung der Versicherte sein Vermögen an den Versicherer voll überträgt. Es geht bei der Kapitallebensversicherung also nicht um eine Vermögensverwaltungsaufgabe, die in der Normalform der treuhänderischen Vertretung vorgenommen wird.

2. Altersvorsorge–Sondervermögen

Die sogenannten Altersvorsorge-Sondervermögen oder kurz AS-Fonds genannt - nach § 37 KAGG haben den Vorteil höherer Erträge als die Lebensversicherung. Die Nachteile bestehen in komplexen, stark an nationalen Vorstellungen anknüpfenden Zusammensetzungen der Kapitalanlagen und an einem nicht unerheblichen Verwaltungsaufwand wegen der Struktur dieser Fonds.

Die Altersvorsorge-Sondervermögen stellen heute eine Mischung von Wertpapieren, Grundstücken und meistens stillen Beteiligungen dar; dabei sind nach den gesetzlichen Regelungen mindestens 51 % Substanzwerte einzustellen, und maximal 49 % liquide Anlagen, also Bankguthaben, Geldmarktpapiere, Anteile an Geldmarktsondervermögen oder ausländischen Geldmarktfonds usw.

3. Indexfonds

Die dritte Lösung, über die ich vorwiegend sprechen werde, sind sogenannte Indexfonds. Sie versprechen höhere Erträge und einen deutlich geringeren Verwaltungsaufwand als AS-Fonds. Zudem stützen langjährige Erfahrungen in den USA bei der Verwaltung dieser Fonds die Annahme, daß sie zumindest im Segment der Anlage in Aktientiteln die höchste Sicherheit bieten. Dies wird auch durch den theoretischen Befund untermauert. Man sollte allerdings den Nachteil nennen, daß diese Fonds eine höhere Risikoneigung als AS-Fonds besitzen, weil sie keine passiven Titel enthalten.

III. Aktienfonds

Trotz der augenblicklichen ungünstigen Situation auf dem Aktienmarkt spricht vieles dafür, zumindest einen Teil der Altersvorsorge in Form von Aktienfonds zu halten. Aktienfonds repräsentieren wie keine andere Anlage das aktive Segment der wirtschaftlichen Wertschöpfung. Industrie, Handel und Dienstleistungsbetriebe erwirtschaften den Kernbereich des Bruttosozialprodukts. An ihrer Wertschöpfung teilzuhaben, erscheint sinnvoll, wie das amerikanische Beispiel der Altersvorsorge in diesen Titeln beweist. Man darf freilich nicht auf die kurzfristigen Schwankungen und teilweise auch katastrophalen Einbrüche der aktuellen Aktienverläufe schauen, sondern man muß langfristige Zeiträume übersehen.

Soweit es um die Altersvorsorge geht, ist es hierbei vernünftig, in Zeiträumen von zwanzig und mehr Jahren zu denken. Aktienfonds folgen der gesetzlichen Vorgabe der Risikodiversifikation nach dem KAGG. Sie sind jedoch durchweg sogenannte „gemanagte" Fonds. Dies bedeutet, daß das Unternehmen, das den Fonds auflegt, sich die Entscheidung vorbehält, bestimmte Titel in den Fonds einzustellen oder herauszunehmen. Die Entscheidung, welche Titel in den Fonds eingestellt werden, wird - so zumindest die Vorstellung der Fondsmanager – von sehr sachkundigen Personen getroffen, die für sich in Anspruch nehmen, überlegene Marktkenntnisse zu besitzen. Betrachtet man die auf Hochglanzpapier vorgestellten Werbeanzeigen oder die entsprechenden television spots, so wird im wesentlichen versucht, auf die besondere Sachkenntnis der jeweiligen Fondsverwalter herauszustellen. Sie sind elegant, weltläufig und klug. Wenn ein Vermögensberater diese Anlageprodukte empfiehlt, so muß ihm klar sein, daß Aktienfonds mit sogenannten „stock picking" über lange Zeiträume nicht in der Lage waren, sogenannte „passive" Indexfonds zu schlagen. Dies ergibt sich ohne weiteres durch einen Vergleich der wichtigsten in Deutschland angebotenen Aktienfonds, und zwar nach der jahresdurchschnittlichen Rendite im 10- und 20-Jahresvergleich. Dieser Vergleich wird im folgenden in einer Tabelle vorgestellt:[2]

---

2 Mein Dank gilt den Herren Erich Oltmanns, Klaus Heine und Klaudius Heda für die Zurverfügungstellung der vergleichenden Tabellen.

Aktienfonds: Jahresdurchschnittliche Rendite: 10- und 20-Jahresvergleich*

	Fond	10 Jahre	20 Jahre
1	Provesta DWS	15,82	---
2	Investa DWS	15,72	15,82 (1)
3	DVG-Fonds Select-Invest	15,32	---
4	**Deutscher Aktienindex**	**14,50**	**14,10 (5)**
5	Trinkaus Capital Fonds INKA	14,24	---
6	Zürich Invest Aktien	14,09	---
7	Ring-Aktienfonds DWS	13,91	12,33 (13)
8	MMWI-Progress-Fonds	13,90	11,33 (18)
9	Citibank Privat Invest-Fonds	13,79	---
10	AC Deutschland	13,59	---
11	Alte Leipziger Trust Fonds A	13,48	---
12	Köln-Aktienfonds Deka	13,16	---
13	Frankfurter-Sparinvest Deka	12,92	---
14	Concentra	12,84	14,66 (4)
15	Oppenheim Select	12,79	12,32 (14)
16	DekaFonds	12,75	13,96 (6)
17	DIT-Wachstumsfonds	12,74	---
18	SMH-Special-UBS-Fonds I	12,62	15,51 (2)
19	MK Alfakapital	12,18	12,78 (10)
20	UniFonds	11,99	13,74 (7)
21	DT.Berenberg-Universal	11,87	---
22	FT Frankfurt-Effekten-Fonds	11,82	14,85 (3)
23	NORIS	11,54	12,30 (15)
24	BfG Invest Aktienfonds	11,41	---
25	DIT-Fonds für	11,28	12,89 (9)
26	Hauck-Main I-Universal-Fonds	11,24	12,51 (11)
27	Thesaurus	11,21	13,65 (8)
28	Metallbank Aktienfonds DWS	11,05	---
29	Privatfonds	10,72	11,91 (17)
30	HANSAeffekt	10,52	---
31	Gerling Aktiv	10,49	---
32	Aufhäuser-Universal-Fonds I	9,77	---
33	FONDAK	9,70	12,49 (12)
34	Universal-Effect-Fonds	8,30	11,99 (16)
35	DIT-Spezial	7,43	---
36	HANSAsecur	4,02	6,29 (19)

(Quelle: BVI, vwd und eigene Berechnungen)

* vom 31.12.89 bis 31.12.99 und vom 31.12.79 bis 31.12.99

Die Tabelle ergibt, daß nur drei Fonds über das langfristige Mittel von zehn Jahren den deutschen Aktienindex schlagen konnten. Er hat über den 10-Jahres-Zeitraum eine Durchschnittsrendite von 14,5 %, über den 20-Jahres-Zeitraum eine Durchschnittsrendite von 14,1 % erwirtschaftet, wobei jeweils die Erträge wieder in Anlagen umgesetzt worden sind. Entsprechend sind auch die anderen Werte abgerechnet. 33 durchaus seriöse gemanagte Fonds haben schlechter, zum Teil deutlich schlechter abgeschnitten. Rechnet man die Verwaltungskosten heraus,[3] so ergibt sich eine konservativ berechnete Rendite bei reinen Indexfonds von 9,40 % und bei Aktienfonds durchschnittlich von 7,47 %. Vergleicht man nun die Wertentwicklung einer Einmalanlage von 10.000 Euro mit diesen Werten, so ergibt sich ein erstaunlicher Befund, der in zwei Tabellen dargestellt wird, und zwar zunächst für den Zeitraum von 18 Jahren, anschließend für den Zeitraum von dreißig Jahren (siehe Seite 143).

Bereits nach 18 Jahren ist das Vermögen mit einem Indexfonds auf über 50.000 Euro angestiegen, während es bei einer Durchschnittsanlage bei 36.500 Euro geblieben wäre. Noch dramatischer stellt sich der Zusammenhang bei Wiederanlage in dreißig Jahren dar und dort erreicht der Indexfonds fast den doppelten Wert einer durchschnittlichen Anlage in gemanagten Fonds.

---

3 Bei den folgenden Tabellen wurden Verwaltungskosten von 2,3 % bei aktiv und 0,54 % bei passiv verwalteten Fonds zugrundegelegt. Dies entspricht den durchschnittlichen Verwaltungskosten deutscher Fonds. Zu beachten ist ferner, daß die weit besser entwickelten amerikanischen Indexfonds im Durchschnitt einen Verwaltungskostenanteil von lediglich 0,27 % aufweisen.

Wertentwicklung einer Einmalanlage von €10.000 mit 7,47 % und 9,40 % nach 18 Jahren

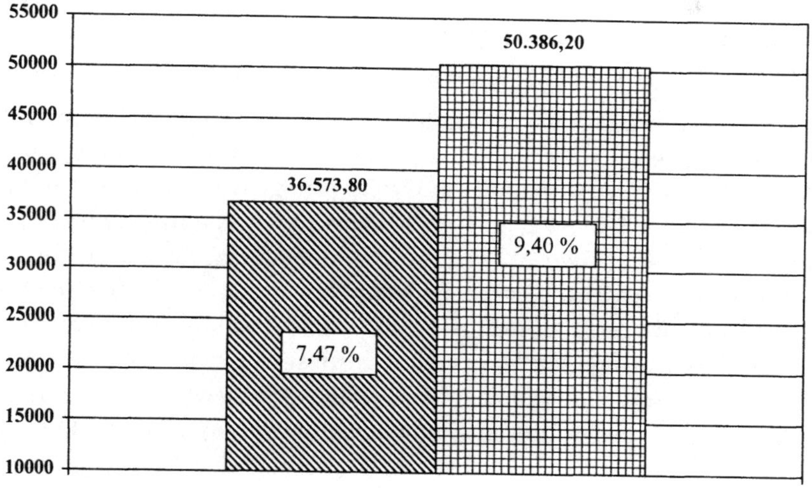

Wertentwicklung einer Einmalanlage von €10.000 mit 7,47 % und 9,40 % nach 30 Jahren

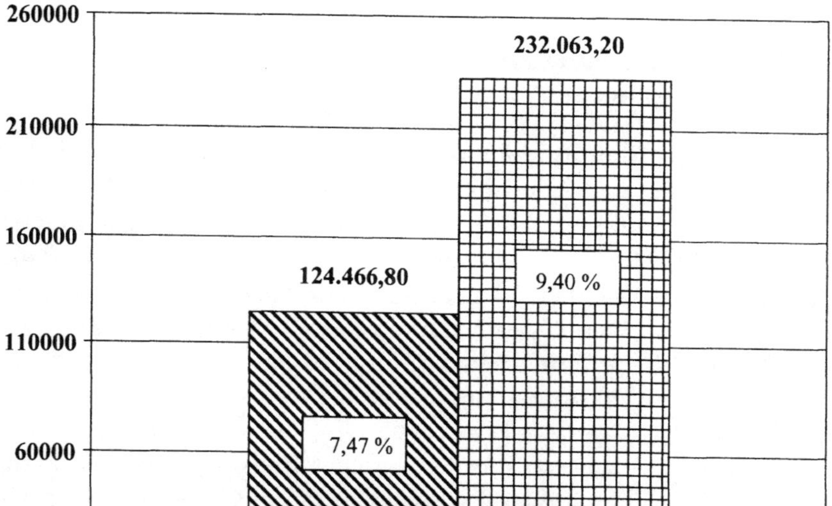

IV. Informationen auf dem Kapitalmarkt

Welches ist der theoretische Hintergrund, der dieser Entwicklung zugrunde liegt? Die empirischen Ergebnisse bestätigen eine Reihe von Hypothesen zu den Kapitalmärkten, die seit etwa dreißig Jahren bekannt sind. Ich stelle vereinfacht die Grundlagen dar.

Kapitalmärkte gehören zu den besten Märkten, die wir kennen. Sie sind (weitgehend) *effizient*, d.h. sie klären alle Informationen, die auf den Markt kommen, schnell und vollständig. Hier führen Sonderinformationen und hierbei der wichtigste Fall, das Insiderwissen, zu kurzfristigen Vorteilen. Aber diese Sonderinformationen dürfen entweder nicht verwertet werden, denn sie sind durch Insider-Handelsverbote ausgeschlossen, oder sie werden sofort aus dem Markt geräumt. Keine Sonderinformation in diesem Sinne ist sogenanntes Expertenwissen, insbesondere das Wissen derjenigen, die mit den Methoden der sogenannten Fundamentalanalyse oder technischen Analyse Aktienkurse „prognostizieren". Wenn der Markt „effizient" ist, bedeutet dies, daß niemand, auch keine Experten, den Markt schlagen können. Die Amerikaner haben hier den Leitsatz aufgestellt: „You cannot beat the market!"

V. Voraussetzungen und Konsequenzen der Kapitalmarkteffizienz

Die sorgfältigen empirischen theoretischen Untersuchungen haben ergeben, daß Kursveränderungen einem sogenannten „random walk" folgen, d.h. sie sind statistisch voneinander unabhängig; mit anderen Worten kein Aktienkurs - entgegen unserer empirischen „Normalbeobachtung" - ist mit dem Aktienkurs eines anderen Titels systematisch korreliert. Wenn, wie man empirisch feststellen kann, der Markt sofort alle Informationen räumt, so sind alle Informationen auch im Kurs enthalten. Damit spiegelt der aktuelle Kurs den aktuellen Unternehmenswert. Jede Aktie hat ein Risiko, das man im Langfristverlauf als sogenanntes systematisches Risiko ausdrücken kann. Dieses systematische Risiko, das sogenannte „beta", läßt sich dadurch neutralisieren (oder technisch gesehen auf 1 reduzieren), indem alle in einem Markt gehandelten Titel zu den jeweiligen Werten des Unternehmens in den Index eingestellt werden. Der gewichtete Index aller gehandelten Werte schließt also alle spekulativen Elemente aus. Damit ist der Kauf eines gewichteten Index zugleich die sicherste Aktienanlage.

VI. Die Überlegenheit von Indexfonds

Echte Indexfonds, die das Marktrisiko ausschalten, sind deshalb anderen Aktienfondsanlagen überlegen, weil die Fondsmanager zusätzliches, nicht beherrschbares unsystematisches Risiko produzieren. Zweifellos können Fondsmanager kurzfristige Arbitrage-Gewinne durch Sonderkenntnisse oder durch besondere analytische Fertigkeiten erzielen. Diese Gewinne werden jedoch langfristig vernichtet. Das sogenannte „stock picking", also die Auswahl bestimmter Titel, die besonders günstig erscheinen, verursacht überdies hohe Transaktionskosten. Es geht nicht nur um die dauernde Bewegung der Titel und die An- und Verkaufsgebühren, sondern auch um die Gehälter der angeblich mit überlegenem Wissen ausgestatteten Fondsmanager, die bekanntlich in ihrer „Industrie" Spitzengehälter beanspruchen. Überdies ist der Werbe- und Vertriebsaufwand für diese sogenannten „gepickten" Fonds erheblich, da die Fondsmanager die Logik ihrer „Strategien" darstellen müssen, obwohl sich aus jedem Lehrbuch der Finanzmarkttheorie kostenlos entnehmen läßt, daß bei langfristiger Anlage die Anlage in Indexfonds überlegen ist. Es überrascht, daß seriöse Tageszeitungen sowohl in den USA als auch in Deutschland immer wieder ein Forum für die angeblichen besonderen Leistungen der Fondsmanager darstellen. Beinahe wöchentlich liest man Tips der Gurus, die angeblich den Markt langfristig oder längerfristig geschlagen haben.

VII. Warum Indexfonds für die Altersvorsorge?

Nach diesen kurzen Erläuterungen ist klar, warum echte Indexfonds für die Altersvorsorge besonders geeignet sind. Sie unterliegen langen Laufzeiten, sie bedienen eine hohe Risikoaversion der Anleger, sie stellen das denkbar kleinste Risiko für eine Anlage in Unternehmensvermögen dar, und sie bieten überdies noch die Möglichkeit, über die nationalen Grenzen hinauszugehen und damit die nationalen Wirtschaftsrisiken zu minimieren. Damit ist mit dem Konzept der Indexfonds zugleich ein hoher Anlegerschutz gewährleistet.

VIII. Wie werden Indexfonds gebildet?

Bei der Bildung von Indexfonds kann man selbstverständlich nicht vollständig den Markt abbilden, da die Verwirklichung dieses Ideals zu sehr hohen Kosten führen würde. Man müßte nämlich dauernd alle Indextitel nach der vom Index vorgegebenen Gewichtung täglich oder möglicherweise sogar in noch kürzeren Zeitpunkten in der vorgegebenen Gewichtung an den Markt automatisch anpassen. Deshalb haben sich in der Praxis zwei Varianten, die kostengünstiger sind und annähernd das Ziel eines echten Indexfonds erreichen, ausgebildet. Im Vordergrund steht das System der sogenannten „approximativen“ Nachbildung. Es werden durch bestimmte Kriterien oder Optimierungsverfahren marktähnliche Verhältnisse hergestellt, die dann auf einfachere, kostensparende Weise verfolgt werden. Jedenfalls werden die Titel aber automatisch aufgrund computergesteuerter Methoden ausgewählt und gekauft bzw. verkauft. Sie schwimmen eher passiv im Markt mit. Eine andere Methode der Replikation ist die der Synthetisierung von Indices. Man bildet dabei Indexderivate, die in bestimmter Weise den Markt möglichst deckungsgleich nachbilden.

IX. Welchen gesetzlichen Rahmenbedingungen unterliegen Indexfonds?

Indexfonds sind Wertpapier-Sondervermögen im Sinne des § 1 Abs. 1 KAGG. Die Risikomischung ist durch § 8 KAGG vorgegeben. Maximal 5 % der Titel dürfen in einer Anlage bestehen. Vertraglich konnten 10 % pro Titel gewählt werden. Mit dieser gesetzlichen Vorschrift waren echte Indices zumindest auf dem nationalen deutschen Markt problematisch, da z. B. große Unternehmen wie Siemens oder Telecom lange über 10 % des Marktes repräsentierten. Der Gesetzgeber hat nunmehr in der Novelle vom Dezember 2001 zum KAGG reagiert.

Der neue § 8c Abs. 3 KAGG gestaltet ausdrücklich Ausnahmen für Indexfonds.

Der Gesetzgeber hat also erkannt, daß Indexfonds eine überlegene Anlage sind.

Betrachtet man diese gesetzlichen Vorgaben, so sollte man an folgende zeitgemäße Anlageprodukte denken: Zunächst ist es sinnvoll, über die nationalen Grenzen hinaus diversifizierte Aktienindexfonds zu wählen. Bedenkt man die hohe Votalität der Aktienmärkte, so ist es gerade unter den augenblicklichen Bedingungen sinnvoll, an Mischungen von Aktien und Rentenindexfonds zu denken. Sinnvoll sind auch AS-Fonds, wenn in ihnen ein hoher Anteil von Indexfonds enthalten ist. Nach § 37 i Abs. 6 KAGG können bis zu 75 % Indexfonds in diesen Titeln enthalten sein.

X. Haftung der Anlagevermittler für sorgfaltswidrige Beratung

Wenn man davon ausgeht, daß das, was ich zu den Indexfonds vorgetragen habe, mehr oder minder gesichertes Schulwissen ist, so stellt sich die Frage, inwieweit Anlagevermittler haften, wenn sie ohne den Hinweis auf das besondere Risiko Anlegern mit langfristigen Anlageinteressen raten, andere Titel zu kaufen, die durch „stock picking“ oder höhere Risikoneigung für den Anleger Nachteile bieten. Frage ist also, inwieweit Anleger auch Vermittler in Anspruch nehmen können, wenn die sogenannte „performance“ einer Anlage ungünstiger ist als das, was man aufgrund wissenschaftlicher Erkenntnis im Zeitpunkt der Anlage-Empfehlung hätte tun können.

Die Rechtsprechung und hierbei insbesondere zuletzt der Bundesgerichtshof[4], nimmt auch bei Vermittlung einen meistens stillschweigenden Beratungsvertrag an. Allerdings knüpft die Rechtsprechung für die Haftung an die Voraussetzung an, daß der Anleger ein besonderes Vertrauen in den Anlagevermittler oder Berater gesetzt habe.

---

4 BGHZ 100, 117 (118 f.); 123, 126; BGH, WM 2000, 1441; BGH, WM 1984, 1075.

Dieser Anlagevermittler oder Berater hat die Pflicht, über das Risiko der Anlage umfassend aufzuklären.[5] Unterläßt er diese Aufklärung, so haftet er mit der Rechtsfolge des Schadensersatzes, der in der Differenz der Schlechterentwicklung der Anlage bestehen kann.

Jedem, der besonderen Rat bei Anlagen erteilt, ist zu raten, seine Beratung auch entsprechend zu dokumentieren, damit er im Streitfall nachweisen kann, daß er über das Risiko der Anlage aufgeklärt hat.

Nach dem augenblicklichen Stand der Rechtsprechung reicht die Aufklärung über das Anlagerisiko. Eine qualifizierte Anlagevermittlung wird jedoch im Sinne der Kundenzufriedenheit und der Erhaltung und Erweiterung des Geschäfts auf solche Anlagen setzen, die nach dem Stand des Wissens bei gegebenem geringen Risiko eine optimale Langfristrendite erbringen. Zweifellos besteht hier ein Interessenkonflikt zwischen Anlagevermittlern und Fondsanbietern, denn der Fondsanbieter wird häufig Produkte anbieten, bei denen er hohe Gewinnmargen hat, die allerdings im Rahmen der Sicherheit der Anlage sich insgesamt ungünstiger darstellen.

Fazit: Eine wissenschaftlich fundierte Anlagestrategie für Sondervermögen zur Altersversorgung und deren Durchsetzung im Markt für Vermögensanlagen führt zu zufriedenen Kunden und damit zu einem langfristig soliden Geschäft für die Vermögensberatung.

---

5 Grundlegend dazu BGHZ 123, 126; vgl. ferner die Urteilsbesprechungen von Arendts, DZWir 1994, 185; Escher-Weingart, JZ 1994, 104 Heinsius, ZBB 1994, 47; Horn, WM 1999, 1; Klanten, JA 1994, 57; Köndgen, EWiR 1993, 857; Raeschke-Kessler, WM 1993; 1830.

PROF. DR. JOHANNES WERTENBRUCH

Die Rechtsstellung des Vermögensberaters als Handelsvertreter

I. Die Pflichten des Handelsvertreters

Der Handelsvertretervertrag ist ein Geschäftsbesorgungsvertrag i.S.d. BGB. Der Handelsvertreter ist verpflichtet die Interessen des Unternehmens wahrzunehmen.

Nach § 90 HGB darf der Handelsvertreter Geschäfts- und Betriebsgeheimnisse, die ihm anvertraut oder als solche durch eine Tätigkeit für den Unternehmer bekannt geworden sind, auch nach Beendigung des Vertragsverhältnisses nicht verwerten oder anderen mitteilen, soweit dies nach den gesamten Umständen der Berufsauffassung eines ordentlichen Kaufmanns widersprechen würde.

Aus der Verpflichtung, die Interessen des Unternehmers wahrzunehmen, folgt das Verbot des Vertriebs von Konkurrenzprodukten. Der Vertrieb von Konkurrenzprodukten ist nur dann gestattet, wenn dies ausdrücklich vereinbart wurde. Dieses Wettbewerbsverbot gilt nur während der Laufzeit des Handelsvertretervertrages. Es kann aber auch gem. § 90 a HGB ein sog. nachvertragliches Wettbewerbsverbot vereinbart werden. Dies ist aber nur für eine Dauer von zwei Jahren möglich. Für dieses nachvertragliche Wettbewerbsverbot muß der Unternehmer allerdings eine Entschädigung zahlen („bezahlte Karenz“). Der Unternehmer kann nachvertragliche Wettbewerbsverbote aufkündigen.

Der Handelsvertreter erhält eine Provision, wenn der vermittelte Vertrag geschlossen und durchgeführt wird. Sind mehrere Vertreter auf verschiedenen Vertriebsstufen tätig, so hängt die Provision auch der Handelsvertreter höherer Stufe vom Abschluß des Vertrages mit dem Kunden ab. Eine Durchführung des Vertrages ist zur Begründung der Provisionspflicht dazu nicht erforderlich, wenn der Unternehmer die Nichtdurchführung zu vertreten hat. Im Falle der Zahlungsunfähigkeit des Kunden erhält der Handelsvertreter keine

Provision. Das Risiko der Zahlungsunfähigkeit eines Kunden trägt also der Handelsvertreter.

Wird dem Handelsvertreter ein bestimmter Bezirk oder Kundenkreis zugewiesen, so ist für die Entstehung des Provisionsanspruchs eine Ursächlichkeit einer Tätigkeit des Handelsvertreters nicht erforderlich (§ 87 II HGB).

Nach § 87 b I HGB erhält der Handelsvertreter eine branchenübliche Provision, sofern die Höhe nicht ausdrücklich vereinbart wurde.

Der Handelsvertreter kann zusätzlich zur Provision keinen Aufwendungsersatz verlangen; die Aufwendungen sind durch die Provision abgegolten.

II. Kündigung

Der Handelsvertretervertrag kann durch ordentliche oder außerordentliche Kündigung aufgelöst werden.

Für die außerordentliche Kündigung ist ein wichtiger Grund erforderlich.

1. *Außerordentliche Kündigung durch den Handelsvertreter*

Der Handelsvertreter kann aus wichtigem Grund kündigen, wenn der Unternehmer fortgesetzt mangelhafte oder sonst vertragswidrige Leistungen gegenüber dem Kunden erbringt. Das gleiche gilt, wenn der Unternehmer Ansprüche des Handelsvertreters nicht erfüllt oder wiederholt vertragswidrige Abrechnungen vornimmt. Auch die schuldhafte Verletzung eines Alleinvertriebsrechts durch den Unternehmer begründet ein außerordentliches Kündigungsrecht des Handelsvertreters.

2. *Außerordentliche Kündigung durch den Unternehmer*

Der Unternehmer kann aus wichtigem Grund kündigen, wenn der Handelsvertreter Weisungen nicht einhält oder ein Wettbewerbsverbot - insbesondere den Vertrieb von Konkurrenzprodukten - verletzt.

3. Die ordentliche Kündigung des Handelsvertretervertrages

Für eine ordentliche Kündigung des Handelsvertretervertrages gelten die in § 89 HGB vorgesehenen Fristen. Diese Fristen gelten, wenn keine bestimmte Laufzeit des Vertrages vereinbart wurde, der Vertrag also auf unbestimmte Zeit geschlossen wurde. Bei einer Vertragsdauer von ein bis sechs Jahren beträgt die Kündigungsfrist ein bis sechs Monate; ein Jahr Vertragsdauer entspricht ungefähr einer Kündigungsfrist von einem Monat. Die ordentliche Kündigung kann auf Seiten des Unternehmers ausgeschlossen werden.

III. Der Ausgleichsanspruch nach § 89 b HGB

Nach § 89 b HGB hat der Handelsvertreter einen Anspruch auf angemessenen Ausgleich nach Beendigung des Vertragsverhältnisses. Dieser Regelung liegt der Gedanke zugrunde, daß dem Unternehmer nach Beendigung des Handelsvertreterverhältnisses der vom Handelsvertreter aufgebaute Kundenstamm erhalten bleibt. Dieser Ausgleichsanspruch hat folgende Voraussetzung:

1. Das Bestehen eines Handelsvertreterverhältnisses;
2. Dem Unternehmer müssen erhebliche Vorteile aus der Geschäftsverbindung mit neuen Kunden verbleiben (Kundenstamm);
3. Provisionsverlust auf Seiten des Handelsvertreters für
   a) bereits abgeschlossene Verträge,
   b) für neue Verträge mit vom Handelsvertreter geworbenen Kunden;
4. Der Ausgleichsanspruch muß der Billigkeit entsprechen, wobei alle Umstände des Vertragsverhältnisses zu berücksichtigen sind.

1. Die Höhe der Vergütung

Nach § 89 b II HGB erhält der Handelsvertreter als Abfindung einen Betrag bis zur Jahresvergütung aus dem Schnitt der letzten fünf Jahre.

2. *Ausschluß des Ausgleichsanspruchs durch Anrechnung von Versorgungsleistungen*

Der Ausgleichsanspruch entfällt unter Billigkeitsgesichtspunkten (§ 89 b I 1 Nr. 3 HGB) ganz oder teilweise zum Beispiel dann, wenn der Unternehmer dem Handels- oder Versicherungsvertreter, etwa durch Versorgungswerke, eine Alters- und Hinterbliebenenversorgung gewährt (BGHZ 45, 268, 272 f.; BGHZ 55, 45, 58 f.; OLG Düsseldorf, NJW-RR 1996, 225). Hier ist der Gedanke, daß dem Handelsvertreter ein Ausgleich für den aufgebauten Kundenstamm zustehen soll, bereits durch die überobligatorische Altersvorsorgeleistung des Unternehmers verwirklicht. Daher wäre es unbillig, den Unternehmer doppelt zu belasten. Vielmehr werden diese freiwilligen Leistungen des Unternehmers nach ihrem Kapitalwert auf den Ausgleichsanspruch angerechnet. Übersteigt der Kapitalwert der Versorgungsleistung den zu entrichtenden Ausgleichsanspruch, so entfällt der Ausgleichsanspruch des Handelsvertreters völlig (BGHZ 45, 268, 272 f.; BGH, NJW 1982, 1814).

3. *Ausschluß des Abfindungsanspruchs nach § 89 b III HGB*

Abgesehen von der Möglichkeit der Anrechnung von Versorgungsleistungen ist der Abfindungsanspruch auch in folgenden Fällen ausgeschlossen:

1. Der Handelsvertreter kündigt den Vertrag; es sei denn, es liegt ein wichtiger Grund vor (z. B. Alter, Krankheit).
2. Der Unternehmer kündigt den Handelsvertretervertrag aus wichtigem Grund wegen einer Vertragsverletzung des Handelsvertreters.
3. Ein Dritter übernimmt die Vertragsstellung des Handelsvertreters gegen Zahlung eines Entgelts („Verkauf des Handelsvertretergeschäfts“).

4. *Einzelfälle*

1. Schränkt der Unternehmer seine Produkte ein oder weist er dem Handelsvertreter einen kleineren Kundenkreis zu, so

kann der Handelsvertreter kündigen, ohne den Abfindungsanspruch zu verlieren.

2. Bei Tod des Handelsvertreters besteht grundsätzlich ein Abfindungsanspruch, da der Handelsvertretervertrag nicht durch Kündigung beendet wurde (zum Ausschluß bei Altersvorsorgeleistungen s. o. III.2.).

3. Abfindung bei Tod des Handelsvertreters im einzelnen:

   - Im Fall BGHZ 41, 129 hatte der Handelsvertreter mit einer 19-jährigen (nach damaligem Recht noch minderjährig) gegen 3:40 Uhr morgens eine Bar verlassen und im alkoholisierten Zustand einen Verkehrsunfall verursacht, bei dem beide ums Leben kamen. Der BGH hat einen Abfindungsanspruch der Witwe bejaht, weil der vom Handelsvertreter begangene Verstoß gegen das Strafgesetzbuch und die Straßenverkehrsvorschriften keine Pflichtwidrigkeit gegenüber dem Unternehmer begründet hätte.
   - Im Fall BGHZ 45, 385 war der Handelsvertreter aufgrund eines aufwendigen und leichtsinnigen Lebenswandels in Bedrängnis geraten. Nach dem Tod durch Suizid verlangten die unterhaltsberechtigten Familienangehörigen eine Abfindung vom Unternehmer. Der BGH bejahte auch hier einen solchen Abfindungsanspruch, weil der Handelsvertreter keine Pflichtverletzung gegenüber dem Unternehmer begangen habe.
   - Im Fall BGHZ 60, 350 erschoß der Handelsvertreter zunächst seine Ehefrau und dann sich selbst. Die Kinder verlangten den Abfindungsanspruch nach § 89 b HGB. Der BGH sah auch hier keine Pflichtverletzung gegenüber dem Unternehmer.

4. Ausschluß des Abfindungsanspruchs im voraus:

   - Der Abfindungsanspruch kann nicht im voraus durch Vereinbarung ausgeschlossen werden (§ 89 IV 1HGB). Ein Ausschluß ist nur zulässig, wenn der Handelsvertretervertrag schon tatsächlich beendet wurde. Im Fall BGHZ 55,

124 war der Handelsvertretervertrag am 04.12. zum 31.12. gekündigt worden. Am 08.12. hatten sich die Parteien über eine Vertragsaufhebung gegen Zahlung von 10.000 DM geeinigt und weitere Ansprüche ausgeschlossen. Danach verlangte der Handelsvertreter noch die Abfindung nach § 89 b HGB. Der BGH hielt den Ausschluß weiterer Ansprüche hier für wirksam, weil der Handelsvertreter nach dem 04.12. seine Tätigkeit tatsächlich schon beendet habe.

- Im Fall BGH NJW 90, 2989 war der Ausschluß dagegen unwirksam. Die Parteien hatten im März eine Auflösungsvereinbarung getroffen und wechselseitige Ansprüche ausgeschlossen; der Handelsvertretervertrag endete aber erst am 03.04. Der Handelsvertreter hatte daher in diesem Fall noch einen Anspruch auf Ausgleich nach § 89 b HGB. Ein vertraglicher Ausschluß des Abfindungsanspruchs nach § 89 b HGB ist also vor dem vertraglich festgelegten Ende des Handelsvertreters dann wirksam, wenn die Handelsvertretertätigkeit gleichzeitig mit der Auflösungsvereinbarung endet.

DR. MARTIN WILL, LL.M. (CAMBR.)
Wissenschaftlicher Assistent
Institut für Öffentliches Recht
Philipps-Universität Marburg

Neue europarechtliche Regelungen für Finanzdienstleistungen unter besonderer Berücksichtigung des Fernabsatzes

I. Einführung: Die Verwirklichung des europäischen Binnenmarktes für Finanzdienstleistungen

Aufgabe der Europäischen Gemeinschaft ist gem. Art. 2 EG-Vertrag (EGV[1]), durch die Errichtung eines Gemeinsamen Marktes und einer Wirtschafts- und Währungsunion in der ganzen Gemeinschaft eine harmonische, ausgewogene und nachhaltige Entwicklung des Wirtschaftslebens, ein hohes Beschäftigungsniveau und ein hohes Maß an sozialem Schutz zu fördern. Zu diesem Zweck ist gem. Art. 14 i.V.m. Art. 3 Abs. 1 lit. c EGV in der Gemeinschaft ein Binnenmarkt zu schaffen, der durch die Beseitigung der Hindernisse für den freien Waren-, Personen-, Dienstleistungs- und Kapitalverkehr zwischen den Mitgliedstaaten gekennzeichnet ist.

Seit 1973 arbeitet die Gemeinschaft an dem Ziel, auch für Finanzdienstleistungen einen europäischen Binnenmarkt ohne Grenzen zu verwirklichen[2]. Trotz einer Reihe von Richtlinien mit dieser Zielsetzung ist die Gemeinschaft jedoch noch weit von der Verwirklichung des Binnenmarktes für Finanzdienstleistungen entfernt. In der Praxis ist der Markt für Finanzdienstleistungen zwischen den Mitglied-

---

1 Vertrag zur Gründung der Europäischen Gemeinschaft vom 25. März 1957 (BGBl. II S. 766) in der Fassung des Vertrags über die Europäische Union vom 7. Februar 1992 (BGBl. II S. 1253/1256), zuletzt geändert durch den Amsterdamer Vertrag vom 2. Oktober 1997, in Kraft getreten am 1. Mai 1999 (BGBl. 1998 II S. 387, ber. BGBl. 1999 II S. 416).

2 Mitteilung der Kommission – Finanzdienstleistungen: Umsetzung des Finanzmarktrahmens: Aktionsplan, KOM (1999) 232, vom 11.05.1999, S. 3.

staaten der Gemeinschaft nach wie vor segmentiert. Die grenzüberschreitende Erbringung von Finanzdienstleistung bleibt die Ausnahme. Selbst bei den als flexibel geltenden Onlinebrokern ist eine direkte grenzüberschreitende Tätigkeit auch heute noch äußerst selten[3]. Wenn sich ein Finanzdienstleistungs-Unternehmen in einem anderen Mitgliedstaat engagieren will, geschieht dies in der Regel nicht durch die grenzüberschreitende Erbringung der Finanzdienstleistung, sondern durch die Gründung oder Übernahme eines Tochterunternehmens in dem betreffenden Staat[4].

In den vergangenen Jahren haben jedoch zwei Faktoren den Fokus der Gemeinschaft auf das Ziel gelenkt, den Binnenmarkt für Finanzdienstleistungen nunmehr zu verwirklichen. Der erste Faktor ist die Etablierung eines einheitlichen Europäischen Währungsraumes mit der Einführung des Euro in 12 der 15 Mitgliedstaaten der Europäischen Gemeinschaft. Der zweite Faktor ist der Siegeszug des Internets und damit des e-commerce[5]. Erst das Internet ermöglicht es Finanzdienstleistern, ihre Produkte ohne erhöhten logistischen Aufwand europaweit flexibel anbieten zu können. Finanzdienstleistungsprodukte eignen sich ideal für den Vertrieb via Internet, da sie nicht-körperlich sind[6]. Während über das Internet bestellte Bücher,

---

3 *Heinemann / Schüler,* Kreditwesen 2002, 680-685 (682).

4 Vgl. Kommission der Europäischen Gemeinschaften: Mitteilung der Kommission an den Rat und das Europäische Parlament – Elektronischer Geschäftsverkehr und Finanzdienstleistungen, KOM (2001) 66, vom 07.02.2001, als PDF-Dokument abrufbar unter: <http://europa.eu.int/eur-lex/de/com/cnc/2001/com2001_0066de01.pdf> (Stand: 07/2002), S. 11; vgl. zum Versicherungsmarkt auch: *Hübner,* in: Dauses (Hrsg.): Handbuch des EU-Wirtschaftsrecht, Lsbl., E. IV. Rn. 46 ff.

5 Vgl. Kommission der Europäischen Gemeinschaften: Mitteilung der Kommission an den Rat und das Europäische Parlament – Elektronischer Geschäftsverkehr und Finanzdienstleistungen, KOM (2001) 66, vom 07.02.2001, als PDF-Dokument abrufbar unter: <http://europa.eu.int/eur-lex/de/com/cnc/2001/com2001_0066de01.pdf> (Stand: 07/2002), S. 4.

6 Vgl. Kommission der Europäischen Gemeinschaften: Mitteilung der Kommission an den Rat und das Europäische Parlament – Elektronischer Geschäftsverkehr und Finanzdienstleistungen, KOM (2001) 66, vom 07.02.2001, als PDF-Dokument abrufbar unter: <http://europa.eu.int/eur-lex/de/com/cnc/2001/com2001_0066de01.pdf> (Stand: 07/2002), S. 4.

DVDs, CDs usw. auf herkömmlichem Wege an die Verbraucher ausgeliefert werden müssen, besteht dieses Bedürfnis bei Finanzdienstleistungen grundsätzlich nicht.

Der Vertrieb von Finanzdienstleistungen über das Internet ist jedoch für die Verbraucher mit erheblichen Risiken verbunden[7]. Der Abschluß eines Vertrages über eine Finanzdienstleistung kann weitreichende und lang andauernde Folgen haben. Zudem sind Verträge über Finanzdienstleistungen nicht selten kompliziert und für den Verbraucher schwer zu verstehen. Während dem Erwerb einer Finanzdienstleistung heute noch oftmals eine persönliche Beratung vorausgeht, beruht der Vertragsabschluß im Internet meist allein auf den dort verfügbaren Informationen.

Es müssen daher Rahmenbedingungen für den Schutz von Bürgern geschaffen werden, die im Internet Finanzdienstleistungen erwerben möchten. Derartige Rahmenbedingungen könnten gleichzeitig dazu beitragen, das Mißtrauen gegen Transaktionen im Internet abzubauen, das heute noch viele Menschen de facto davon abhält, über das Internet Finanzdienstleistungen nachzufragen[8].

II. Die Entwicklung der Strategie der EG-Kommission zur Verwirklichung des Binnenmarktes für Finanzdienstleistungen

1. Aktionsrahmen für die Schaffung eines integrierten Finanzdienstleistungsmarktes von 1998

Ende der neunziger Jahre des vergangenen Jahrhunderts entfielen ca. 6 % des Bruttoinlandsprodukts und ca. 2,45 % der Gesamtzahl der Beschäftigten in der Europäischen Union auf den Sektor der Finanz-

---

7 *Riesenhuber,* WM 1999, 1441-1451 (1450 f.).

8 Vgl. Kommission der Europäischen Gemeinschaften: Mitteilung der Kommission an den Rat und das Europäische Parlament – Elektronischer Geschäftsverkehr und Finanzdienstleistungen, KOM (2001) 66, vom 07.02.2001, als PDF-Dokument abrufbar unter: <http://europa.eu.int/eur-lex/de/com/cnc/2001/com2001_0066de01.pdf> (Stand: 07/2002), S. 4 f.

dienstleistungen[9]. Der Bereich Finanzdienstleistungen gehört zu den Sektoren, denen von der Gemeinschaft das größte Potential für das dringend erforderliche Beschäftigungswachstum beigemessen wird[10]. Effiziente und transparente Finanzdienstleistungsmärkte sind zugleich eine Grundvoraussetzungen für eine positive Entwicklung aller Wirtschaftssektoren[11].

Vor diesem Hintergrund forderte der Europäische Rat von Cardiff im Juni 1998 die Kommission auf, „bis zur Tagung des Europäischen Rates in Wien einen Rahmen für Maßnahmen zur Verbesserung des Binnenmarktes für Finanzdienste vorzulegen“[12]. Die Kommission veröffentlichte daraufhin im selben Jahr eine Mitteilung, die einen Aktionsrahmen für die Schaffung eines integrierten Finanzdienstleistungsmarktes absteckt[13]. Die Kommission differenzierte hierbei im Hinblick auf die unterschiedliche Schutzbedürftigkeit zwischen Firmenkundenmärkten einerseits und Privatkundenmärkten andererseits. Für letztere fordert sie u.a. gezielte Maßnahmen, um ein hohes, kohärentes Verbraucherschutzniveau zu erreichen und Verbraucher gegen aggressive und unfaire Handelspraktiken zu schützen, ihnen aber gleichzeitig zu ermöglichen, den günstigsten Angeboten nachzugehen[14]. Auch sollten wirksame grenzübergreifende Abhilfe- und Beschwerdeverfahren eingerichtet werden[15].

---

9 Mitteilung der Kommission – Finanzdienstleistungen: Abstecken eines Aktionsrahmens, KOM (1998) 625, vom 28.10.1998, S. 1.

10 Vgl. den Employment Rates Report 1998 – Employment Performance in the Member States, der EG-Kommission, als PDF-Dokument abrufbar unter: <http:// europa.eu.int/comm/employment_social/empl&esf/empl99/rates_en.pdf> (Stand: 09/2002), Abschnitt 3.2.3.

11 Vgl. auch *Ress / Ukrow,* in: Grabitz/Hilf: Das Recht der Europäischen Union, Lsbl., Vor Art. 56 EGV, Rn. 1 ff.

12 Europäischer Rat (Cardiff), 15./16. Juni 1998, Schlußfolgerungen des Vorsitzes, Nr. 17, 6. Unterpunkt, im Internet abrufbar unter: <http://www.europarl.eu.int/summits/car1_de.htm> (Stand: 07/2002).

13 Mitteilung der Kommission – Finanzdienstleistungen: Abstecken eines Aktionsrahmens, KOM (1998) 625, vom 28.10.1998.

14 Mitteilung der Kommission – Finanzdienstleistungen: Abstecken eines Aktionsrahmens, KOM (1998) 625, vom 28.10.1998, S. 18.

15 Mitteilung der Kommission – Finanzdienstleistungen: Abstecken eines Aktionsrahmens, KOM (1998) 625, vom 28.10.1998, S. 19.

2. *Aktionsplan von 1999*

Der Europäische Rat von Wien im Dezember 1998 betonte im Anschluß daran die Bedeutung, die dem Sektor der Finanzdienstleistungen als Motor für Wachstum und für die Schaffung von Arbeitsplätzen zukomme, hob aber auch hervor, welche Herausforderungen die Einführung der einheitlichen Währung mit sich bringe[16]. Er ersuchte daher den Rat, für die Tagung des Europäischen Rates in Köln einen Bericht über die zur Schaffung eines einheitlichen Finanzmarktes erforderlichen Schritte vorzulegen und unterstrich, daß ein hohes Verbraucherschutzniveau aufrechterhalten werden müsse.

Die Kommission legte daraufhin im Mai 1999 einen Aktionsplan zur Erzielung rascher Fortschritte bei der Errichtung eines Binnenmarktes für Finanzdienste vor[17]. Angestrebt wird darin, bis zum Jahr 2005 einen voll integrierten europäischen Markt für Finanzdienstleistungen als Ergänzung zur Euro-Einführung zu schaffen. Mit dem Ziel der Schaffung offener und sicherer Privatkundenmärkte fordert der Aktionsplan konzertierte Anstrengungen der EU-Organe und aller Beteiligten, um

- die Verbraucher mit den notwendigen Instrumenten (Informationen) und Schutzmechanismen (eindeutige Rechte und wirksame Beilegung von Streitfällen) auszustatten, damit sie uneingeschränkt und aktiv am Finanzbinnenmarkt teilnehmen können;
- ungerechtfertigtes Festhalten an nichtharmonisierten Vorschriften für das Verhältnis zwischen Verbrauchern und Unternehmen als Hindernis für die grenzübergreifende Erbringung von Dienstleistungen zu erkennen und zu bekämpfen;
- die Herausbildung wirksamer Mechanismen zu fördern, um Mängel des einheitlichen Privatkundenmarkts, die aus unterschiedlichen privatrechtlichen Regelungen herrühren, zu beseitigen;

---

16 Europäischer Rat in Wien, 11. und 12. Dezember 1998, Schlußfolgerungen des Vorsitzes, Nr. 51, im Internet abrufbar unter: <http://www.europarl.eu.int/summits/wie1_de.htm> (Stand: 07/2002).

17 Mitteilung der Kommission – Finanzdienstleistungen: Umsetzung des Finanzmarktrahmens: Aktionsplan, KOM (1999) 232, vom 11.05.1999.

- die rechtlichen Voraussetzungen für die europaweite Nutzung neuer Vertriebswege und Teletechnologien zu schaffen;
- die Entstehung kostengünstiger und sicherer Zahlungsverkehrssysteme zu fördern, damit die Bürger grenzübergreifende Kleinbetragszahlungen tätigen können, ohne mit astronomischen Gebühren belastet zu werden.

3. *Die Mitteilung „Elektronischer Geschäftsverkehr und Finanzdienstleistungen" von 2001*

a) Europäischer Rat, Lissabon: Umsetzung des Aktionsrahmens bis 2005

Der Europäische Rat in Lissabon im März 2000 unterstrich, daß effiziente und transparente Finanzmärkte durch eine bessere Bereitstellung von Kapital und durch eine Verringerung der Kapitalkosten zu Wachstum und Beschäftigung beitragen[18]. Damit die Vollendung des Binnenmarktes für Finanzdienstleistungen beschleunigt werde, sollten Schritte unternommen werden, um einen straffen Zeitplan für eine Umsetzung des Aktionsrahmens für Finanzdienstleistungen bis zum Jahr 2005 festzulegen[19].

b) Die 3 Aktionsfelder

Die Kommission veröffentlichte daraufhin im Januar 2001 die Mitteilung „Elektronischer Geschäftsverkehr und Finanzdienstleistungen"[20]. Hierin wird ausgeführt, daß das Jahr 2005, das der Europäi-

---

18 Europäischer Rat 23. und 24. März 2000 Lissabon, Schlußfolgerungen des Vorsitzes, Nr. 20, im Internet abrufbar unter: <http://www.europarl.eu.int/summits/lis1_de.htm (Stand: 07/2002).

19 Europäischer Rat 23. und 24. März 2000 Lissabon, Schlußfolgerungen des Vorsitzes, Nr. 21, im Internet abrufbar unter: <http://www.europarl.eu.int/summits/lis1_de.htm (Stand: 07/2002).

20 Kommission der Europäischen Gemeinschaften: Mitteilung der Kommission an den Rat und das Europäische Parlament – Elektronischer Geschäftsverkehr und Finanzdienstleistungen, KOM (2001) 66, vom 07.02.2001, als PDF-Dokument abrufbar unter: <http://europa.eu.int/eur-lex/de/com/cnc/2001/com2001_0066de01.pdf> (Stand: 07/2002).

sche Rat von Lissabon als Frist für die Erreichung eines integrierten europäischen Finanzdienstleistungsmarkts gesetzt habe, für die Beschäftigungs- und Wachstumspläne der Gemeinschaft von zentraler Bedeutung sei[21]. Für die Verwirklichung dieses Zieles spiele die Entwicklung des elektronischen Geschäftsverkehrs in der Gemeinschaft eine zentrale Rolle[22].

Die Mitteilung der Kommission untersucht daher, welche Schritte notwendig sind, um die Schnittstelle zwischen elektronischem Geschäftsverkehr und Finanzdienstleistungen in Angriff zu nehmen, die Zersplitterung der Privatkundenmärkte für Finanzdienstleistungen zu beenden und das Verbrauchervertrauen zu stärken[23]. Zur gegenwärtigen Zersplitterung des Finanzdienstleistungsmarktes trügen insbesondere die starken Abweichungen bei, die zwischen den einzelstaatlichen Rechtsvorschriften in dem gesamten Bereich bestünden. Daher solle ein neuer politischer Rahmen mit drei Aktionsfeldern gesteckt werden[24]:

- Anpassung der zentralen Vermarktungsregeln sowie der dienstleistungs- oder branchenspezifischen Vorschriften, um ein hohes Qualitätsniveau und gleiche Informationen für die Verbraucher zu garantieren.
- Entwicklung von Maßnahmen zur Gewährleistung sicherer Zahlungsverkehrssysteme und außergerichtlicher Streitbeilegung auf

---

21 Kommission der Europäischen Gemeinschaften: Mitteilung der Kommission an den Rat und das Europäische Parlament – Elektronischer Geschäftsverkehr und Finanzdienstleistungen, KOM (2001) 66, S. 2.

22 Kommission der Europäischen Gemeinschaften: Mitteilung der Kommission an den Rat und das Europäische Parlament – Elektronischer Geschäftsverkehr und Finanzdienstleistungen, KOM (2001) 66, S. 4 ff.

23 Vgl. Kommission der Europäischen Gemeinschaften: Mitteilung der Kommission an den Rat und das Europäische Parlament – Elektronischer Geschäftsverkehr und Finanzdienstleistungen, KOM (2001) 66, vom 07.02.2001, als PDF-Dokument abrufbar unter: <http://europa.eu.int/eur-lex/de/com/cnc/2001/com2001_0066de01.pdf> (Stand: 07/2002), S. 4.

24 Kommission der Europäischen Gemeinschaften: Mitteilung der Kommission an den Rat und das Europäische Parlament – Elektronischer Geschäftsverkehr und Finanzdienstleistungen, KOM (2001) 66, S. 3, 5 und 11.

grenzüberschreitender Grundlage, um den Verbrauchern Vertrauen in grenzüberschreitende Transaktionen zu vermitteln.

- Verstärkte Zusammenarbeit der jeweiligen Aufsichtsbehörden, da Behörden der Mitgliedstaaten, in denen Gebietsfremde Finanzdienstleistungen erbringen, auf die Behörden der Mitgliedstaaten angewiesen sind, in denen die Dienstleister ansässig sind.

III. Die 3 Aktionsfelder zur Verwirklichung des Binnenmarktes für Finanzdienstleistungen

1. Erstes Aktionsfeld: Gewährleistung eines kohärenten Rechtsrahmens für Finanzdienstleistungen

Der grenzüberschreitende Handel mit Finanzdienstleistungen über das Internet setzt voraus, daß ein Umfeld geschaffen wird, das rechtliche Klarheit und Rechtssicherheit schafft und die Interessen der Verbraucher und Anleger umfassend schützt[25]. Dazu sollen erstens die wichtigsten Marketingvorschriften harmonisiert werden. Zweitens wird eine Annäherung der branchen- oder dienstleistungsspezifischen Vorschriften angestrebt. Dies beinhaltet vor allem eine Standardisierung der den Verbrauchern anzubietenden Information und Maßnahmen, die einen Vergleich zwischen den Preisen und Konditionen der verschiedenen Produkte ermöglichen. Drittens sollen die mitgliedstaatlichen Vorschriften für Verträge über Finanzdienstleistungen mit Kleinkunden einer Prüfung unterzogen werden, um Maßnahmen zu konzipieren, die Rechtssicherheit für den grenzüberschreitenden Handel mit Finanzdienstleistungen schaffen.

---

25 Vgl. Kommission der Europäischen Gemeinschaften: Mitteilung der Kommission an den Rat und das Europäische Parlament – Elektronischer Geschäftsverkehr und Finanzdienstleistungen, KOM (2001) 66, vom 07.02.2001, als PDF-Dokument abrufbar unter: <http://europa.eu.int/eur-lex/de/com/cnc/2001/com2001_0066de01.pdf> (Stand: 07/2002), S. 11.

a) Branchenübergreifende Maßnahmen

aa) Verkaufswirksame Kommunikationsdienstleistungen

Branchenübergreifende Maßnahmen zur Angleichung der Rechtsvorschriften betreffen zunächst sog. verkaufswirksame Kommunikationsleistungen[26]. Dazu zählen Dienstleistungen in den Bereichen Werbung, Direktmarketing, Fernabsatz, Sponsoring, Verkaufsförderung und Öffentlichkeitsarbeit.

Eine gewisse Harmonisierung wurde in diesem Bereich bereits in die Wege geleitet, zuletzt insbesondere durch die e-commerce-Richtlinie aus dem Jahr 2000[27]:

So müssen bspw. nach Art. 6 lit. a, b der e-commerce-Richtlinie kommerzielle Kommunikationen als solche zu erkennen sein und die natürliche oder juristische Person, in deren Auftrag kommerzielle Kommunikationen erfolgen, klar identifizierbar sein. Nach Art. 6 lit. c, d e-commerce-Richtlinie müssen Angebote zur Verkaufsförderung wie Preisnachlässe, Zugaben und Geschenke, aber auch Preisausschreiben und Gewinnspiele klar als solche erkennbar sein und die Bedingungen für ihre Inanspruchnahme bzw. die Teilnahmebedingungen leicht zugänglich sein sowie klar und unzweideutig angegeben werden. Gem. Art. 7 Abs. 1 e-commerce-Richtlinie müssen die Mitgliedstaaten sicherstellen, daß nicht angeforderte kommerzielle Kommunikationen mittels elektronischer Post eines in ihrem Hoheitsgebiet niedergelassenen Diensteanbieters bei Eingang beim Nutzer klar und unzweideutig als solche erkennbar sind.

---

26 Vgl. Kommission der Europäischen Gemeinschaften: Mitteilung der Kommission an den Rat und das Europäische Parlament – Elektronischer Geschäftsverkehr und Finanzdienstleistungen, KOM (2001) 66, vom 07.02.2001, als PDF-Dokument abrufbar unter: <http://europa.eu.int/eur-lex/de/com/cnc/2001/com2001_0066de01.pdf> (Stand: 07/2002), S. 12.

27 Richtlinie 2000/31/EG des Europäischen Parlaments und des Rates vom 8. Juni 2000 über bestimmte rechtliche Aspekte der Dienste der Informationsgesellschaft, insbesondere des elektronischen Geschäftsverkehrs, im Binnenmarkt („Richtlinie über den elektronischen Geschäftsverkehr"), ABl. L 178 vom 17.07.2000, S. 1-16.

bb) Marketing

Die divergierenden mitgliedstaatlichen Vorschriften über die Vermarktung von Finanzdienstleistungen sollen primär durch die neue Richtlinie über den Fernabsatz von Finanzdienstleistungen an Verbraucher[28] harmonisiert werden[29], die voraussichtlich noch im Jahr 2002 in Kraft treten wird.

Diese Richtlinie soll vor allem in den folgenden Bereichen eine Harmonisierung herbeiführen: ein Verbot unerlaubter Absatzmethoden, die Verbraucher dazu verleiten sollen, Leistungen abzunehmen, die sie nicht in Auftrag gegeben haben („unbestellte Dienstleistungen"); einschränkende Bestimmungen zur Handhabung von Praktiken wie unerbetenen Anrufen oder e-mails („cold calling", „spamming"); eine Standardisierung der Informationen, die den Verbrauchern zugänglich zu machen sind; ein Widerrufsrecht der Verbraucher nach Vertragsunterzeichnung. Auf die Einzelheiten dieser Regelungen wird unten in einem eigenen Abschnitt über die Richtlinie über den Fernabsatz von Finanzdienstleistungen näher eingegangen.

b) Branchenspezifische Maßnahmen

Zusätzlich zu den genannten horizontalen Maßnahmen besteht ein Bedarf an Maßnahmen, die speziell auf bestimmte Branchen oder Finanzdienstleistungen zugeschnitten sind[30]. Hier geht es vor allem um eine Harmonisierung der Verbraucher- und Anlegerschutzvorschrif-

---

28 Richtlinie des Europäischen Parlaments und des Rates über den Fernabsatz von Finanzdienstleistungen an Verbraucher und zur Änderung der Richtlinie 90/619/EWG des Rates und der Richtlinien 97/7/EG und 98/27/EG; vgl. näher dazu unten Abschnitt IV.

29 Vgl. Kommission der Europäischen Gemeinschaften: Mitteilung der Kommission an den Rat und das Europäische Parlament – Elektronischer Geschäftsverkehr und Finanzdienstleistungen, KOM (2001) 66, vom 07.02.2001, als PDF-Dokument abrufbar unter: <http://europa.eu.int/eur-lex/de/com/cnc/2001/com2001_0066de01.pdf> (Stand: 07/2002), S. 12.

30 Vgl. Kommission der Europäischen Gemeinschaften: Mitteilung der Kommission an den Rat und das Europäische Parlament – Elektronischer Geschäftsverkehr und Finanzdienstleistungen, KOM (2001) 66, vom 07.02.2001, als PDF-Dokument abrufbar unter: <http://europa.eu.int/eur-lex/de/com/cnc/2001/com2001_0066de01.pdf> (Stand: 07/2002), S. 12 ff.

ten. Angestrebt wird eine möglichst weitgehende Standardisierung der Verbraucherinformation, um das Verständnis angebotener Leistungen zu verbessern und den Vergleich zwischen verschiedenen Angeboten zu erleichtern. Im folgenden seien ausgewählte Felder näher beschrieben[31].

aa) Bankwesen

Im Bereich Bankwesen will die Kommission unter anderem einen Vorschlag zur Änderung der Verbraucherkreditrichtlinie von 1987 vorlegen[32]. Angestrebt wird eine Ausdehnung ihres Anwendungsbereichs, die Gewährleistung eines umfassenden, hohen Verbraucherschutzniveaus und eine Verbesserung der Vorschriften über den jährlichen Zinssatz für Verbraucherkredite.

bb) Wertpapierdienstleistungen

Hier strebt die Kommission unter anderem bei der anstehenden Änderung der Wertpapierdienstleistungsrichtlinie einen schonenden Übergang zum Herkunftslandprinzip an[33]. Hintergrund ist, daß sich die durchgängige Anwendung der Vorschriften des Erbringungslandes als Hindernis für die länderübergreifende Erbringung von Wertpapierdienstleistungen erwiesen hat. Voraussetzung für die Durchsetzung des Herkunftslandprinzips ist allerdings, daß die „Wohlver-

---

31 Vgl. im einzelnen: Kommission der Europäischen Gemeinschaften: Mitteilung der Kommission an den Rat und das Europäische Parlament – Elektronischer Geschäftsverkehr und Finanzdienstleistungen, KOM (2001) 66, vom 07.02.2001, als PDF-Dokument abrufbar unter: <http://europa.eu.int/eur-lex/de/com/cnc/2001/com2001_0066de01.pdf> (Stand: 07/2002), S. 13 ff.

32 Vgl. Kommission der Europäischen Gemeinschaften: Mitteilung der Kommission an den Rat und das Europäische Parlament – Elektronischer Geschäftsverkehr und Finanzdienstleistungen, KOM (2001) 66, vom 07.02.2001, als PDF-Dokument abrufbar unter: <http://europa.eu.int/eur-lex/de/com/cnc/2001/com2001_0066de01.pdf> (Stand: 07/2002), S. 13.

33 Vgl. Kommission der Europäischen Gemeinschaften: Mitteilung der Kommission an den Rat und das Europäische Parlament – Elektronischer Geschäftsverkehr und Finanzdienstleistungen, KOM (2001) 66, vom 07.02.2001, als PDF-Dokument abrufbar unter: <http://europa.eu.int/eur-lex/de/com/cnc/2001/com2001_0066de01.pdf> (Stand: 07/2002), S. 13 f.

haltensregeln“ für Kleinanleger einander inhaltlich und verfahrenstechnisch angenähert werden.

cc) Versicherungen

Im Bereich des Versicherungswesens wird vor allem eine Angleichung der vorvertraglichen Informationen angestrebt[34]. Für Schadensversicherungen wird geprüft, ob spezielle Vorschriften über die Vorabinformation erforderlich sind. Für Lebensversicherungen soll ermittelt werden, ob die bereits erfolgte Mindestharmonisierung hinsichtlich der Kundeninformation durch weitere Vorschriften ergänzt werden muß.

Die am 30. September 2002[35] vom Rat verabschiedete Richtlinie über Versicherungsvermittlung[36] enthält bereits Mindestanforderungen an die Kundeninformation. Dies betrifft z. B. das Verhältnis zwischen Vermittler und Versicherungsunternehmen. So muß der Versicherungsvermittler dem Kunden vor Vertragsabschluß z. B. mitteilen, ob er eine direkte oder indirekte Beteiligung von über 10 % an den Stimmrechten oder am Kapital eines bestimmten Versicherungsunternehmens besitzt oder ob umgekehrt ein bestimmtes Versicherungsunternehmen oder das Mutterunternehmen eines bestimmten Versicherungsunternehmens eine direkte oder indirekte Beteiligung

---

34 Kommission der Europäischen Gemeinschaften: Mitteilung der Kommission an den Rat und das Europäische Parlament – Elektronischer Geschäftsverkehr und Finanzdienstleistungen, KOM (2001) 66, vom 07.02.2001, als PDF-Dokument abrufbar unter: <http://europa.eu.int/eur-lex/de/com/cnc/2001/com 2001_0066de01.pdf> (Stand: 07/2002), S. 14.

35 Vgl. Neue Züricher Zeitung vom 1. Oktober 2002, S. 25 „EU-Binnenmarkt für Versicherungsmakler“.

36 Vgl. den Gemeinsamen Standpunkt des Rates vom 18. März 2002 im Hinblick auf den Erlaß der Richtlinie des Europäischen Parlaments und des Rates über Versicherungsvermittlung, als PDF-Dokument abrufbar unter: <http://europa.eu.int/comm/internal_market/en/finances/insur/docs/05462-r1-02_de.pdf> (Stand: 09/2002) sowie den endgültigen Text der Richtlinie des Europäischen Parlamentes und des Rates über Versicherungsvermittlung, als PDF-Dokument abrufbar unter: <http://europa.eu.int/comm/internal_market/en/finances/insur/pe-cons-03639-02/pe-cons-03639-02_de.pdf> (Stand: 09/2002).

von über 10 % an den Stimmrechten oder am Kapital des Versicherungsvermittlers besitzen[37].

Weitere Informationsverpflichtungen betreffen z. B. die Verpflichtung zur Spezifizierung der Kundenwünsche und –bedürfnisse und der genauen Angabe der Gründe für jeden dem Kunden zu einem bestimmten Versicherungsprodukt erteilten Rat[38].

c) *Überprüfung der Ausgestaltung von Finanzdienstleistungsverträgen*

In den verschiedenen Mitgliedstaaten haben sich teilweise sehr unterschiedliche verbraucher- und anlegerschutzrechtliche Bestimmungen herausgebildet, die wiederum die Natur der angebotenen Finanzdienstleistungen, bzw. die diesen zugrundeliegenden Vertragsbedingungen, wesentlich mitbestimmen. Produkte, die in manchen Mitgliedstaaten selbstverständlich sind (z. B. zinsbringende Girokonten), können in anderen Mitgliedstaaten ungesetzlich sein. Derartige Vorschriften behindern die Schaffung des Binnenmarktes im Kleinkundengeschäft.

Die Kommission will daher überprüfen, wie die Gefahr einer Marktfragmentierung aufgrund voneinander abweichender Verbraucherschutzregeln minimiert werden kann[39]. Möglicherweise könnte eine Angleichung der Verbraucherschutzvorschriften erforderlich sein, die allerdings gleichzeitig den nötigen Raum für Produktinnovation und freie Produktwahl lassen müßte. Da sich Finanzdienstleistungen

---

37 Vgl. Art. 12 Abs. 1 lit. c und d der Richtlinie des Europäischen Parlaments und des Rates über Versicherungsvermittlung, als PDF-Dokument abrufbar unter: <http://europa.eu.int/comm/internal_market/en/finances/insur/pe-cons-03639-02/pe-cons-03639-02_de.pdf> (Stand: 09/2002).

38 Vgl. Art. 12 Abs. 3 der Richtlinie des Europäischen Parlaments und des Rates über Versicherungsvermittlung, als PDF-Dokument abrufbar unter: <http://europa.eu.int/comm/internal_market/en/finances/insur/pe-cons-03639-02/pe-cons-03639-02_de.pdf> (Stand: 09/2002).

39 Kommission der Europäischen Gemeinschaften: Mitteilung der Kommission an den Rat und das Europäische Parlament – Elektronischer Geschäftsverkehr und Finanzdienstleistungen, KOM (2001) 66, vom 07.02.2001, als PDF-Dokument abrufbar unter: <http://europa.eu.int/eur-lex/de/com/cnc/2001/com2001_0066de01.pdf> (Stand: 07/2002), S. 15.

ständig weiterentwickeln, wird zu Recht die gegenseitige Anerkennung von Kernanforderungen gegenüber der Harmonisierung von Finanzprodukten als solchen favorisiert.

2. *Zweites Aktionsfeld: Verbrauchervertrauen schaffen*

Viele der oben angeführten Maßnahmen zielen zumindest auch darauf ab, das Vertrauen der Verbraucher in grenzüberschreitende Finanztransaktionen zu fördern. Da die Schaffung von Verbrauchervertrauen aber von zentraler Bedeutung für die Errichtung des Binnenmarktes für Finanzdienstleistungen ist, plant die Kommission daneben verschiedene spezielle – weitgehend nicht legislative – Maßnahmen zur Förderung des Verbrauchervertrauens in diesem Bereich[40]:

a) Grenzüberschreitender Zugang zu Streitbeilegungsinstanzen

Der elektronische Geschäftsverkehr über das Internet ermöglicht es Dienstleistern und Verbrauchern aus verschiedenen Mitgliedstaaten, sich auf einem einzigen Markt zu „treffen". Um das Verbrauchervertrauen in solche Transaktionen zu stärken, müssen daraus resultierende Streitigkeiten über Ländergrenzen hinweg effektiv geregelt werden können[41]. Die kürzlich erfolgte Übernahme des Brüsseler Übereinkommens in eine Verordnung der EG[42] ermöglicht dem Verbraucher bei einem Rechtsstreit unter bestimmten Bedingungen die Wahl des Gerichtsstands.

---

40 Kommission der Europäischen Gemeinschaften: Mitteilung der Kommission an den Rat und das Europäische Parlament – Elektronischer Geschäftsverkehr und Finanzdienstleistungen, KOM (2001) 66, vom 07.02.2001, als PDF-Dokument abrufbar unter: <http://europa.eu.int/eur-lex/de/com/cnc/2001/com 2001_0066de01.pdf> (Stand: 07/2002), S. 16 ff.

41 Kommission der Europäischen Gemeinschaften: Mitteilung der Kommission an den Rat und das Europäische Parlament – Elektronischer Geschäftsverkehr und Finanzdienstleistungen, KOM (2001) 66, vom 07.02.2001, als PDF-Dokument abrufbar unter: <http://europa.eu.int/eur-lex/de/com/cnc/2001/com 2001_0066de01.pdf> (Stand: 07/2002), S. 16 f.

42 Verordnung (EG) Nr. 44/2001 des Rates vom 22. Dezember 2000 über die gerichtliche Zuständigkeit und die Anerkennung und Vollstreckung von Entscheidungen in Zivil- und Handelssachen, ABl. L 12 vom 16.01.2001, S. 1-23.

Da Prozesse allerdings mit hohen materiellen und immateriellen Kosten verbunden sind, benötigen Verbraucher alternative Verfahren der Streitbeilegung, mittels derer sie einfach, kostengünstig und effektiv Beschwerde einlegen können. Die Kommission fördert daher u.a. die Entwicklung nationaler Streitbeilegungsinstanzen und deren Einbindung in das FIN-NET[43], das kürzlich entstandene Netzwerk, in dem einzelstaatliche Streitbeilegungsprojekte im Hinblick auf Finanzdienstleistungen gemeinschaftsweit miteinander vernetzt werden sollen[44]. Finanziert wird u.a. auch ein Forschungsprogramm zur Entwicklung von Online-Verfahren speziell für länderübergreifende Netzwerke, die eine effiziente Streitbeilegung ermöglichen sollen.

b) Sicherung von Internet-Zahlungssystemen

Die Entwicklung eines internetgestützten Marktes für Finanzdienstleistungen hängt maßgeblich vom Vorhandensein sicherer und damit vertrauenswürdiger Internet-Zahlungssysteme ab[45]. Obwohl die EG bereits eine Reihe von Rechtsvorschriften erlassen hat, die dieses Ziel verfolgen[46], sind viele Probleme im Hinblick auf Online-Zahlungen bislang ungelöst. Ein Schwerpunkt der Kommission liegt auf der För-

---

[43] Financial Services complaint NETwork/Netzwerk für Verbraucherbeschwerden über Finanzdienstleistungen; vgl. <http://finnet.jrc.it/en/> (Stand: 09/2002).

[44] Vgl. die Vereinbarung über ein grenzübergreifendes außergerichtliches Netz zur Behandlung von Beschwerden für Finanzdienstleistungen im Europäischen Wirtschaftsraum, als PDF-Dokument abrufbar unter: <http://europa.eu.int/comm/internal_market/en/finances/consumer/mou-de.pdf> (Stand: 09/2002) sowie FIN-NET: Außergerichtliche Streitbeilegung im Finanzgeschäft: Leitfaden für Verbraucher, als PDF-Dokument abrufbar unter: <http://finnet.jrc.it/doc/de-FINNET-GUIDE.pdf> (Stand: 09/2002).

[45] Vgl. Kommission der Europäischen Gemeinschaften: Mitteilung der Kommission an den Rat und das Europäische Parlament – Elektronischer Geschäftsverkehr und Finanzdienstleistungen, KOM (2001) 66, vom 07.02.2001, als PDF-Dokument abrufbar unter: <http://europa.eu.int/eur-lex/de/com/cnc/2001/com2001_0066de01.pdf> (Stand: 07/2002), S. 17 ff.

[46] Vgl. die Übersicht in: Kommission der Europäischen Gemeinschaften: Mitteilung der Kommission an den Rat und das Europäische Parlament – Elektronischer Geschäftsverkehr und Finanzdienstleistungen, KOM (2001) 66, vom 07.02.2001, als PDF-Dokument abrufbar unter: <http://europa.eu.int/eur-lex/de/com/cnc/2001/com2001_0066de01.pdf> (Stand: 07/2002), S. 19.

derung des Einsatzes neuer Technologien wie z. B. personengebundener Smartcards (Chipkarten)[47].

Daneben hält die Kommission die Einführung eines gesetzlich verankerten Rückvergütungssystems für dringend erforderlich, das den Verbrauchern bei unerlaubten Transaktionen oder bei Nichterfüllung gemeinschaftsweit ein Erstattungsrecht einräumt und die Konditionen hierfür festlegt. Bislang hängen derartige Rückvergütungsansprüche in der Regel von den getroffenen vertraglichen Vereinbarungen ab, was gerade bei länderübergreifenden Transaktionen die Funktionsweise des Verfahrens beeinträchtigt.

3. *Drittes Aktionsfeld: Zusammenarbeit bei der Beaufsichtigung*

Die Annäherung und Durchsetzung der aufsichtsrechtlichen Bestimmungen ist im Binnenmarkt nicht ohne ein System von Vereinbarungen zwischen den Finanzaufsichtsbehörden der Union oder ohne eine Zusammenarbeit auf bilateraler Ebene etc. denkbar. Die Aufsichtsbehörden des Erbringungslandes sind häufig auf die Kooperation der Aufsichtsbehörden des Mitgliedstaates angewiesen, in dem der Dienstleister niedergelassen ist, um dort eine Prüfung der erbrachten Dienstleistung vornehmen zu können. Die Kommission schlägt daher in mehreren Bereichen Maßnahmen vor, um die Zusammenarbeit der Behörden bei der Beaufsichtigung zu fördern[48].

---

47 Zu Bedeutung und Einsatzweise von Smartcards im Rahmen der digitalen Signatur vgl.: *Martin Will:* Internetwahlen – Verfassungsrechtliche Möglichkeiten und Grenzen, Stuttgart etc. 2002, S. 104 ff.

48 Kommission der Europäischen Gemeinschaften: Mitteilung der Kommission an den Rat und das Europäische Parlament – Elektronischer Geschäftsverkehr und Finanzdienstleistungen, KOM (2001) 66, vom 07.02.2001, als PDF-Dokument abrufbar unter: <http://europa.eu.int/eur-lex/de/com/cnc/2001/com2001_0066de01.pdf> (Stand: 07/2002), S. 20 ff.

IV. Kompetenzen und Rechtsquellen der EG im Hinblick auf Finanzdienstleistungen

1. *Struktur von EU und EG*

Die wesentlichen Impulse zur Umgestaltung des Rechtes im Hinblick auf die Erbringung von Finanzdienstleistungen gehen derzeit von der europäischen Ebene aus. Im folgenden soll daher geklärt werden, welche Institutionen hier eigentlich tätig sind, welche Kompetenzen sie wahrnehmen und welche Rechtsquellen hierbei einschlägig sind.

Wie insgesamt im Bereich der EG/EU zu beobachten, besteht auch im Bereich der Finanzdienstleistungen eine gewisse Sprachverwirrung, indem jede gemeinschaftsrechtliche Maßnahme als solche der Europäischen Union bezeichnet wird.

Insofern gilt es zu beachten, daß die durch den Vertrag von Maastricht zum 1. November 1993 gegründete Europäische Union (EU) lediglich eine Art Dach darstellt, das die weiterbestehenden 2 Europäischen Gemeinschaften, nämlich die heute EG genannte frühere EWG[49] und die Europäische Atomgemeinschaft (EAG/Euratom)[50] sowie die mit dem EU-Vertrag (EUV)[51] eingeführten Politiken und Formen der Zusammenarbeit, nämlich die Gemeinsame Außen- und Sicherheitspolitik[52] und die polizeiliche und justizielle Zusammenarbeit in Strafsachen[53] überwölbt[54]. Anders als die EG[55] und die EAG[56]

---

49 Europäische Wirtschaftsgemeinschaft.

50 Die als erste gegründete der vormals 3 Europäischen Gemeinschaften, die Europäische Gemeinschaft für Kohle und Stahl, ist mit Ablauf der 50-jährigen Vertragslaufzeit am 23. Juli 2002 erloschen.

51 Vertrag über die Europäische Union vom 7. Februar 1992 (BGBl. II S. 1253), zuletzt geändert durch den Amsterdamer Vertrag vom 2. Oktober 1997 (BGBl. 1998 II S. 387, ber. BGBl. 1999 II S. 416).

52 Vgl. Art. 11 ff. EUV.

53 Vgl. Art. 29 ff. EUV.

54 Vgl. Art. 1 Abs. 3 EUV sowie *Koenig / Pechstein,* Die Europäische Union, 1995, S. 20 ff.; *Koenig / Haratsch*, Europarecht, 3. Aufl. 2000. Rn. 756 ff.; *Detterbeck,* Öffentliches Recht für Wirtschaftswissenschaftler, 2. Aufl., 2002, Rn. 1688 ff.; *Stumpf,* in: Schwarze: EU-Kommentar, 2000, Art. 1 EUV, Rn. 5 ff.; *Hilf,* in: Grabitz/Hilf: Kommentar zur Europäischen Union, Lsbl., Art. A EUV (alte Fassung), Rn. 25 ff. (Stand: Mai 1995); *Herdegen,* Europarecht, 3. Aufl. 2001, Rn. 64 ff.

ist die EU selbst nicht rechtsfähig und verfügt – abgesehen vom Europäischen Rat – über keine eigenen Organe[57].

Die europäischen Maßnahmen im Hinblick auf Finanzdienstleistungen sind rechtlich der EG und nicht der EU zuzurechnen. Von Maßnahmen der EU kann nur in einem sehr allgemeinen Sinn gesprochen werden, nämlich wenn man alle Maßnahmen der EG auch als Maßnahmen der EU bezeichnet, da die EG ja gem. Art. 1 Abs. 3 EUV eine der Grundlagen der EU darstellt.

Angemerkt sei, daß zur Begriffsverwirrung nicht zuletzt auch die EU und die EG selber beitragen. So bezeichnet sich bspw. der Rat der Europäischen Gemeinschaften seit 1993 selbst als „Rat der Europäischen Union“, obwohl er eindeutig kein Organ der EU, sondern der Europäischen Gemeinschaften ist[58]. Auch werden Rechtsakte der EG häufig untechnisch mit „Europäische Union“ überschrieben. Allerdings macht die genaue Bezeichnung wie z. B. Richtlinie 97/7/EG für die Fernabsatzrichtlinie der EG dann in der Regel wieder deutlich, daß es sich um einen Rechtsakt der EG handelt.

2. *Kompetenz der EG für Maßnahmen zur Schaffung eines Binnenmarktes für Finanzdienstleistungen*

a) Prinzip der begrenzten Einzelermächtigung

Die EG ist eine supranationale Gemeinschaft. Anders als die EU, die im Hinblick auf ihre Politiken und Formen der Zusammenarbeit letztlich eine Art Forum für intergouvernementale Zusammenarbeit darstellt, verfügt die EG über eigene Hoheitsrechte, die ihr von den Mitgliedstaaten übertragen wurden[59]. Wenn nun eine supranationale

---

55 Vgl. Art. 281 EGV.

56 Vgl. Art. 184 EAV.

57 Vgl.: *Hilf,* in: Grabitz/Hilf: Kommentar zur Europäischen Union, Lsbl., Art. A EUV (alte Fassung), Rn. 25 ff. (Stand: Mai 1995); *Koenig/Pechstein,* Die Europäische Union, 1995, S. 21 ff.; *Herdegen,* Europarecht, 3. Aufl. 2001, Rn. 66 ff.; *Stumpf,* in: Schwarze: EU-Kommentar, 2000, Art. 1 EUV, Rn. 10 ff.

58 So zutreffend: *Detterbeck,* Öffentliches Recht für Wirtschaftswissenschaftler, 2. Aufl. 2002, Rn. 1695; *Herdegen,* Europarecht, 3. Aufl. 2001, Rn. 114.

59 Grundlegend: EuGH, Rs. 6/64 - *Costa/ENEL,* Slg. 1964, S. 1251 (1269).

Organisation wie die EG aufgrund der übertragenen Hoheitsrechte in den einzelnen Mitgliedstaaten Rechtsakte setzen kann, die unmittelbar für die einzelnen Bürgerinnen und Bürger Wirkung entfalten, ist der Konflikt zwischen der EG einerseits und den Mitgliedstaaten andererseits darüber vorprogrammiert, in wessen Sachkompetenz bestimmte Materien fallen.

Der tragende Grundsatz des EG-Rechts zur Klärung dieser Frage ist das Prinzip der begrenzten Einzelermächtigung[60], das heute in Art. 5 Abs. 1 i.V.m. 7 Abs. 1 S. 2 EGV niedergelegt ist[61].

Nach dem die Verbandskompetenz der Gemeinschaft regelnden Art. 5 Abs. 1 EGV wird die EG innerhalb der Grenzen der ihr in diesem Vertrag zugewiesenen Befugnisse und gesetzten Ziele tätig. Einzelermächtigung bedeutet danach, daß die EG nur in solchen Bereichen tätig werden darf, in denen ihr von den Mitgliedstaaten in den Gründungsverträgen entsprechende Kompetenzen übertragen worden sind[62]. Dies wird für die Organe der EG durch Art. 7 Abs. 1 S. 2 EGV ergänzt, nach dem jedes Organ nach Maßgabe der ihm in diesem Vertrag zugewiesenen Befugnisse handelt.

Begrenzte Einzelermächtigung heißt danach insbesondere, daß auch dann, wenn die Gemeinschaft grundsätzlich die Kompetenz innehat, in einer bestimmten Sachmaterie tätig zu werden, sie dies nur in der Rechtsform (z. B. Verordnung oder Richtlinie) darf, die hierfür vorgesehen ist, und daß die handelnden Organe das jeweils einschlägige

---

[60] Das Prinzip der begrenzten Einzelermächtigung wird unterschiedlich bezeichnet. So z. B. auch als „Grundsatz der begrenzten Ermächtigung“ oder „Grundsatz der Einzelermächtigung“.

[61] Vgl. aus der umfangreichen Literatur hierzu z. B. *Kraußer,* Das Prinzip begrenzter Ermächtigung im Gemeinschaftsrecht als Strukturprinzip des EWG-Vertrages, Berlin 1991; *von Bogdandy/Nettesheim*, in: Grabitz/Hilf: Kommentar zur Europäischen Union, Lsbl., Art. 3 b EGV (alte Fassung), Rn. 3 ff. (Stand: Sept. 1994); *Steindorff,* Grenzen der EG-Kompetenzen, Heidelberg 1990; *Beyer,* Die Ermächtigung der Europäischen Union und ihrer Gemeinschaften, Der Staat 35 (1996), 189 ff.; *Jarass,* Die Kompetenzverteilung zwischen der Europäischen Gemeinschaft und den Mitgliedstaaten, AöR 121 (1996), 173 ff.

[62] *Lienbacher,* in: Schwarze: EU-Kommentar, 2000, Art. 5 EGV, Rn. 7.

Rechtsetzungsverfahren zu beachten haben[63]. Die Gemeinschaft darf also bspw. nicht dort eine Verordnung erlassen, wo ihr nur ein Tätigwerden durch Richtlinie gestattet ist.

Im Einzelfall läßt sich allerdings, gerade aufgrund weit gefaßter Zielvorgaben, nicht immer trennscharf ermitteln, ob eine bestimmte Maßnahme in die Kompetenz der Gemeinschaft oder in die Kompetenz der Mitgliedstaaten fällt[64]. Auch demonstriert die Praxis der EG-Organe in vielen Bereichen ein eher großzügiges Verständnis vom Umfang der eigenen Kompetenzen.

b) Kompetenzen der EG für den Bereich Finanzdienstleistungen

Es gibt keine spezielle Kompetenznorm, die die EG gerade dazu ermächtigen würde, die erforderlichen Regelungen zu treffen, um einen Binnenmarkt für Finanzdienstleistungen zu schaffen. Dem System der verschiedenen Marktfreiheiten des EG-Vertrags folgend ergibt sich eine solche Kompetenz vielmehr insbesondere aus der Anwendung mehrerer Vorschriften, entsprechend der Art und Weise, wie die Finanzdienstleistungen in einem anderen Mitgliedstaat erbrachten werden sollen, also z. B. mittels einer Niederlassung oder als grenzüberschreitende Dienstleistung durch Selbständige. Von diesen verschiedenen Kompetenznormen seien hier insbesondere Art. 47 Abs. 2, Art. 55 und ergänzend Art. 95 EGV angeführt, die bspw. der unten näher behandelten neuen Richtlinie über den Fernabsatz von Finanzdienstleistungen an Verbraucher zugrundeliegen:

Nach dem im Kapitel über das Niederlassungsrecht[65] enthaltenen Art. 47 Abs. 2 EGV erläßt der Rat gemäß dem Verfahren der Mitentscheidung nach Artikel 251 EGV Richtlinien zur Koordinierung der Rechts- und Verwaltungsvorschriften der Mitgliedstaaten über die Aufnahme und Ausübung selbständiger Tätigkeiten, um die Aufnah-

---

63 Vgl. z. B. *Koenig/Haratsch*, Europarecht, 3. Aufl. 2000. Rn. 57; *Geiger*, EUV/EGV, 3. Aufl. 2000, Art. 7 EGV, Rn. 15.

64 Vgl. z. B. *Lienbacher,* in: Schwarze: EU-Kommentar, 2000, Art. 5 EGV, Rn. 8.

65 Kapitel 2 von Titel III (Die Freizügigkeit, der freie Dienstleistungs- und Kapitalverkehr) des EG-Vertrages betrifft das Niederlassungsrecht (Art. 43-48 EGV).

me und Ausübung selbständiger Tätigkeiten – z. B. auch im Bereich der Finanzdienstleistungen – zu erleichtern.

Der im EG-Vertrag nicht definierte Begriff der Koordinierung umfaßt im Hinblick auf Art. 47 Abs. 2 EGV nicht nur den Erlaß von Vorschriften, die existierende mitgliedstaatliche Vorschriften aufeinander abstimmen, also kompatibel machen, sondern trägt darüber hinaus gehend auch eine zumindest partielle inhaltliche Vereinheitlichung der divergierenden mitgliedstaatlichen Regelungen[66]. Vor dem Hintergrund des angestrebten Zieles der Art. 43 ff. EGV, eine freie Niederlassung Selbständiger in einem europäischen Binnenmarkt zu ermöglichen, ist eine Harmonisierung mitgliedstaatlicher Vorschriften gem. Art. 47 Abs. 2 EGV zumindest insoweit möglich, als diese die Aufnahme und Ausübung selbständiger Tätigkeiten von Staatsangehörigen eines Mitgliedstaates im Hoheitsgebiet eines anderen Mitgliedstaates behindern.

Der im sich anschließenden Kapitel über Dienstleistungen[67] enthaltene Art. 55 EGV erklärt u.a. den erwähnten Art. 47 EGV auch für auf die Sachmaterie der Dienstleistungen anwendbar. Unter den Begriff der Dienstleistung nach Art. 50 EGV fallen im Sinne eines Auffangtatbestandes Leistungen, die in der Regel gegen Entgelt erbracht werden, soweit sie nicht den Vorschriften über den freien Waren- und Kapitalverkehr und über die Freizügigkeit der Personen unterliegen. Art. 55 EGV erfaßt also nicht solche Finanzdienstleistungen, die in unselbständiger Tätigkeit[68] oder aufgrund einer Niederlassung in dem anderen Mitgliedstaat[69] erbracht werden.

---

66 So die wohl herrschende Ansicht; vgl. *Randelzhofer / Forsthoff,* in: Grabitz/Hilf: Das Recht der Europäischen Union, Lsbl., Art. 47 EGV, Rn. 20; *Bröhmer,* in: Calliess/Ruffert, Kommentar zu EU-Vertrag und EG-Vertrag, 2. Aufl. 2002, Art. 47 EGV, Rn. 9 ff.; einschränkend: *Schlag,* in: Schwarze: EU-Kommentar, 2000, Art. 47 EGV, Rn. 21 f.; *Scheuer*, in: Lenz: EG-Vertrag, 2. Aufl. 1999, Art. 47, Rn. 2.

67 Kapitel 3 von Titel III des EG-Vertrages (Art. 49-55 EGV).

68 Denn dann ist die Freizügigkeit der Arbeitnehmer (Art. 39-42 EGV) einschlägig.

69 Dann ist die vorstehend behandelte Niederlassungsfreiheit (Art. 43-48 EGV) einschlägig; dafür genügt es, wenn die Repräsentanz im anderen Mitgliedstaat durch ein Büro erfolgt, dessen Leitung zwar unabhängig, aber beauf-

Nach Art. 55 i.V.m. Art. 47 Abs. 2 EGV erläßt der Rat Richtlinien, um die Erbringung von grenzüberschreitenden Dienstleistungen innerhalb der Gemeinschaft zu erleichtern. Hierzu gehören gerade auch grenzüberschreitende Finanzdienstleistungen.

Nach Art. 95 Abs. 1 S. 2 EGV schließlich erläßt der Rat zwecks Verwirklichung der Ziele des Art. 14 EGV, also der schrittweisen Verwirklichung des Binnenmarktes als einem Raum ohne Binnengrenzen, in dem der freie Verkehr von Waren, Personen, Dienstleistungen und Kapital gemäß den Bestimmungen des EG-Vertrags gewährleistet ist, im Verfahren der Mitentscheidung nach Art. 251 EGV die Maßnahmen zur Angleichung der Rechts- und Verwaltungsvorschriften der Mitgliedstaaten, welche die Errichtung und das Funktionieren des Binnenmarktes zum Gegenstand haben[70].

Art. 95 Abs. 1 EGV gilt gem. Art. 95 Abs. 2 EGV allerdings nicht für die Bestimmungen über die Steuern[71], die Bestimmungen über die Freizügigkeit[72] und die Bestimmungen über die Rechte und die Interessen der Arbeitnehmer[73]. Der Anwendungsbereich des subsidiären Art. 95 Abs. 1 EGV im Bereich der Harmonisierung finanzdienstlei-

---

tragt ist, auf Dauer wie eine Agentur für das beauftragende Unternehmen zu agieren (EuGH, Rs. 155/73 – *Sacchi,* Slg. 1974, S. 409); eine zeitweilige Einrichtung eines Büros, das für die Erbringung der Dienstleistung erforderlich ist, stellt hingegen noch keine Niederlassung dar (EuGH, Rs. C-55/94 – *Gebhard,* Slg. 1995 I , S. 4165; Rs. C-190/95 - *ARO Lease*, Slg. 1997 I, S. 4383).

70 Der heutige Art. 95 EGV wurde durch die Einheitliche Europäische Akte vom 28. Februar 1986 als Art. 100a in den EG-Vertrag eingefügt, um die Verwirklichung des 1985 von der Kommission vorgelegten Binnenmarktprogramms zu erleichtern. Durch den Verweis auf das Verfahren der Mitentscheidung (Art. 251 EGV) ermöglicht Art. 95 EGV ein im Vergleich zum Verfahren des Art. 94 EGV, der Einstimmigkeit im Rat verlangt, erleichtertes Rechtsetzungsverfahren; anders als Art. 94 EGV ist Art. 95 EGV zudem nicht auf den Erlaß von Richtlinien beschränkt; unter den Begriff der Maßnahme in Art. 95 Abs. 1 S. 2 EGV fallen vielmehr alle Rechtsakte, insbesondere auch Verordnungen.

71 Vgl. Art. 93 EGV.

72 Vgl. Art. 39, 40, 46, 47, 49 EGV.

73 Vgl. Art. 42, 137 Abs. 2 EGV.

stungsbezogener Vorschriften ist daher von vornherein eher ergänzender Natur[74].

3. *Rechtsquellen der EG im Hinblick auf die Schaffung eines Binnenmarktes für Finanzdienstleistungen*

Innerhalb der Rechtsquellen der EG/EU wird das primäre Recht, zu dem insbesondere die Gründungsverträge wie der EG-Vertrag oder der EU-Vertrag und die diese ergänzenden Verträge und Protokolle zählen, und das sekundäre Recht unterschieden, das insbesondere die von den Organen der EG geschaffenen Rechtssätze umfaßt[75].

a) *Primäres EG-Recht: Die Marktfreiheiten*

Die Gründungsverträge enthalten ähnlich den Verfassungen von Staaten grundlegende Vorschriften über die Struktur der jeweiligen Gemeinschaft und die Kompetenzen der verschiedenen Gemeinschaftsorgane. Sie enthalten aber auch zahlreiche Vorschriften, die unmittelbare Wirkung für die Bürger der einzelnen Mitgliedstaaten entfalten. Dies war von den Gründerstaaten der EG bei Abschluß des Vertrages am 25. März 1957 im Rom nicht beabsichtigt gewesen, wurde aber schon früh, nämlich 1962/63 vom Europäischen Gerichtshof (EuGH) in seiner wohl wichtigsten Entscheidung überhaupt, *van Gend & Loos*[76], herausgearbeitet und ist heute unstreitig[77].

Der EuGH hat die unmittelbare Anwendbarkeit von Vorschriften des EGV vor allem im Bereich der sog. Marktfreiheiten des EGV betont. Diese umfassen die Gewährleistung des freien Verkehrs von Waren, Arbeitnehmern und Selbständigen, Dienstleistungen und Kapital. Insbesondere die Freizügigkeit von Arbeitnehmern und Selbständi-

---

74 Vgl. zum materiellen Anwendungsbereich von Art. 95 EGV z. B. *Herrnfeld,* in: Schwarze: EU-Kommentar, 2000, Art. 95 EGV, Rn. 4 ff.

75 Zu den Rechtsquellen des Gemeinschaftsrechts vgl. bpsw. *Arndt,* Europarecht, 5. Aufl., 2001, S. 63 ff.; *Hobe,* Europarecht, 2002, Rn. 131 ff.; *Herdegen,* Europarecht, 3. Aufl., 2001, Rn. 160 ff.; *Detterbeck,* Öffentliches Recht für Wirtschaftswissenschaftler, 2. Aufl., 2002, Rn. 1708 ff.

76 EuGH, Rs. 26/62, Slg. 1963, 1.

77 Vgl. instruktiv: *Craig / de Búrca,* EU Law, 3rd ed., 2003, S. 182 ff.

gen, von Dienstleistungen und Kapital spielen auch für die Erbringung von Finanzdienstleistungen eine zentrale Rolle.

Die Niederlassungsfreiheit der Art. 43 ff. EGV ermöglicht selbständigen Finanzdienstleistern aus einem Mitgliedstaat der EG, sich frei im Hoheitsgebiet eines anderen Mitgliedstaates niederzulassen und dort ihrem Gewerbe nachgehen zu können[78]. Die Arbeitnehmerfreizügigkeit gem. Art. 39 ff. EGV gewährleistet allen Personen, die bei Finanzdienstleistern angestellt sind, die Freizügigkeit innerhalb der Gemeinschaft[79].

Während diese beiden Freiheiten also die freie Wahl der Niederlassung bzw. des Arbeitsplatzes in einem anderen Mitgliedstaat garantieren wollen, betrifft die Dienstleistungsfreiheit die Erbringung von Dienstleistungen über die Binnengrenzen hinweg. Die Dienstleistungsfreiheit der Art. 49 ff. EGV ermöglicht Angehörigen der Mitgliedstaaten, die in einem Staat ansässig sind, Dienstleistungen an Leistungsempfänger in anderen Mitgliedstaaten der Gemeinschaft frei zu erbringen[80].

Gem. Art. 56 ff. EGV sind schließlich alle Beschränkungen des Kapitalverkehrs zwischen den Mitgliedstaaten verboten[81].

---

78 Vgl. *Wyatt/Dashwood:* European Community Law, 3rd ed., 1993, 278 ff.; *Scheuer*, in: Lenz: EG-Vertrag, 2. Aufl. 1999, Art. 43 ff.; *Bröhmer,* in: Calliess/Ruffert, Kommentar zu EU-Vertrag und EG-Vertrag, 2. Aufl. 2002, Art. 43 ff. EGV; *Randelzhofer/Forsthoff,* in: Grabitz/Hilf: Das Recht der Europäischen Union, Lsbl., Art. 43 ff. EGV.

79 Zur Arbeitnehmerfreizügigkeit vgl.: *Craig/de Búrca,* EU Law, 3rd ed., 2003, S. 701 ff.; *Brechmann,* in: Calliess/Ruffert, Kommentar zu EU-Vertrag und EG-Vertrag, 2. Aufl. 2002, Art. 39 ff. EGV; *Schneider/Wunderlich,* in: Schwarze: EU-Kommentar, 2000, Art. 39 ff. EGV.

80 Vgl. *Beutler/Bieber/Pipkorn/Streil:* Die Europäische Union, 4. Aufl. 1993, S. 329 ff.; *Randelzhofer/Forsthoff,* in: Grabitz/Hilf: Das Recht der Europäischen Union, Lsbl., Art. 49 ff. EGV; *Craig/de Búrca,* EU Law, 3rd ed. 2003, S. 765 ff.; *Holoubek,* in: Schwarze: EU-Kommentar, 2000, Art. 49 ff. EGV.

81 Vgl. hierzu: *Ress/Ukrow,* in: Grabitz/Hilf: Das Recht der Europäischen Union, Lsbl., Art. 56 ff. EGV.

b) Sekundäres EG-Recht

aa) Organgeschaffene Rechtsakte der EG

Das sekundäre Gemeinschaftsrecht umfaßt die Rechtsakte, die von den Organen der Gemeinschaft aufgrund der Gemeinschaftsverträge und anderer Ermächtigung erlassen worden sind. Hauptrechtssetzungsorgan der Gemeinschaft ist der Rat, der insbesondere mit der Kommission und dem Europäischen Parlament zusammenwirkt[82]. Art. 249 EGV nennt als sekundäre Rechtsakte der Gemeinschaft: Verordnung, Richtlinie, Entscheidung sowie Stellungnahme und Empfehlung. Verbindlich sind von diesen nur die Verordnung, die Richtlinie und die einzelfallbezogene Entscheidung.

Die Verordnung hat gem. Art. 249 Abs. 2 EGV allgemeine Geltung. Sie ist in allen ihren Teilen verbindlich und gilt unmittelbar in jedem Mitgliedstaat. Letztlich ist die Verordnung mit den innerstaatlichen Gesetzen vergleichbar[83]. Bei Gründung der EG wurde dieser Begriff allerdings bewußt vermieden, da man hierunter nur von Parlamenten erlassene Rechtsakte verstand und das Europäische Parlament ursprünglich gerade keine zentrale Rolle bei der Rechtsetzung einnehmen sollte[84]. Zugleich sollte auch der Eindruck vermieden werden, daß man einen europäischen Bundesstaat schaffen wolle.

---

[82] Zu den Rechtssetzungsverfahren vgl.: *Streinz,* Europarecht, 5. Aufl., 2001, Rn. 438 ff.; *Schweitzer/Hummer:* Europarecht, 5. Aufl. 1996, S. 112 ff.; *Craig/de Búrca,* EU Law, 3rd ed. 2003, S. 139 ff.

[83] Ähnlich bereits sehr früh zum entsprechenden Rechtsakt der früheren EGKS (allgemeine Entscheidung): EuGH, Rs. 8/55 – *Fédération Charbonnière de Belgique*, Slg. 1955/56, 197 (227): „... da es sich bei diesen immerhin fast um Gesetzgebungsakte handelt, die von einem Träger öffentlicher Gewalt ausgehen und normative Wirkung erga omnes entfalten."; EuGH, Rs. 18/57 – *Nold*, Slg. 1958/59, 89 (112): „Im übrigen handelt es sich bei allgemeinen Entscheidungen um quasi-legislatorische Maßnahmen ..."; *Boulouis:* Droit institutionnel de l'Union européenne, 6e édition, 1997, S. 219 f.; *Hetmeier,* in: Lenz: EG-Vertrag, 2. Aufl., 1999, Art. 249, Rn. 6; *Detterbeck,* Öffentliches Recht für Wirtschaftswissenschaftler, 2. Aufl., 2002, Rn. 1713.

[84] *Biervert,* in: Schwarze: EU-Kommentar, 2000, Art. 249 EGV, Rn. 18.

bb) Die Richtlinie als Instrument zur Rechtsharmonisierung

Neben der Verordnung gibt es mit der Richtlinie gem. Art. 249 Abs. 3 EGV auch einen eigenständigen EG-rechtlichen Regelungstypus für allgemeine Vorschriften[85]. Die Richtlinie besitzt im Hinblick auf das Finanzdienstleistungs-Recht der EG zentrale Bedeutung, da sie das Werkzeug der EG ist, um die innerstaatlichen Vorschriften der Mitgliedstaaten zu harmonisieren.

Anders als die Verordnung sollte die Richtlinie eigentlich keine unmittelbare Wirkung für die Bürger in den Mitgliedstaaten entfalten[86]. Ihr liegt vielmehr ein zweistufiges Rechtsetzungsverfahren zugrunde[87]. Die eigentliche Richtlinie richtet sich als erste Stufe nur an die Mitgliedstaaten. Diese werden aber verpflichtet, bestimmte Regelungen bis zu einem bestimmten Datum mittels innerstaatlicher Rechtssätze zu erlassen. Während die zentralen Aspekte in allen Staaten gleich geregelt werden müssen, wird den Mitgliedstaaten damit dennoch ein mehr oder minder großer Spielraum für Detailregelungen gelassen.

cc) Zur unmittelbaren Anwendbarkeit von EG-Richtlinien

Problematisch ist dabei aber, daß die angestrebte Rechtsharmonisierung innerhalb der EG nur dann eintreten kann, wenn die einzelnen Mitgliedstaaten die jeweiligen Richtlinien auch tatsächlich in innerstaatliches Recht umsetzen. In der Praxis haben einzelne Mitgliedstaaten Richtlinien immer wieder nicht, nicht richtig oder zumindest nicht bis zur angegebenen Frist in ihr innerstaatliches Recht umgesetzt.

---

85 Siehe bereits *Ipsen*, Europäisches Gemeinschaftsrecht, 1972, S. 455.

86 *Ipsen*, Europäisches Gemeinschaftsrecht, 1972, S. 457.

87 Vgl. z. B. EuGH, Rs. C-298/89, Slg. 1993, I-3605 (3654), Rn. 16: „Es ist auch darauf hinzuweisen, daß Richtlinien zwar grundsätzlich nur ihre Adressaten, d. h. die Mitgliedstaaten, binden, daß sie aber normalerweise ein Mittel der indirekten Rechtsetzung sind.“; EuGH, Rs. C-10/95 P, Slg. 1995, I-4149 (4159), Rn. 29: „Eine Richtlinie stellt, selbst wenn sie grundsätzlich nur für ihre Adressaten, die Mitgliedstaaten, verbindlich ist, normalerweise eine Form der mittelbaren Gesetzgebung oder Regelung dar“.

Dieses vertragswidrige Verhalten von Mitgliedstaaten hat den Europäischen Gerichtshof schließlich dazu veranlaßt, ausgehend vom grundlegenden Urteil *van Duyn* vom 4. Dezember 1974[88], in einer Reihe von Entscheidungen zu entwickeln, daß Richtlinien, obwohl sie eigentlich nur an die Staaten adressiert sind, ausnahmsweise auch unmittelbare Wirkung für die Bürger in den Mitgliedstaaten entfalten können[89]. Voraussetzung für eine solche unmittelbare Geltung von Richtlinien ist:

- Die Richtlinie ist trotz Ablaufs der Umsetzungsfrist nicht oder nicht richtig in innerstaatliches Recht umgesetzt worden[90].
- Die Richtlinie ist inhaltlich unbedingt und hinreichend bestimmt, um im Einzelfall angewendet zu werden können[91].
- Die Richtlinie verleiht dem einzelnen Rechte gegenüber dem Staat (vertikale Wirkung).

Hinter dieser Rechtsprechung des EuGH, die über den Willen der Gründer der Europäischen Gemeinschaft hinausgeht, stehen mehrere Gründe. Zum ersten sieht sich der EuGH als Wächter über die optimale Wirkungskraft („effet utile") des Gemeinschaftsrechts[92]. Wenn nun aber Mitgliedstaaten Richtlinien nicht umsetzen, könnte der

---

88 EuGH, Rs. 41/74 – *Yvonne van Duyn gegen Home Office* – Slg. 1974, 1337.

89 Grundlegend: EuGH Rs. 41/74 – *van Duyn* – Slg. 1974, 1337, Rn. 12; Rs. 148/78 – *Ratti* – Slg. 1979, 1629, Rn. 18 ff.; vgl. auch *Craig/de Búrca,* EU Law, 3rd ed., 2003, S. 202 ff.; *Ruffert,* in: Calliess/Ruffert, Kommentar zu EU-Vertrag und EG-Vertrag, 2. Aufl. 2002, Art. 249 EGV, Rn. 69 ff.

90 Vgl. z. B. EuGH Rs. 148/78 – *Ratti* – Slg. 1979, 1629, Rn. 18 ff.; Rs. 8/81 – *Becker* – Slg. 1982, 53, Rn. 24.

91 Vgl. z. B. EuGH Rs. 41/74 – *van Duyn* – Slg. 1974, 1337, Rn. 13 f.; Rs. 8/81 – *Becker* – Slg. 1982, 53, Rn. 25.

92 Vgl. bereits EuGH Rs. 41/74 – *van Duyn* – Slg. 1974, 1337, Rn. 12: „Insbesondere in den Fällen, in denen etwa die Gemeinschaftsbehörden die Mitgliedstaaten durch Richtlinie zu einem bestimmten Verhalten verpflichten, würde die nützliche Wirkung („effet utile") einer solchen Maßnahme abgeschwächt, wenn die einzelnen sich vor Gericht hierauf nicht berufen und die staatlichen Gerichte sie nicht als Bestandteil des Gemeinschaftsrechts berücksichtigen könnten".

effet utile des Gemeinschaftsrechts insoweit ausgehöhlt werden[93]. Insofern hat der EuGH in der unmittelbaren Wirkung von Richtlinien ein Druckmittel gefunden, um die Mitgliedstaaten dazu zu bewegen, Richtlinien rechtzeitig umzusetzen.

Rechtstechnisch steht hinter der unmittelbaren Anwendbarkeit von Richtlinien auch der Gedanke des „venire contra factum proprium", bzw. das Verbot des widersprüchlichen Verhaltens, wonach es verboten ist, sich mit seinem eigenen vorangegangenen Verhalten in Widerspruch zu setzen[94]. Danach dürfen Staaten, die eine Richtlinie pflichtwidrig nicht rechtzeitig umgesetzt haben, sich gegenüber Bürgern, die aus solchen nicht umgesetzten Richtlinien Rechte herleiten, nicht auf die fehlende Umsetzung der Richtlinie berufen[95].

Vor diesem Hintergrund erschließt sich auch, warum sich bei der unmittelbaren Anwendbarkeit Bürger gegenüber dem Staat auf nicht umgesetzte Richtlinie berufen können, nicht aber der Staat gegenüber dem Bürger[96]. Nur der jeweilige Mitgliedstaat hat durch die Nichtumsetzung ein Versäumnis begangen, nur er kann es dem Bürger nicht entgegenhalten. Aus dem selben Grund kann eine Richtlinie

---

93 Vgl. das vorstehende Zitat aus der Entscheidung *van Duyn* sowie EuGH Rs. 148/78 – *Ratti* – Slg. 1979, 1629, Rn. 18 ff.; Rs. 8/81 – *Becker* – Slg. 1982, 53, Rn. 23.

94 *Ruffert,* in: Calliess/Ruffert, Kommentar zu EU-Vertrag und EG-Vertrag, 2. Aufl., 2002, Art. 249 EGV, Rn. 70; *Biervert,* in: Schwarze: EU-Kommentar, 2000, Art. 249 EGV, Rn. 29.

95 Vgl. z. B. EuGH Rs. 80/86 – *Kolpinghuis Nijmegen* – Slg. 1987, 3969, Rn. 8: „Der Gerichtshof hat hieraus gefolgert, daß ein Mitgliedstaat, der die in der Richtlinie vorgeschriebenen Durchführungsmaßnahmen nicht fristgemäß erlassen hat, dem einzelnen nicht entgegenhalten kann, daß er die aus der Richtlinie erwachsenen Verpflichtungen nicht erfüllt hat."

96 Vgl. EuGH Rs. 152/84 – *Marshall* – Slg. 1986, 723, Rn. 48: „Zu dem Argument, wonach eine Richtlinie nicht gegenüber einem einzelnen in Anspruch genommen werden könne, ist zu bemerken, daß nach Artikel 189 EWG-Vertrag der verbindliche Charakter einer Richtlinie, auf dem die Möglichkeit beruht, sich vor einem nationalen Gericht auf die Richtlinie zu berufen, nur für ‚jeden Mitgliedstaat, an den sie gerichtet wird', besteht. Daraus folgt, daß eine Richtlinie nicht selbst Verpflichtungen für einen einzelnen begründen kann und daß eine Richtlinienbestimmung daher als solche nicht gegenüber einer derartigen Person in Anspruch genommen werden kann"; sowie Rs. 80/86 – *Kolpinghuis Nijmegen* – Slg. 1987, 3969 Rn. 9 f.

auch nicht im Verhältnis zwischen Bürgern unmittelbar angewendet werden (sog. horizontale Drittwirkung)[97]. Denn dann würde zumindest ein Bürger aus der nicht umgesetzten Richtlinie verpflichtet[98].

Allerdings hat der EuGH auch entwickelt, daß das nationale Recht im Licht existierender Richtlinien auszulegen ist[99]. Aus diesem Gebot der richtlinienkonformen Auslegung kann sich ein Effekt ergeben, der einer horizontalen Drittwirkung zumindest de facto nahekommt.

Insgesamt ist der Bereich horizontaler Drittwirkung immer noch im Fluß[100] – und zumindest der grundlegende Gedanke des effet utile spräche dafür, Richtlinien auch horizontale Drittwirkung beizumessen. Es bleibt daher abzuwarten, ob der EuGH schließlich auch noch die horizontale Drittwirkung von Richtlinien anerkennen wird[101].

V. Die neue EG-Richtline über den Fernabsatz von Finanzdienstleistungen an Verbraucher

1. Bedeutung und Entstehung der FFV-Richtlinie

Wie oben bereits deutlich wurde, stellt die neue EG-Richtlinie über den Fernabsatz von Finanzdienstleistungen an Verbraucher (kurz: FFV-RL) ein zentrales Element der Strategie der EG-Kommission zur Verwirklichung des Binnenmarktes für Finanzdienstleistungen bis zum Jahr 2005 dar. Die FFV-RL wird als Mittel gesehen, um den nach wie vor erheblichen Abweichungen der einzelstaatlichen Vorschriften über die Vermarktung von Finanzdienstleistungen abzuhelfen. Die Kommission forderte daher in ihrer Anfang 2001 vorgelegten

---

97 EuGH Rs. 152/84 – *Marshall* – Slg. 1986, 723, Rn. 48; Rs. C-91/92 – *Faccini Dori* – Slg. 1994, I-3325, Rn. 24 ff.; Rs. C-192/94 – *El Corte Inglés* – Slg. 1996, I-1281, Rn. 17; *Fischer,* Europarecht, 3. Aufl. 2001, S. 109 ff.

98 *Nicolaysen,* Europarecht I, 1991, S. 165.

99 EuGH Rs. 14/83, Slg. 1984, 1891, Rn. 26 ff.; Rs. C-106/89 – *Marleasing* – Slg. 1990, I-4135, Rn. 7 ff.; verb. Rs. C-240-244/98, Slg. 2000, I-4491, Rn. 31 f.

100 Vgl. *Craig / de Búrca,* EU Law, 3rd ed. 2003, S. 211 ff.

101 Vgl. auch EuGH Rs. C-194/94 – *CIA Security* – Slg. 1996, I-2201, insbes. Rn. 44 ff.; Rs. C-443/98 – *Unilever* – Slg. 2000, I-7535, Rn. 45 ff.

Mitteilung „Elektronischer Geschäftsverkehr und Finanzdienstleistungen" die rasche Annahme der Richtlinie, um das Engagement der Union beim Verbraucherschutz auch im Online-Zeitalter unter Beweis zu stellen[102].

Die FFV-RL wurde kürzlich verabschiedet, so daß mit ihrem baldigen Inkrafttreten zu rechnen ist: Die FFV-RL basiert weitgehend auf dem Gemeinsamen Standpunkt des Rates gem. Art. 251 Abs. 2 EGV vom 19. Dezember 2001[103]. Dieser wurde vom Europäischen Parlament mit Ausnahme zweier kleinerer Änderungen im Hinblick auf das in Art. 6 FFV-RL geregelte Widerrufsrecht am 14. Mai 2002 gebilligt[104]. Die Kommission hat unter dem 26. Juni 2002 eine befürwortende Stellungnahme nach Art. 251 Abs. 2 Unterabsatz 3 Buchstabe c EGV zu den Änderungen abgegeben[105]. Ebenfalls am 26. Juni 2002 hat der Rat die Änderungsvorschläge seitens des Parlaments gebilligt, so daß

---

102 Kommission der Europäischen Gemeinschaften: Mitteilung der Kommission an den Rat und das Europäische Parlament – Elektronischer Geschäftsverkehr und Finanzdienstleistungen, KOM (2001) 66, vom 07.02.2001, als PDF-Dokument abrufbar unter: <http://europa.eu.int/eur-lex/de/com/cnc/2001/com 2001_0066de01.pdf> (Stand: 07/2002), S. 12.

103 Gemeinsamer Standpunkt (EG) Nr. 16/2002 vom Rat festgelegt am 19. Dezember 2001 im Hinblick auf den Erlaß der Richtlinie 2002/.../EG des Europäischen Parlaments und des Rates vom ... über den Fernabsatz von Finanzdienstleistungen an Verbraucher und zur Änderung der Richtlinie 90/619/EWG des Rates und der Richtlinien 97/7/EG und 98/27/EG, ABl. C 58/E vom 5. März 2002, S. 32-43.

104 Betroffen sind Art. 6 Abs. 3 lit. ba und Art. 7 Abs. 1 FFV-Rl; vgl. dazu den Vermerk zu den Ergebnissen der zweiten Lesung des Europäischen Parlaments (Straßburg, 13.-16. Mai 2002), als PDF-Dokument abrufbar unter: <http://register.consilium.eu.int/pdf/de/02/st08/08824d2.pdf> (Stand: 09/ 2002).

105 Vgl. Kommission der Europäischen Gemeinschaften: Stellungnahme der Kommission nach Art. 251 Absatz 2 Unterabsatz 3 Buchstabe c EG-Vertrag zu den Abänderungen des Europäischen Parlaments am Gemeinsamen Standpunkt des Rates zum Vorschlag für eine Richtlinie des Europäischen Parlaments und des Rates über den Fernabsatz von Finanzdienstleistungen an Verbraucher und zur Änderung der Richtlinien 97/7/EG und 98/27/EG, KOM (2002) 360 endgültig, 26.06.2002, als PDF-Dokument abrufbar unter: <http:// www.europa.eu.int/eur-lex/de/com/pdf/2002/com2002_0360de01.pdf> (Stand: 09/2002).

die Richtlinie gem. Art. 251 Abs. 3 EGV in der abgeänderten Fassung des gemeinsamen Standpunktes als erlassen gilt. Die Richtlinie kann daher – ihre baldige Veröffentlichung im Amtsblatt vorausgesetzt – voraussichtlich noch im Jahr 2002 in Kraft treten[106].

Mag die FFV-RL sich heute auch in den Aktionsrahmen zur Schaffung des Binnenmarktes für Finanzdienstleistungen einfügen, gehen ihre Wurzeln doch weiter zurück. Die FFV-RL ist eng mit der allgemeinen Fernabsatz-Richtlinie der EG verbunden, die am 20. Mai 1997 verabschiedet wurde[107]. Vom Anwendungsbereich der allgemeinen Fernabsatz-Richtlinie wurden Finanzdienstleistungen jedoch bewußt ausgenommen, um deren speziellen Anforderungen in einer gesonderten Regelung besser gerecht werden zu können[108].

Im Hinblick auf den Verbraucherschutz im Bereich Finanzdienstleistungen hatte die Kommission bereits im Jahr 1996 das Grünbuch „Finanzdienstleistungen – Wahrung der Verbraucherinteressen“[109] vorgelegt, das als Grundlage für Vorschläge in diesem Bereich

---

[106] Ende September 2002 stand der genaue Termin der Veröffentlichung der FFV-Rl im Amtsblatt noch nicht fest.

[107] Richtlinie 97/7/EG des Europäischen Parlaments und des Rates vom 20. Mai 1997 über den Verbraucherschutz bei Vertragsabschlüssen im Fernabsatz, ABl. L 144 v. 04.06.1997, S. 19.

[108] Der ursprüngliche Entwurf der allgemeinen Fernabsatzrichtlinie (KOM (92) 11 endg.), schloß Finanzdienstleistungen noch ein. Der Gemeinsame Standpunkt (ABl. C 288/3 u. 10) schloß sie hingegen im Hinblick auf deren Spezifika vom Anwendungsbereich der Richtlinie aus. Daraufhin kam es zu einer Auseinandersetzung zwischen dem Europaparlament, das sich für die Einbeziehung aussprach, und der Kommission und dem Rat, die sich dagegen wandten. Erst als sich die zuständige Kommissarin bereit erklärte, bis Ende Feburar 1996 eine Mitteilung der Kommission zur Notwendigkeit einer Sonderregelung für Finanzdienstleistungen und ggf. einen Richtlinienvorschlag vorzulegen, gab das Parlament seinen Widerstand auf. Allerdings kam es im Vermittlungsausschuß erneut zu einer Auseinandersetzung zwischen Parlament und Kommission, da die Kommission das Versprechen nicht innerhalb des angegebenen Zeitrahmens eingelöst hatte. Vgl. *Micklitz*, in: Grabitz/Hilf: Das Recht der Europäischen Union, Lsbl., Bd. III, A 3, Rn. 28.

[109] Kommission der Europäischen Gemeinschaften: Finanzdienstleistungen: Wahrung der Verbraucherinteressen – Grünbuch der Kommission, 22. Mai 1996, KOM/96/209 endg.

genutzt werden sollte[110]. Als Reaktion auf das Grünbuch forderte das Europäische Parlament die Kommission in einer Entschließung vom 17. Februar 1997 auf, „in jedem Fall innerhalb eines Jahres einen Vorschlag für eine Richtlinie über den Fernverkauf von Finanzprodukten und Finanzierungsverträgen zu unterbreiten“[111]. Im Juni 1997 legte die Kommission im Anschluß an das Grünbuch und die darauf eingegangenen Reaktionen die Mitteilung „Finanzdienstleistungen: Das Vertrauen der Verbraucher stärken“ vor, in der sie ankündigte, bis Herbst 1997 einen Vorschlag für eine besondere Richtlinie über Finanzdienstleistungen vorzulegen[112].

Am 19. November 1998 legte die Kommission einen Vorschlag für eine Richtlinie über den Fernabsatz von Finanzdienstleistungen an Verbraucher vor[113]. Nach Stellungnahmen des Wirtschafts- und Sozialausschusses am 29. April 1999 und des Europäischen Parlamentes am 5. Mai 1999 veröffentlichte die Kommission am 23. Juli 1999 einen unter Berücksichtigung der Änderungsvorschläge des Europäischen Parlaments und der Arbeiten des Wirtschafts- und Sozialaus-

---

110 Vgl. die Erklärung der Kommission zu Art. 3 Absatz 1 erster Gedankenstrich der Fernabsatz-Richtlinie, abgedruckt am Ende von Richtlinie 97/7/EG des Europäischen Parlaments und des Rates vom 20. Mai 1997 über den Verbraucherschutz bei Vertragsabschlüssen im Fernabsatz – Erklärung des Rates und des Parlaments zu Artikel 6 Absatz 1 – Erklärung der Kommission zu Artikel 3 Absatz 1 erster Gedankenstrich, ABl. L 144 vom 4. Juni 1997, S. 19-27.

111 Vgl. Punkt I, Unterpunkt 38 der Entschließung zu dem Grünbuch der Kommission „Finanzdienstleistungen: Wahrung der Verbraucherinteressen (KOM(96)0209 C4-0339/96), ABl. C 85 vom 17. März 1997, S. 137.

112 Kommission der Europäischen Gemeinschaften: Mitteilung der Kommission – Finanzdienstleistungen: Das Vertrauen der Verbraucher stärken, KOM (1996) 209, S. 5.

113 Vorschlag für eine Richtlinie des Europäischen Parlaments und des Rates über den Fernabsatz von Finanzdienstleistungen an Verbraucher und zur Änderung der Richtlinie 90/619/EWG des Rates und der Richtlinien 97/7/EG und 98/27/EG, KOM (1998) 468, ABl. C 385 vom 11. Dezember 1998, S. 10-17.

schusses sowie des Rates abgeänderten Richtlinien-Vorschlag[114]. Dieser führte dann zum bereits erwähnten Gemeinsamen Standpunkt des Rates vom 19. Dezember 2001, der mit den kleinen Änderungen durch das Parlament voraussichtlich noch im Jahr 2002 als „Richtlinie des Europäischen Parlaments und des Rates über den Fernabsatz von Finanzdienstleistungen an Verbraucher und zur Änderung der Richtlinie 90/619/EWG des Rates und der Richtlinien 97/7/EG und 98/27/EG" in Kraft treten wird. Die FFV-RL wird von den Mitgliedstaaten der EG voraussichtlich innerhalb einer Frist von 2 Jahren ab ihrem Inkrafttreten in innerstaatliches Recht umzusetzen sein[115].

2. *Anwendungsvoraussetzungen der FFV-Richtlinie*

Die FFV-RL betrifft nicht jede Form des Fernabsatzes von Finanzdienstleistungen. Ihre Bezeichnung als Richtlinie über den Fernabsatz von Finanzdienstleistungen an Verbraucher macht etwa bereits deutlich, daß lediglich Verträge mit Verbrauchern erfaßt sind. Im folgenden sollen die wesentlichen Anwendungsvoraussetzungen der FFV-RL ermittelt werden.

a) Persönlicher Anwendungsbereich: Anbieter und Verbraucher

Nach Art. 1 FFV-RL ist Gegenstand der Richtlinie die Angleichung der Rechts- und Verwaltungsvorschriften der Mitgliedstaaten über den Fernabsatz von Finanzdienstleistungen an Verbraucher. Wie sich auch aus verschiedenen anderen Vorschriften ergibt, findet die Richtlinie auf Verträge zwischen einem „Anbieter" und einem „Verbraucher" Anwendung.

---

[114] Geänderter Vorschlag für eine Richtlinie des Europäischen Parlaments und des Rates über den Fernabsatz von Finanzdienstleistungen an Verbraucher und zur Änderung der Richtlinien 97/7/EG und 98/27/EG, KOM (1999) 385, ABl. C 177 E vom 27. Juni 2000, S. 21-27.

[115] Vgl. den aktuellen Richtlinienentwurf: Richtlinie des Europäischen Parlaments und des Rates über den Fernabsatz von Finanzdienstleistungen an Verbraucher und zur Änderung der Richtlinie 90/619/EWG des Rates und der Richtlinien 97/7/EG und 98/27/EG, 17. Juni 2002, PE-CONS 3633/02, als PDF-Dokument abrufbar unter: <http://register.consilium.eu.int/pdf/de/02/st03/03633d2.pdf> (Stand: 07/2002), Art. 21.

„Anbieter“ ist gem. Art. 2 lit. c FFV-RL jede natürliche oder juristische Person des öffentlichen oder privaten Rechts, die im Rahmen ihrer gewerblichen oder beruflichen Tätigkeit Dienstleistungen aufgrund von Fernabsatzverträgen erbringt.

„Verbraucher“ ist gem. Art. 2 lit. d FFV-RL jede natürliche Person, die bei Fernabsatzverträgen zu Zwecken handelt, die nicht ihrer gewerblichen oder beruflichen Tätigkeit zugerechnet werden können.

b) Materieller Anwendungsbereich

Gegenständlich findet die Richtlinie auf Fernabsatzverträge über Finanzdienstleistungen Anwendung.

aa) Finanzdienstleistung

„Finanzdienstleistung“ ist jede Bankdienstleistung sowie jede Dienstleistung im Zusammenhang mit einer Kreditgewährung, Versicherung, Altersversorgung von Einzelpersonen, Geldanlage oder Zahlung[116]. Mit dieser in den Bereich des Allfinanz-Konzepts weisenden weiten Definition unterfallen letztlich alle typischen Produkte von Banken sowie Finanzdienstleistungs- und Versicherungsunternehmen dem Anwendungsbereich der Richtlinie.

bb) Fernabsatzvertrag

Die Richtlinie erfaßt nur Fernabsatzverträge über Finanzdienstleistungen. „Fernabsatzvertrag“ ist jeder zwischen einem Anbieter und einem Verbraucher geschlossene, Finanzdienstleistungen betreffende Vertrag, der im Rahmen eines für den Fernabsatz organisierten Vertriebs- bzw. Dienstleistungssystems des Anbieters geschlossen wird, wobei dieser für den Vertrag bis zu (und einschließlich) dessen Abschluß ausschließlich Fernkommunikationsmittel verwendet[117].

---

116 Art. 2 lit. b FFV-RL.
117 Art. 2 lit. a FFV-RL.

Die Richtlinie ist danach z. B. nicht auf solche Verträge anwendbar, bei denen in den genannten Phasen des Vertragsabschlusses irgendwann ein nicht über Fernkommunikationsmittel vermittelter persönlicher Kontakt z. B. zu einem Angestellten oder selbständigen Vertreter des Anbieters besteht.

Bei Verträgen über Finanzdienstleistungen, die eine erstmalige Dienstleistungsvereinbarung mit daran anschließenden aufeinander folgenden Vorgängen oder einer daran anschließenden Reihe von Vorgängen der gleichen Art umfassen, die in einem zeitlichen Zusammenhang stehen, gelten die Bestimmungen der FFV-RL nur für die erste Vereinbarung[118].

Falls es keine erstmalige Dienstleistungsvereinbarung gibt, aber die aufeinander folgenden oder getrennten Vorgänge der gleichen Art, die in einem zeitlichen Zusammenhang stehen, zwischen den gleichen Vertragsparteien abgewickelt werden, gelten Art. 3 FFV-RL, der die Unterrichtung des Verbrauchers vor Abschluß des Fernabsatzvertrages betrifft, und Art. 4 FFV-RL, der Auskunftspflichten aus anderen gemeinschaftsrechtlichen oder nationalen Rechtsquellen betrifft, nur für den ersten Vorgang. Findet allerdings länger als ein Jahr kein Vorgang der gleichen Art mehr statt, so gilt der nächste Vorgang als der erste in einer neuen Reihe von Vorgängen und Art. 3 und Art. 4 FFV-RL finden entsprechend hierauf Anwendung.

cc) Fernkommunikationsmittel

Wie sich aus der oben genannten Definition des Fernabsatzvertrages ergibt, ist die Richtlinie nur auf solche Verträge anwendbar, bei denen für den Vertrag bis zu (und einschließlich) dessen Abschluß ausschließlich ein oder mehrere Fernkommunikationsmittel verwendet werden.

„Fernkommunikationsmittel" ist jedes Kommunikationsmittel, das ohne gleichzeitige körperliche Anwesenheit des Anbieters und des Verbrauchers für den Fernabsatz einer Dienstleistung zwischen diesen Parteien eingesetzt werden kann. Erfaßt sind also z. B. Telefone,

---

118 Art. 1 Abs. 2, 1. Unterabsatz FFV-RL.

Faxgeräte, das Internet (einschließlich e-mail) oder aber auch Intranets.

3. Regelungsgehalt der FFV-Richtlinie

Inhaltlich regelt die FFV-RL im Hinblick auf die erfaßten Fernabsatzverträge über Finanzdienstleistungen an Verbraucher mehrere Bereiche. Zentrale Bedeutung besitzen umfassende Informationspflichten des Anbieters und ein Widerrufsrecht des Verbrauchers. Weitere Regelungsbereiche der Richtlinie betreffen Zahlungen mittels Karte, unaufgefordert erbrachte Dienstleistungen, unerwünschte Mitteilungen und einschlägige Rechtsbehelfe.

Der Verbraucher kann auf die einzelnen ihm durch die Richtlinie eingeräumten Rechte nicht verzichten[119]. Die Mitgliedstaaten müssen auch durch geeignete Maßnahmen sicherstellen, daß der Verbraucher den durch die Richtlinie gewährten Schutz nicht dadurch verliert, daß das Recht eines Drittstaates als das auf den Vertrag anzuwendende Recht gewählt wird, wenn der Vertrag eine enge Verbindung mit dem Hoheitsgebiet eines Mitgliedstaates aufweist. Hierdurch soll eine Flucht aus den Standards der FFV-RL mittels Rechtswahlklauseln verhindert werden[120].

Die Mitgliedstaaten müssen schließlich angemessene Sanktionen zur Ahndung von Verstößen des Anbieters gegen im Einklang mit der Richtlinie erlassene einzelstaatliche Vorschriften vorsehen[121]. Zu diesem Zweck können sie insbesondere regeln, daß der Verbraucher den Vertrag jederzeit kündigen kann, ohne daß ihm daraus Kosten entstehen oder er eine Vertragsstrafe zahlen muß[122].

---

119 Art. 12 Abs. 1 FFV-RL.

120 *Cristea*, Kreditwesen 2002, 58-61 (59).

121 Art. 11 Abs. 1 FFV-RL.

122 Art. 11 Abs. 2 FFV-RL.

a) Information

aa) Allgemeine Informationspflichten

Art. 3 FFV-RL enthält einen umfangreichen Katalog von Informationen, die dem Verbraucher, rechtzeitig bevor er durch einen Fernabsatzvertrag oder durch ein Angebot gebunden ist, zur Verfügung gestellt werden müssen.

Die Informationen können formlos erbracht werden, müssen aber ihren geschäftlichen Zweck unmißverständlich erkennen lassen[123]. Sie müssen auf klare und verständliche Weise in einer dem benutzten Fernkommunikationsmittel angepaßten Weise erteilt werden; dabei ist insbesondere der Grundsatz von Treu und Glauben im Geschäftsverkehr sowie der Grundsatz des Schutzes der Personen, die nach dem Recht der Mitgliedstaaten nicht geschäftsfähig sind, wie z. B. Minderjähriger, zu wahren[124].

Die zu erteilenden Informationen sind in solche betreffend den Anbieter, betreffend die Finanzdienstleistung, betreffend den Fernabsatzvertrag und betreffend den Rechtsbehelf untergliedert.

Die Informationen betreffend den Anbieter umfassen bspw.:

- die Identität und Hauptgeschäftstätigkeit des Anbieters, die Anschrift seiner Niederlassung und jede andere Anschrift, die für die Geschäftsbeziehung zwischen dem Verbraucher und dem Anbieter maßgeblich ist[125];
- wenn der Verbraucher mit einer anderen gewerblich tätigen Person als dem Anbieter geschäftlich zu tun hat, die Identität dieser Person, die Eigenschaft, in der sie gegenüber dem Verbraucher tätig wird, und die Anschrift, die für die Geschäftsbeziehung zwischen dem Verbraucher und dieser Person maßgeblich ist[126].

---

123 Art. 3 Abs. 2 FFV-RL.
124 Art. 3 Abs. 2 FFV-RL.
125 Art. 3 Abs. 1 Ziff. 1 lit. a FFV-RL.
126 Art. 3 Abs. 1 Ziff. 1 lit. c FFV-RL.

Informationen betreffend die Finanzdienstleistung schließen insbesondere ein:

- eine Beschreibung der wesentlichen Merkmale der Finanzdienstleistung[127];
- den Gesamtpreis, den der Verbraucher dem Anbieter für die Finanzdienstleistung schuldet, einschließlich aller damit verbundenen Provisionen, Gebühren und Abgaben sowie aller über den Anbieter abgeführten Steuern, oder, wenn kein genauer Preis angegeben werden kann, die Grundlage für seine Berechnung, die dem Verbraucher eine Überprüfung des Preises ermöglicht[128];
- einen Hinweis auf mögliche weitere Steuern und/oder Kosten, die nicht über den Anbieter abgeführt oder von ihm in Rechnung gestellt werden[129];
- alle spezifischen zusätzlichen Kosten, die der Verbraucher für die Benutzung des Fernkommunikationsmittels zu tragen hat, wenn solche zusätzlichen Kosten in Rechnung gestellt werden[130].

Informationen betreffend den Fernabsatzvertrag umfassen insbesondere:

- das Bestehen oder Nichtbestehen eines Widerrufsrechts gem. Art. 6 FFV-RL sowie für den Fall, daß ein solches Recht besteht, die Widerrufsfrist und Modalitäten für dessen Ausübung[131];
- die Mindestlaufzeit des Fernabsatzvertrags, wenn dieser die Erbringung einer dauernden oder regelmäßig wiederkehrenden Finanzdienstleistung zum Inhalt hat[132];
- praktische Hinweise zur Ausübung des Widerrufsrechts, darunter die Angabe der Anschrift, an die die Mitteilung über den Widerruf zu senden ist[133];

---

127 Art. 3 Abs. 1 Ziff. 2 lit. a FFV-RL.
128 Art. 3 Abs. 1 Ziff. 2 lit. b FFV-RL.
129 Art. 3 Abs. 1 Ziff. 2 lit. d FFV-RL.
130 Art. 3 Abs. 1 Ziff. 2 lit. g FFV-RL.
131 Art. 3 Abs. 1 Ziff. 3 lit. a FFV-RL.
132 Art. 3 Abs. 1 Ziff. 3 lit. b FFV-RL.
133 Art. 3 Abs. 1 Ziff. 3 lit. d FFV-RL.

- den oder die Mitgliedstaaten, dessen bzw. deren Recht der Anbieter der Aufnahme von Beziehungen zum Verbraucher vor Abschluß des Fernabsatzvertrags zugrunde legt[134];
- Angaben darüber, in welcher Sprache oder in welchen Sprachen die Vertragsbedingungen und die in Art. 3 FFV-RL genannten Vorabinformationen mitgeteilt werden, sowie darüber, in welcher Sprache oder in welchen Sprachen sich der Anbieter verpflichtet, mit Zustimmung des Verbrauchers die Kommunikation während der Laufzeit dieses Vertrags zu führen[135].

Informationen betreffend den Rechtsbehelf umfassen:

- Angaben darüber, ob der Verbraucher, der Vertragspartei ist, Zugang zu einem außergerichtlichen Beschwerde- und Rechtsbehelfsverfahren hat, und gegebenenfalls die Voraussetzungen für diesen Zugang[136];
- Angaben über das Bestehen eines Garantiefonds oder anderer Entschädigungsregelungen, die nicht unter die EG-Richtlinie über Einlagensicherungssysteme[137] und die EG-Richtlinie über Systeme für die Entschädigung der Anleger[138] fallen[139].

bb) Informationspflichten bei fernmündlicher Kommunikation

Bei fernmündlicher Kommunikation ist die Identität des Anbieters und der geschäftliche Zweck des vom Anbieter initiierten Anrufs zu Beginn eines jeden Gesprächs mit dem Verbraucher offenzulegen[140]. Vorbehaltlich der ausdrücklichen Zustimmung des Verbrauchers

---

134 Art. 3 Abs. 1 Ziff. 3 lit. e FFV-RL.

135 Art. 3 Abs. 1 Ziff. 3 lit. g FFV-RL.

136 Art. 3 Abs. 1 Ziff. 4 lit. a FFV-RL.

137 Richtlinie 94/19/EG des Europäischen Parlaments und des Rates vom 30. Mai 1994 über Einlagensicherungssysteme, ABl. L 135 vom 31. Mai 1994, S. 5.

138 Richtlinie 97/9/EG des Europäischen Parlaments und des Rates vom 3. März 1997 über Systeme für die Entschädigung der Anleger, ABl. L 84 vom 26. März 1997, S. 22.

139 Art. 3 Abs. 1 Ziff. 4 lit. b FFV-RL.

140 Art. 3 Abs. 3 lit. a FFV-RL.

müssen nur bestimmte Informationen übermittelt werden, nämlich[141]:

- Die Identität der Kontaktperson des Verbrauchers und deren Verbindung zum Anbieter;
- Eine Beschreibung der Hauptmerkmale der Finanzdienstleistung;
- Der Gesamtpreis, den der Verbraucher dem Anbieter für die Finanzdienstleistung schuldet;
- Hinweise auf mögliche weitere Steuern und/oder Kosten, die nicht über den Anbieter abgeführt oder von ihm in Rechnung gestellt werden;
- Das Bestehen oder Nichtbestehen eines Widerrufsrechts gem. Art. 6 FFV-RL sowie ggf. die Frist und die Modalitäten desselben.

Der Anbieter hat den Verbraucher hier darüber zu informieren, daß auf Wunsch weitere Informationen übermittelt werden können, und, welcher Art diese Informationen sind[142]. Der Anbieter erteilt auf jeden Fall sämtliche Informationen, wenn er seinen Verpflichtungen gem. Art. 5 FFV-RL (Übermittlung der Vertragsbedingungen und Vorabinformationen) nachkommt[143].

cc) Verhältnis zu zusätzlichen Auskunftspflichten

Art. 4 FFV-RL regelt das Verhältnis der Informationspflichten aus Art. 3 FFV-RL zu zusätzlichen gemeinschaftsrechtlichen oder mitgliedstaatlichen Auskunftspflichten.

Zusätzliche Anforderungen an eine vorherige Auskunftserteilung aufgrund von gemeinschaftlichen Rechtsvorschriften über Finanzdienstleistungen, die über die in Art. 3 Abs. 1 FFV-RL genannten hinausgehen, gelten weiterhin[144]. Die Mitgliedstaaten können bis zu einer weiteren Harmonisierung strengere Anforderungen an eine vorherige Auskunftserteilung aufrechterhalten oder erlassen, wenn

---

141 Art. 3 Abs. 3 lit. b S. 1 FFV-RL.

142 Art. 3 Abs. 3 lit. b S. 2 FFV-RL.

143 Art. 3 Abs. 3 lit. b S. 3 FFV-RL.

144 Art. 4 Abs. 1 FFV-RL.

diese Bestimmungen mit dem Gemeinschaftsrecht in Einklang stehen[145].

dd) Übermittlung der Vertragsbedingungen und Vorabinformationen

Der Anbieter muß dem Verbraucher, rechtzeitig bevor dieser durch einen Fernabsatzvertrag oder durch ein Angebot gebunden ist, alle Vertragsbedingungen sowie die in Art. 3 Abs. 1 und Art. 4 FFV-RL genannten Informationen in Papierform oder auf einem anderen dauerhaften Datenträger, der dem Verbraucher zur Verfügung steht und zu dem er Zugang hat, übermitteln[146].

„Dauerhafter Datenträger" ist jedes Medium, das es dem Verbraucher gestattet, an ihn persönlich gerichtete Informationen derart zu speichern, daß er sie in der Folge für eine für die Zwecke der Information angemessene Dauer einsehen kann, und das die unveränderte Wiedergabe der gespeicherten Informationen ermöglicht[147]. Unter diese etwas unglücklich formulierte Definition fallen jedenfalls CD-ROMs oder Disketten.

Wenn der Vertrag auf Ersuchen des Verbrauchers mittels eines Fernkommunikationsmittels geschlossen wurde, das die Vorlage der Vertragsbedingungen sowie der entsprechenden Informationen nicht gestattet, muß der Anbieter seiner Verpflichtung aus Art. 5 Abs. 1 FFV-RL unverzüglich nach Abschluß des Fernabsatzvertrages nachkommen[148].

Der Verbraucher kann zu jedem Zeitpunkt des Vertragsverhältnisses die Vorlage der Vertragsbedingungen in Papierform verlangen[149]. Außerdem ist er berechtigt, ein anderes Fernkommunikationsmittel zu verwenden, es sei denn, daß dies mit dem geschlossenen Fernabsatzvertrag oder der Art der erbrachten Finanzdienstleistung unvereinbar ist.

---

145 Art. 4 Abs. 2 FFV-RL.
146 Art. 5 Abs. 1 FFV-RL.
147 Art. 2 lit. f FFV-RL.
148 Art. 5 Abs. 2 FFV-RL.
149 Art. 5 Abs. 3 FFV-RL.

b) *Widerrufsrecht*

aa) *Widerrufsrecht und Fristbeginn*

Der zweite zentrale Regelungsbereich der Richtlinie betrifft das Widerrufsrecht des Verbrauchers. Dem Verbraucher muß das Recht eingeräumt werden, innerhalb einer Frist von 14 Kalendertagen den Vertrag zu widerrufen, ohne Gründe zu nennen oder eine Vertragsstrafe zahlen zu müssen[150]. Bei Fernabsatzverträgen über Lebensversicherungen, die unter die Richtlinie 90/619/EWG fallen, und bei Fernabsatzverträgen über die Altersversorgung von Einzelpersonen beträgt die Frist 30 Kalendertage[151].

Die Widerrufsfrist beginnt am Tag des Abschlusses des Fernabsatzvertrages, bzw. bei den genannten Lebensversicherungen zu dem Zeitpunkt, zu dem der Verbraucher über den Abschluß des Fernabsatzvertrags informiert wird. Erhält der Verbraucher die Vertragsbedingungen und Informationen gemäß Art. 5 Abs. 1 oder 2 FFV-RL nach diesem Zeitpunkt, beginnt die Frist erst an jenem Tag des Erhaltes zu laufen. Die Frist gilt als gewahrt, wenn die Mitteilung, sofern sie in Papierform oder auf einem anderen dauerhaften, dem Empfänger zur Verfügung stehenden und ihm zugänglichen Datenträger erfolgt, vor Fristablauf abgesandt wird[152].

bb) *Ausschluß des Widerrufsrechts*

Ausgeschlossen ist das Widerrufsrecht zunächst aus verständlichen Gründen bei Finanzdienstleistungen, deren Preis auf dem Finanzmarkt Schwankungen unterliegt, auf die der Anbieter keinen Einfluß hat und die innerhalb der Widerrufsfrist auftreten können[153]. Beispiele sind Dienstleistungen im Zusammenhang mit Devisen, Geldmarktinstrumenten, handelbaren Wertpapieren, Anteilen an Anlagegesellschaften, Finanztermingeschäften (Futures) einschließlich gleichwertiger Instrumente mit Barzahlung, Zinstermingeschäften

---

150 Art. 6 Abs. 1 S. 1 FFV-RL.

151 Art. 6 Abs. 1 S. 2 FFV-RL.

152 Art. 6 Abs. 6 S. 2 FFV-RL.

153 Art. 6 Abs. 2 lit. a FFV-RL.

(FRA), Zins- und Devisenswaps auf Aktien- oder Aktienindexbasis (equity swaps) und Kauf- oder Verkaufsoptionen auf alle genannten Instrumente einschließlich gleichwertiger Instrumente mit Barzahlung. Hierzu gehören insbesondere die Devisen- und die Zinsoptionen.

Ausgeschlossen ist das Widerrufsrecht daneben auch bei Reise- und Gepäckversicherungspolicen oder bei ähnlichen kurzfristigen Versicherungspolicen mit einer Laufzeit von weniger als einem Monat[154] sowie bei Verträgen, die auf ausdrücklichen Wunsch des Verbrauchers von beiden Seiten bereits voll erfüllt sind, bevor der Verbraucher sein Widerrufsrecht ausübt[155].

Die Richtlinie nennt schließlich drei Fälle, in denen die Mitgliedstaaten das Widerrufsrecht ausschließen können[156]. Diese Fälle betreffen Kredite, die hauptsächlich für den Erwerb oder die Erhaltung von Eigentumsrechten an einem Grundstück oder einem bestehenden oder geplanten Gebäude oder zur Renovierung oder Aufwertung eines Grundstücks bestimmt sind[157], Kredite, die entweder durch eine Hypothek auf einen unbeweglichen Vermögensgegenstand oder durch ein Recht an einem unbeweglichen Vermögensgegenstand gesichert sind[158] und Erklärungen von Verbrauchern, die unter Mitwirkung eines Amtsträgers abgegeben werden, unter der Voraussetzung, daß der Amtsträger bestätigt, daß die Rechte aus Art. 5 Abs. 1 FFV-RL gewahrt wurden[159].

cc) Zahlung für eine vor Widerruf des Vertrags erbrachte Dienstleistung

Hat der Verbraucher sein Widerrufsrecht ausgeübt, darf von ihm nur die unverzügliche Zahlung für die vom Anbieter gemäß dem Fernabsatzvertrag tatsächlich erbrachte Dienstleistung verlangt werden[160].

---

154 Art. 6 Abs. 2 lit. b FFV-RL.
155 Art. 6 Abs. 2 lit. c FFV-RL.
156 Art. 6 Abs. 3 FFV-RL.
157 Art. 6 Abs. 3 lit. a FFV-RL.
158 Art. 6 Abs. 3 lit. b FFV-RL.
159 Art. 6 Abs. 3 lit. c FFV-RL.
160 Art. 7 Abs. 1 FFV-RL.

Mit der Erfüllung des Vertrages darf erst nach Zustimmung des Verbrauchers begonnen werden. Der zu zahlende Betrag darf einen Betrag nicht überschreiten, der dem Anteil der bereits erbrachten Dienstleistungen im Vergleich zum Gesamtumfang der im Vertrag vorgesehenen Dienstleistungen entspricht[161] und nicht so bemessen sein, daß er als Vertragsstrafe verstanden werden könnte[162].

Der Anbieter darf vom Verbraucher eine Zahlung nur verlangen, wenn er nachweisen kann, daß der Verbraucher ordnungsgemäß gem. Art. 3 Abs. 1 Nr. 3 lit. a FFV-RL über den zu zahlenden Betrag unterrichtet worden ist[163]. Er kann keine Zahlung verlangen, wenn er vor Ende der Widerrufsfrist ohne ausdrückliche Zustimmung des Verbrauchers mit der Vertragsausführung begonnen hat[164].

Der Anbieter hat dem Verbraucher unverzüglich und spätestens binnen 30 Kalendertagen ab Erhalt des Widerrufs jeden Betrag zu erstatten, den er von diesem gemäß dem Fernabsatzvertrag erhalten hat[165]. Hiervon ausgenommen ist der in Art. 7 Abs. 1 FFV-RL genannte Betrag. Der Verbraucher muß seinerseits unverzüglich und nicht später als binnen 30 Kalendertagen ab Absendung des Widerrufs vom Anbieter erhaltene Geldbeträge und Gegenstände an den Anbieter zurückgeben[166].

c) Zahlung mittels Karte

Eine wesentliche Vorbedingung für die Entwicklung des Binnenmarktes für Finanzdienstleistungen ist, daß den Verbrauchern vertrauenswürdige Zahlungssysteme für grenzüberschreitende Zahlungen, insbesondere via Internet, zur Verfügung stehen.

Die Richtlinie verpflichtet die Mitgliedstaaten daher in Art. 8, dafür Sorge zu tragen, daß geeignete Vorkehrungen bestehen, damit der

161 Art. 7 Abs. 1 1. Spiegelstrich FFV-RL.
162 Art. 7 Abs. 1 2. Spiegelstrich FFV-RL.
163 Art. 7 Abs. 3 S. 1 FFV-RL.
164 Art. 7 Abs. 3 S. 2 FFV-RL.
165 Art. 7 Abs. 4 FFV-RL.
166 Art. 7 Abs. 5 FFV-RL.

Verbraucher im Falle einer betrügerischen Verwendung seiner Zahlungskarte im Rahmen eines Fernabsatzvertrages die Stornierung einer Zahlung verlangen kann[167], und dem Verbraucher im Falle einer solchen betrügerischen Verwendung die Zahlung gutgeschrieben oder erstattet wird[168].

d) Unaufgefordert erbrachte Dienstleistungen

Ein weiterer verbraucherschützender Regelungsbereich der FFV-RL findet sich in Art. 9, der Verbraucher vor unaufgefordert erbrachten Dienstleistungen schützen soll.

Unbeschadet existierender mitgliedstaatlicher Vorschriften über eine stillschweigende Verlängerung von Fernabsatzverträgen müssen die Mitgliedstaaten die erforderlichen Maßnahmen treffen, um zum einen die Erbringung nicht vom Verbraucher angeforderter Finanzdienstleistungen zu untersagen, wenn mit der Leistungserbringung eine Aufforderung zur sofortigen oder späteren Zahlung verbunden ist[169]. Zum anderen müssen die Verbraucher im Falle unaufgefordert erbrachter Leistungen von jeder Verpflichtung befreit werden, wobei das Ausbleiben einer Antwort nicht als Einwilligung gelten darf[170].

e) Unerwünschte Mitteilungen

Art. 10 FFV-RL soll den Verbraucher vor unerwünschten Mitteilungen mittels bestimmter Fernkommunikationsmittel schützen:

Die Verwendung telefonischer Kommunikation mittels eines Anrufautomaten (Voice-Mail-Systems) sowie die Verwendung eines Telefax bedarf stets der vorherigen Einwilligung des Verbrauchers[171].

---

167 Art. 8, 1. Spiegelstrich FFV-RL.
168 Art. 8, 2. Spiegelstrich FFV-RL.
169 Art. 9 1. Spiegelstrich FFV-RL.
170 Art. 9 2. Spiegelstrich FFV-RL.
171 Art. 10 Abs. 1 FFV-RL.

Hinsichtlich anderer Fernkommunikationsmittel, die eine individuelle Kommunikation erlauben, wie z. B. e-mail, haben die Mitgliedstaaten dafür Sorge zu tragen, daß sie entweder ohne die Zustimmung des betreffenden Verbrauchers nicht zulässig sind (opt in-Verfahren) oder nur benutzt werden dürfen, wenn der Verbraucher keine deutlichen Einwände dagegen erhebt (opt out-Verfahren)[172].

In der Praxis stellt sich außerhalb bestehender Beziehungen zwischen bestimmten Anbietern und Verbrauchern das Problem, wie entsprechende Willensäußerungen von Verbrauchern den Anbietern zugänglich gemacht werden können. Zu denken ist hier an eine Verwaltung von opt in/opt out-Informationen in zentralen verbraucherschützenden Listen bzw. Dateien. Vorbilder könnten hier prinzipiell die bekannten Robinson-Listen gegen Werbung per Post bzw. per e-mail sein, in die sich jeder Verbraucher eintragen kann[173]. Anders als die genannten Robinson-Listen, deren Nutzung durch die Werbewirtschaft freiwillig ist, müßte die Beachtung von opt in/opt out-Informationen in entsprechenden Listen nach der FFV-RL allerdings obligatorisch sein[174].

Die genannten Maßnahmen im Hinblick auf unerwünschte Mitteilungen dürfen dem Verbraucher schließlich keine Kosten verursachen[175].

f) Rechtsbehelfe

Die Mitgliedstaaten haben gem. Art. 13 Abs. 1 FFV-RL für angemessene und wirksame Mittel zu sorgen, die die Einhaltung der Richtlinie im Interesse der Verbraucher sicherstellen.

Dazu gehören Rechtsvorschriften, nach denen z. B. öffentliche Einrichtungen oder ihre Vertreter, Verbraucherverbände, die ein berechtigtes Interesse am Schutz der Verbraucher haben, und Berufsver-

---

172 Art. 10 Abs. 2 FFV-RL.

173 Vgl. die Information des Bundesbeauftragten für den Datenschutz hierzu unter: <http://www.bfd.bund.de/dsvonaz/r4.html> (Stand: 09/2002).

174 Kritisch zu einer möglichen Umsetzung im Wege eines Opt-out-Systems: *Hoppmann,* Versicherungsrecht 1999, 673-682 (679 f.).

175 Art. 10 Abs. 3 FFV-RL.

bände, die ein Rechtsschutzinteresse haben, die Gerichte oder zuständigen Verwaltungsbehörden anrufen können, um die Anwendung der innerstaatlichen Vorschriften zur Umsetzung der Richtlinie sicherzustellen[176].

Die Mitgliedstaaten fördern gem. Art. 14 Abs. 1 FFV-RL schließlich auch die Einrichtung oder die Weiterentwicklung angemessener und wirksamer außergerichtlicher Beschwerde- und Rechtsbehelfsverfahren für die Beilegung von Verbraucherrechtsstreitigkeiten über Finanzdienstleistungen im Fernabsatz. Dabei sollen die zuständigen Einrichtungen ermutigt werden, bei der Beilegung grenzüberschreitender Rechtsstreitigkeiten über Finanzdienstleistungen im Fernabsatz zusammenzuarbeiten[177].

VI. Fazit: Verbrauchervertrauen als Schlüssel für die Verwirklichung des Binnenmarktes für Finanzdienstleistungen

Mit dem Inkrafttreten der EG-Richtlinie über den Fernabsatz von Finanzdienstleistungen an Verbraucher (FFV-RL) wird ein wesentliches Element der drei Aktionsfelder zur Verwirklichung des Binnenmarktes für Finanzdienstleistungen[178] realisiert und die in der allgemeinen Fernabsatz-Richtlinie der EG vom 20. Mai 1997[179] bewußt gelassene Lücke im EG-Verbraucherschutzssystem geschlossen.

Mag die neue FFV-RL auch im Detail, z. B. im Hinblick auf die uneinheitliche Ausgestaltung von Widerrufsfristen, kritikwürdig sein, ist doch zu beachten, daß das verfolgte Ziel eines einheitlichen hohen

---

[176] Art. 13 Abs. 2 FFV-RL.

[177] Art. 14 Abs. 2 FFV-RL.

[178] Vgl. Kommission der Europäischen Gemeinschaften: Mitteilung der Kommission an den Rat und das Europäische Parlament – Elektronischer Geschäftsverkehr und Finanzdienstleistungen, KOM (2001) 66, vom 07.02.2001, als PDF-Dokument abrufbar unter: <http://europa.eu.int/eur-lex/de/com/cnc/2001/com2001_0066de01.pdf> (Stand: 07/2002).

[179] Richtlinie 97/7/EG des Europäischen Parlaments und des Rates vom 20. Mai 1997 über den Verbraucherschutz bei Vertragsabschlüssen im Fernabsatz, ABl. L 144 v. 04.06.1997, S. 19.

Verbraucherschutzniveaus in der EG nicht nur im Interesse der Verbraucher selbst zu begrüßen ist, sondern mittelbar auch wesentlich dazu beiträgt, ein Umfeld zu kreieren, in dem es tatsächlich zu einer stärkeren Integration der nach wie vor segmentierten Finanzdienstleistungsmärkte innerhalb der EG kommen kann.

Für die angestrebte Verwirklichung des Binnenmarktes für Finanzdienstleistungen wird es vor allem darauf ankommen, tatsächliche Hemmnisse abzubauen, die Verbraucher heute davon abhalten, Finanzdienstleistungen grenzüberschreitend über Fernkommunikationsmittel nachzufragen. Die neue FFV-RL zielt bspw. mit ihren Regelungen über die Zahlung mittels Karte (Art. 8) und über Rechtsbehelfe (Art. 13, 14) bereits darauf ab, ein vertrauensbildendes Rechtsumfeld zu schaffen. Diese Maßnahmen besitzen allerdings letztlich einen reaktiven Charakter, indem sie auf Fälle abzielen, in denen sich bereits ein bestimmtes Problem realisiert hat. So betreffen bspw. die Regelungen über die Zahlung mittels Karte Fälle, in denen eine Karte betrügerisch verwendet wurde.

Von zentraler Bedeutung ist es aber, darüber hinausgehend proaktiv technische Lösungen zur Verfügung zu stellen, die z. B. bei Transaktionen über das Internet eine sichere Abwicklung gewährleisten. Insofern könnte gerade den im zweiten Aktionsfeld der Kommission gebündelten konkreten Maßnahmen zur Schaffung von Verbrauchervertrauen, wie z. B. der Förderung des Einsatzes von digitalen Signaturen und der Verbreitung von personengebundenen Smartcards, eine entscheidende Rolle zur Verwirklichung des Binnenmarktes für Finanzdienstleistungen zukommen.

Letztlich dürfte das ambitionierte Ziel der Verwirklichung dieses Binnenmarktes bis zum Jahr 2005 kaum noch zu erreichen sein. Zu wünschen bleibt indes, daß die in den einzelnen Aktionsfeldern der Kommission konzentrierten Lösungsansätze zur Beseitigung rechtlicher und tatsächlicher Hindernisse für einen Binnenmarkt für Finanzdienstleistungen dennoch stringent weiterverfolgt werden, um diesen Binnenmarkt möglichst bald, möglichst weitgehend realisieren zu können.

Ob die Verbraucher Finanzdienstleistungen allerdings zukünftig tatsächlich in sehr viel stärkerem Maße über Fernkommunikationsmittel wie das Internet nachfragen werden, oder ob – gerade im Hinblick auf langfristig laufende Verträge – doch nach wie vor der bewährten persönlichen Beratung der Vorzug gegeben wird, bleibt abzuwarten.

Literaturverzeichnis

Arndt, Hans-Wolfgang:
Europarecht, 5. Aufl., Heidelberg 2001.

Beutler, Beng t / Bieber, Roland / Pipkorn, Jörn / Streil, Jochen:
Die Europäische Union – Rechtsordnung und Politik, 4. Aufl., Baden-Baden 1993.

Beyer, Thomas C. W.:
Die Ermächtigung der Europäischen Union und ihrer Gemeinschaften, Der Staat 35 (1996), 189-220.

Boulouis, Jean:
Droit institutionnel de l'Union européenne, 6e édition, Paris 1997.

Calliess, Christian / Ruffert, Matthias (Hrsg.):
Kommentar des Vertrages über die Europäische Union und des Vertrages zur Gründung der Europäischen Gemeinschaft – EUV/EGV –, 2. Aufl., Neuwied 2002.

Craig, Paul / de Búrca, Gráinne:
EU Law – Text, Cases, and Materials, Third Edition, Oxford 2003.

Cristea, Sever:
EU-Richtlinie zum Fernabsatz von Finanzdienstleistungen: der Entwurf und seine Rechtsfolgen, in: Zeitschrift für das gesamte Kreditwesen, 2002, 58-61.

Dauses, Manfred A. (Hrsg.):
Handbuch des EU-Wirtschaftsrechts, Lsbl., München, Stand: 10. Lfg., Mai 2001.

Detterbeck, Steffen:
Öffentliches Recht für Wirtschaftswissenschaftler, 2. Aufl., München 2002.

Europäischer Rat:
Wien, 11. und 12. Dezember 1998, Schlußfolgerungen des Vorsitzes, abrufbar unter: <http://www.europarl.eu.int/summits/wie1_de.htm> (Stand: 07/2002).

Europäischer Rat:
Cardiff, 15./16. Juni 1998, Schlußfolgerungen des Vorsitzes, abrufbar unter: <http://www.europarl.eu.int/summits/car1_de.htm> (Stand: 07/2002).

Europäischer Rat:
Lissabon, 23. und 24. März 2000 Schlußfolgerungen des Vorsitzes, Nr. 21, abrufbar unter: <http://www.europarl.eu.int/summits/lis1_de.htm (Stand: 07/2002).

FIN-NET:
Außergerichtliche Streitbeilegung im Finanzgeschäft: Leitfaden für Verbraucher, als PDF-Dokument abrufbar unter: <http://finnet.jrc.it/doc/de-FINNET-GUIDE.pdf> (Stand: 09/2002).

Fischer, Hans-Georg:
Europarecht – Grundlagen des Europäischen Gemeinschaftsrechts in Verbindung mit deutschem Staats- und Verwaltungsrecht, 3. Aufl., München 2001.

Geiger, Rudolf:
EUV/EGV-Kommentar, 3. Aufl., München 2000.

Grabitz, Eberhard / Hilf, Meinhard (Hrsg.):
Kommentar zur Europäischen Union, Lsbl., München, Stand: 19. Ergänzungslieferung, Februar 2002.

Heinemann, Friedrich / Schüler, Martin:
Integration der Märkte für Finanzdienstleistungen in der EU, in: Zeitschrift für das gesamte Kreditwesen 2002, 680-685.

Herdegen, Matthias:
Europarecht, 3. Aufl., München 2001.

Hobe, Stephan:
Europarecht, Köln etc. 2002.

Hoppmann, Carsten:
Der Vorschlag für eine Fernabsatzrichtlinie für Finanzdienstleistungen, in: Versicherungsrecht 1999, 673-682.

Ipsen, Hans Peter:
Europäisches Gemeinschaftsrecht, Tübingen 1972.

Jarass, Hans D.
Die Kompetenzverteilung zwischen der Europäischen Gemeinschaft und den Mitgliedstaaten, AöR 121 (1996), 173-199.

Koenig, Christian / Haratsch, Andreas:
Europarecht, 3. Aufl., Tübingen 2000.

Koenig, Christian / Pechstein, Matthias:
Die Europäische Union, Tübingen 1995.

Kraußer, Hans-Peter:
Das Prinzip begrenzter Ermächtigung im Gemeinschaftsrecht als Strukturprinzip des EWG-Vertrages, Berlin 1991.

Kommission der Europäischen Gemeinschaften:
Employment Rates Report 1998 – Employment Performance in the Member States, als PDF-Dokument abrufbar unter: <http://europa.eu.int/comm/employment_social/empl&esf/empl99/rates_en.pdf> (Stand: 09/2002)

Kommission der Europäischen Gemeinschaften:
Finanzdienstleistungen: Wahrung der Verbraucherinteressen – Grünbuch der Kommission, 22. Mai 1996, KOM (1996) 209 endg.

Kommission der Europäischen Gemeinschaften:
Mitteilung der Kommission an den Rat und das Europäische Parlament – Elektronischer Geschäftsverkehr und Finanzdienstleistungen, KOM (2001) 66, vom 07.02.2001, als PDF-Dokument abrufbar unter: <http://europa.eu.int/eur-lex/de/com/cnc/2001/com2001_0066de01.pdf> (Stand: 07/2002).

Kommission der Europäischen Gemeinschaften:
Mitteilung der Kommission – Finanzdienstleistungen: Das Vertrauen der Verbraucher stärken, KOM (1996) 209.

Kommission der Europäischen Gemeinschaften:
Mitteilung der Kommission – Finanzdienstleistungen: Abstecken eines Aktionsrahmens, KOM (1998) 625, vom 28.10.1998.

Kommission der Europäischen Gemeinschaften:
Mitteilung der Kommission – Finanzdienstleistungen: Umsetzung des Finanzmarktrahmens: Aktionsplan, KOM (1999) 232, 11.05.1999.

Kommission der Europäischen Gemeinschaften:
Stellungnahme der Kommission nach Art. 251 Absatz 2 Unterabsatz 3 Buchstabe c EG-Vertrag zu den Abänderungen des Europäischen Parlaments am Gemeinsamen Standpunkt des Rates zum Vorschlag für eine Richtlinie des Europäischen Parlaments und des Rates über den Fernabsatz von Finanzdienstleistungen an Verbraucher und zur Änderung der Richtlinien 97/7/EG und 98/27/EG, KOM (2002) 360 endgültig, 26.06.2002, als PDF-Dokument abrufbar unter: <http://www.europa.eu.int/eur-lex/de/com/pdf/2002/com2002_0360de01.pdf> (Stand: 09/2002).

Nicolaysen, Gert:
Europarecht I, Baden-Baden 1991.

Rat der Europäischen Union:
Informatorischer Vermerk zu den Ergebnissen der zweiten Lesung des Europäischen Parlaments zur Richtlinie über den Fernabsatz von Finanzdienstleistungen (Straßburg, 13.-16. Mai 2002), 16. Mai 2002, als PDF-Dokument abrufbar unter: <http://register.consilium.eu.int/pdf/de/02/st08/08824d2.pdf> (Stand: 09/2002).

Riesenhuber, Karl:
Fernabsatz von Finanzdienstleistungen im europäischen Schuldvertragsrecht – Zum Richtlinienvorschlag der Kommission vom 14.10.1998, in: Wertpapier-Mitteilungen 1999, 1441-1451.

Schwarze, Jürgen (Hrsg.):
EU-Kommentar, Baden-Baden 2000.

Steindorff, Ernst:
Grenzen der EG-Kompetenzen, Heidelberg 1990.

Streinz, Rudolf:
Europarecht, 5. Aufl., Heidelberg 2001.

Vereinbarung
über ein grenzübergreifendes außergerichtliches Netz zur Behandlung von Beschwerden für Finanzdienstleistungen im Europäischen Wirtschaftsraum, als PDF-Dokument abrufbar unter: <http://europa.eu.int/comm/internal_market/en/finances/consumer/mou-de.pdf> (Stand: 09/2002).

Will, Martin:
Internetwahlen – Verfassungsrechtliche Möglichkeiten und Grenzen, Stuttgart etc. 2002.

Wyatt, Derrick / Dashwood, Alan:
European Community Law, Third Edition, London 1993.

Teilnehmer der „Sommerakademie 2002“ der Forschungsstelle für Finanzdienstleistungsrecht der Philipps-Universität Marburg vom 16. bis 18. Juli 2002

Altmann, Werner, Direktionsleiter DVAG
Backhaus, Hans-Jürgen, Direktionsleiter DVAG
Beck, Gerhard, Direktionsleiter DVAG
Berberich, Hermann, Direktionsleiter DVAG
Beuthien, Volker, Prof. Dr., FFDLR
Bohl, Friedrich, DVAG, DBBV
Bohnet, Wolfgang, Direktionsleiter DVAG
Bollig, Manfred, Direktionsleiter DVAG
Doelle, Rainer, Direktionsleiter DVAG
Ernst, Joachim, DVAG
Franke, Thomas, Direktionsleiter DVAG
Gebhardt, Dieter, Direktionsleiter DVAG
Gerhard, Sabina, Dr., DVAG
Germann, Armin, Direktionsleiter DVAG
Gobrecht, Bernd , Direktionsleiter DVAG
Gornig, Gilbert, Prof. Dr., FFDLR
Götz, Ralf-Joachim, Dr., DVAG
Gries, Bernd, Direktionsleiter DVAG
Haring, Werner, Direktionsleiter DVAG
Hegmann, Hubert, Direktionsleiter DVAG
Herbeck, Gerald, Direktionsleiter DVAG
Heubel, Klaus-Georg, DVAG, DBBV
Hohl, Jutta, Vermögensberaterin DVAG
Horn, Hans-Detlef, Prof. Dr., FFDLR
Jaborek, Benno, Direktionsleiter DVAG
John, Marco, Direktionsleiter DVAG
Jungbluth, Harald, Direktionsleiter DVAG
Kley, Claus-Peter, Direktionsleiter DVAG
Koch, Gerhard, Vermögensberater DVAG
Koehler, Franz-Ferdinand, Direktionsleiter DVAG
Luebkemann, Erwin, Direktionsleiter DVAG
Mook, Werner, Direktionsleiter DVAG

Mummenhoff, Winfried, Prof. Dr., FFDLR
Overberg, Martin, Direktionsleiter DVAG
Parr, Jürgen, Direktionsleiter DVAG
Pflanzer, Magdalena, DBBV
Pohl, Reinfried, Dr., Vorstandsvorsitzender DVAG,
Ehrensenator der Universität Marburg
Reichelt, Gerhard, Direktionsleiter DVAG
Reinhardt, Frank, Universität Marburg
Reiss, Klaus, Direktionsleiter DVAG
Reiter, Jürgen, Direktionsleiter DVAG
Richter, Bernd, Direktionsleiter DVAG
Riffel, Fritz, Direktionsleiter DVAG
Ritschel, Heiko, Direktionsleiter DVAG
Schanze, Erich, Prof. Dr., FFDLR
Schlund, Karl-Heinz, Direktionsleiter DVAG
Schmidt, Ulrich, Vermögensberater DVAG
Schmitt, Werner, Direktionsleiter DVAG
Schneider, Gunther, DVAG
Schuch, Joern, Direktionsleiter DVAG
Schuschu, Kurt, DVAG
Schwarz, Jochen, DVAG
Schwindinger, Ralf, Direktionsleiter DVAG
Schwittay, Georg, Direktionsleiter DVAG
Seidlitz, Harald, Direktionsleiter DVAG
Seidlitz, Ralf, Direktionsleiter DVAG
Serr, Albert, Direktionsleiter DVAG
Strunk, Rolf, Direktionsleiter DVAG
Thoms, Juergen, Direktionsleiter DVAG
Ulrich, Mathias, Direktionsleiter DVAG
Walla, Heinrich, Direktionsleiter DVAG
Weiler, Edgar, Prof. Dr., DVAG, FFDLR
Werkmüller, Dieter, Prof. Dr., FFDLR
Wertenbruch, Johannes, Prof. Dr., FFDLR
Will, Martin, Dr., Universität Marburg

Schriftenreihe der Forschungsstelle für Finanzdienstleistungsrecht der Philipps-Universität Marburg

Herausgegeben von Prof. Dr. Dr. h.c. Gilbert Gornig

Band 1 Gilbert Gornig (Hrsg.): Rechtliche Aspekte der Vermögensberatung. 2003.

Kolibri 360 GmbH
Ferdinand-Jühlke-Straße 7
99095 Erfurt, Deutschland
produktsicherheit@kolibri360.de

Druck:
CPI Druckdienstleistungen GmbH
im Auftrag der
Kolibri 360 GmbH
Ferdinand-Jühlke-Str. 7
99095 Erfurt